MÁRGENES: Historia Íntima del Pueblo Hispano

MÁRGENES

Historia Íntima
del Pueblo Hispano

Zenia Sacks Da Silva

HOFSTRA UNIVERSITY

HARPER & ROW, PUBLISHERS

New York, Evanston, and London

MÁRGENES: Historia Íntima del Pueblo Hispano

Library of Congress Catalog Card Number: 67-10807

A mi padre,
I. H. Sacks,
idealista e ideal

Contents

◨

Preface

◈

History can be painted with a many-tipped brush. Drawn with the fine line of moment and event, its portrait emerges sure, precise, contained, circumspect. But between the thin strokes lies a gray where fact has bled passion dry. The resemblance is true, but the lips are without red.

The brush that I have chosen instead is a broad one. It moves in brash sweeps, touching lightly on the mass of historical record. But then it goes on, beyond the bald happenings, into the margins of history, where art and act and single lives betray the character of a people. There it rests, steeping in color the tradition, the lore, the song and word and sensibility and emotion that shape the faces of men. For history is not merely the periodical of the ages, not merely a compendium of what took place. It is rather the story of a man as he lived in worlds long- and new-gone. It must hold surface and subsurface, sound and meaning, motion and impulse. This, in a very small way, is the goal of *Márgenes: Historia Íntima del Pueblo Hispano*.

The format is simple. The prologue, *Vista desde Afuera* (View from Without), presents briefly the Spániard and the Spanish American in his regional context, bland object of the naked eye. Then follows *A través de los Siglos* (Across the Centuries), fifty short episodes that reflect the development of the Hispanic character in its many facets: how the people came to be, how their language grew, how they felt the call to art, to conquest, to religion, even to death; how they rose from abyss to glory and then fell to defeat and tyranny; how they viewed God, Mary, and the Devil; how they looked at maimed men, madmen, and redheads; how their every expression in all its forms, reveals the strange paradox of their nature. Nobleman and rogue, courtier, beggar, soldier, poet, friar, lover; pious, cynical, haughty, humble, ascetic, luxurious, violent, brutal, yet oddly, humanitarian. "Tumult of conflicting passions." "Man of contradiction and strife. . . ." Finally, the epilogue, *Vista desde Adentro* (View from Within), contains a collection of common idioms and popular sayings. Here, subtly, appear in the people's own words the same traits, the same values that characterize their history across the centuries. And so we conclude. Surface and subsurface, text and margin.

Actually, *Márgenes* has a double purpose. In addition to its cultural aspect, it has been planned as the basis for a workshop in the development of comprehension skills, both aural and written. These are some of its features:

1. It offers a flexible program that is applicable on various levels beyond the most elementary. The language poses no barrier. In fact, it is designed for speed reading with a minimum of home preparation, and even for sight reading and aural comprehension in class. Marginal glosses have been put in to avoid any possible pitfalls. Each chapter is short enough to be covered fully in one class session or less, and it is entirely feasible to read and discuss more than one in a single meeting. Also, since the materials are for the most part chronological, but not continuous, whole chapters or sections may be omitted, as time demands, without serious loss of continuity.

2. In the pursuit of active language skills, it calls for understanding and interpretation, rather than translation and recapitulation. It stresses oral participation and listening comprehension, as well as reading for content. To this end, the questions that pertain to each chapter appear in the Teacher's Manual, as do many other supplementary notes and materials that broaden listening opportunities and further original discussion.

3. In conjunction with its Student's Handbook, *Márgenes* provides, for the first time to my knowledge, a fully coordinated vocabulary building program based on association of ideas. This is an entirely new departure that elicits in a variety of ways the student's own reactions to words, phrases, and situations — sounds to smells to colors to abstractions; words of passion, of reason, of beauty, of art; opposites, synonyms, contexts, implications — objective, intimate . . . . I cannot state too strongly how important this supplement can be in turning the usual reading-and-recapitulation class into an exploratory workshop in language usage and personal identification.

In all, through its emphasis on reading for meaning, on aural comprehension, active conversation and the logical association of ideas, *Márgenes* is another step in what I call the "concept approach" to Spanish. I hope sincerely that it will find your approval.

Zenia S. Da Silva

One more word: a word of special gratitude to Prof. Leonardo C. de Morelos of Columbia University for his help and his heart in this project. I am ever indebted.

Z. S. D.

ACKNOWLEDGMENTS

I should like to express here my sincere appreciation to those institutions and individuals who have supplied the illustrations used in this text. Above all, I shall mention:

The Hispanic Society of America [Illustrations in Chapters 5, 6, 7(c), 16(a), 20, 23, 27, 31, 37(b), 40(a), 41, 48]

The Spanish National Tourist Office [Illustrations in Chapters 2(a), 3, 4, 7(a and b), 8, 10, 11, 12(b), 14, 15, 19, 24, 25, 26, 33, 47]

The American Museum of Natural History [Illustration in Chapter 1]

The Prado Museum [Illustrations in Chapters 2(b), 22, 36, 37(a)]

The Pan American Union [Illustrations in Chapters 28, 29, 39, 40(a), 44, 45, 46, 49, 50]

The New York Public Library [Illustrations in Chapters 9, 12(a), 13, 16(b), 17, 18, 30, 32, 34, 35, 38, 43]

El Museo de Arte Moderno, Madrid [Illustrations in Chapters 21(b), 42]

My warmest thanks and indebtedness.

Z. S. D.

PRÓLOGO: VISTA
DESDE AFUERA

I ◎

Individualista, contradictorio, apasionado, **orgulloso**, católico, dramático, heroico, estoico. Un hombre de **lucha** y de contradicción, **según** el filósofo Unamuno. Un perpetuo tumulto de pasiones **opuestas**, según el **estilista** Azorín. Así es el hispano. Pero, "¿El hispano?", pregunta Ud. "¿Por qué hablar en **términos tan generales**? Si todo el mundo sabe que realmente no hay tipos humanos, que no hay clasificaciones absolutas." Y tiene Ud. razón. Pero ocurre también que **la naturaleza** le da al hombre ciertas características superficiales que **comparte** en común, y la historia le da otras, más profundas, que **crean una conciencia** de raza, de **pueblo**. Y así, con el tiempo, una nación **llega a ser** un fenómeno singular, llega a tener una identidad **propia**... **Hace años que me dedico** a conocer al pueblo hispano, a veces como pura observadora, otras veces como **ciega amante**. Ahora se lo quiero presentar a Ud., y con varias perspectivas—objetiva, sentimental, trágica, **qué sé yo**—desde ayer hasta hoy, **más aun**, hasta mañana. Venga conmigo.

passionate, proud

strife ⬟ according to

opposite ⬟ (prose) stylist

such general terms

nature
he shares

create a consciousness ⬟ a people
comes to be
of its own ⬟ For years I've
been devoting myself
a blind lover

every kind of way ⬟ even more

2 ◎

El español peninsular (así lo distinguimos del hispanoamericano) es producto de una historia variada y múltiple. **Corre** en sus venas **sangre** de muchos pueblos, y cada uno deja su **huella**. Es producto también de una tierra que con raras excepciones da poco **de sí**, y de una geografía que le hace vivir en su pequeña región, separado de sus vecinos por altas montañas y por ríos innavegables. **Así es** que el español tiene muchas caras, muchas **semblanzas**.

There runs ⬟ the blood
imprint

of itself

So it is
semblances

3

EL GALLEGO

En el **noroeste**, en la verde, húmeda Galicia, donde nunca llegó a penetrar la influencia árabe, su **cutis** es más blanco, sus ojos **más claros**—verdes, azules. **Ahí** dicen que las mujeres son las más hermosas de toda España, que **se parecen** a las irlandesas. En efecto, hay un posible **parentesco** entre ellas. Durante las **Cruzadas**, en la **Edad Media**, muchos ingleses, irlandeses, y **escoceses** pasaron por la costa occidental de la península, y algunos se quedaron en Galicia y en Portugal. La **gaita gallega** y la música y los bailes de Galicia **reflejan** sobre todo esa influencia.

Northwest
skin
lighter • *There*
they resemble
relationship
Crusades • *Middle Ages*
Scots
Galician bagpipe
reflect

PAISAJE DE GALICIA

El **suave** acento gallego es muy **parecido** al portugués, y el **paisaje ondulante y nebuloso respira** una nostalgia de años y **siglos** pasados. Pero Galicia es pobre. Los **campesinos labran** la tierra con instrumentos anticuados y andan sin zapatos por los caminos montañosos. Los niños trabajan también en los campos, y las mujeres, vestidas casi siempre **de** negro, van al mercado con grandes **cestas** en la cabeza. La vida cambia poco allí. La agricultura es su ocupación más importante, aunque **sí hay** varios centros comerciales y puertos de mar. Su ciudad principal es la monumental Santiago de Compostela, **cuyas calles trazan** locos ángulos geométricos **bajo la sombra** de la catedral. Las supersticiones **abundan entre la neblina** gallega, y el presente **dista poco del** pasado.

soft
similar
rolling, hazy countryside breathes
centuries • *farmers*
work
in
baskets
there are
whose streets trace
under the shadow
abound amid the mist
is not far from

3

EL VASCO

Los **vascos**, que habitan la región de los Pirineos, son de otro carácter. **Tenaces** en su amor a la "patria chica", a su pequeña provincia, son archiconservadores en **la política** y en su religión. "Decir vasco es decir católico." Su lengua, posiblemente de origen **ibero o celta**, es la más antigua que **se halla** en la Península

Basques
Tenacious
politics
Iberian or
Celtic • *is found*

Ibérica, y aunque también hablan castellano, los vascos
defienden su **idioma** con pasión. Es su declaración de   *language*
independencia, esa lengua que no tiene ninguna rela-
ción con el español ni con ninguna lengua romance. Es
su manera de afirmar su individualidad, y los vascos
pronuncian con un orgullo incomparable sus nombres
impronunciables: Zunzunegui, Guipúzcoa, Izcata-
rregui... Pero al mismo tiempo, los vascos son pro-
gresistas en su visión económica. Allí **se levantan**   *rise*
industrias y **empresas mineras** y grandes ciudades   *mining enterprises*
como Bilbao y San Sebastián. **Dentro de** un fuerte   *Within*
tradicionalismo, **hacen frente al** mundo moderno, y   *they face*
poco a poco **dan pasos** hacia adelante.   *they take steps*

4 ◑

**CATALUÑA
COSMOPOLITA**
Cataluña, en el extremo **nordeste**   *Northeast*
de la península, es la región más
europea de España. Toda su his-
toria se caracteriza por un gran cosmopolitismo y por
un fuerte **sentido** de independencia cultural y política.   *sense*
Próxima a Francia, su lengua y sus costumbres re-   *Adjacent*
flejan el contacto con los vecinos del norte, un contacto
realizado durante la Edad Media por **monjes y pere-**   *monks and pilgrims, by*
grinos, por contrabandistas y bandoleros. Situada   *smugglers and bandits*
en la costa del Mediterráneo, Cataluña mira también
hacia Italia, y durante muchos siglos tomó parte en   *toward*
los **sucesos** históricos de ese país. **Hoy en día** continúa   *events ⬩ Nowadays*
esa actitud cosmopolita. Barcelona, por ejemplo, es una
de las ciudades menos típicas de España. Gran centro
industrial y puerto de mar, se parece más a San
Francisco o a **Marsella** que a Madrid. Y la Costa   *Marseilles*
Brava, extensión de la Riviera francesa, es uno de los
lugares más frecuentados por los turistas extranjeros.

**PSICOLOGÍA
DEL CATALÁN**
Los catalanes se consideran españoles, sí, pero primero son catalanes.
Aunque el castellano es la lengua
oficial, **se publican** muchos libros y revistas en   *there are published*
catalán, y aun existe todo un teatro en ese idioma.   *the Catalan language*

En Cataluña nacen constantemente los movimientos
separatistas. Allí **florecen** también todos los "ismos", *flourish*
desde el más **arraigado** conservatismo hasta el socia- *deep-rooted*
lismo o anarquismo. Curiosamente, esa misma actitud
independiente, **rebelde**, separatista que vive dentro del *rebellious*
catalán es **lo que** le hace aun más español, y le **une** con *what ⬱ unites*
el resto del país.

5 ◧

**PRESENCIA
DE CASTILLA**
El centro de España está dominado
por la presencia de Castilla—**seca**, *dry*
austera, **sobria, cruzada** por altas *sober, crossed*
cordilleras, rociada apenas por escasas lluvias. *mountain ranges, barely*
sprinkled by scant rains
Castilla, **cuna** de héroes y de santos y de *Don Quijote.* *cradle*
Sus campesinos son pobres, pero **se doblan** muy poco *they bow*
ante el frío o el calor, y sus mujeres no llevan **cargas** en *before ⬱ loads*
la cabeza. Los castellanos son fuertes y orgullosos, como
sus montañas que **tocan** el cielo; resignados y estoicos, *touch*
como sus tierras amarillas que esperan el agua. Entre los
campos secos se levantan pequeñas ciudades donde
lo viejo vive **al lado de** lo nuevo, y lo viejo predomina. *the old ⬱ alongside*
Los **pueblos** de Castilla son realmente **agrupaciones** *towns ⬱ agglomerations*
de gentes, sin verdadera razón económica, sin indus- *of people*
tria mayor. Aun Madrid, la capital, grande y moderna
en la **superficie**, es poco más que un pueblo **pro-** *surface ⬱ provincial*
vinciano. Pero de esa tierra **dura y áspera**, y de esas *hard and rugged*
ciudades aparentemente **dormidas, vino una sed de** *asleep, came a thirst for*
dominio, y los castellanos aprendieron a dominar. Su *domination*
lengua es la lengua de todo el país. Su abilidad adminis-
trativa, aun más, la fuerza de su imaginación, hace a
Castilla todavía el corazón de España.

6 ◧

**VALENCIA Y
ANDALUCÍA**
Valencia, en la costa **oriental**, y *East*
Andalucía, en el sur, son las regiones
que revelan más la dominación árabe
en España. En Valencia, donde la irrigación **resuelve** el *resolves*

problema del agua, hay fértiles campos de **naranjas** y
aceitunas y **huertas** de frutas y legumbres. Y en
Andalucía, donde **más brilla el sol**, la tierra está
cubierta de **olivos y de árboles frutales alineados**
como soldados en fila. **Así como** Cataluña **pertenece**
a Europa, Andalucía, y hasta cierto punto, Valencia
también, pertenecen al norte de África. Los innumerables **pueblecitos** blancos incrustados en las **cuestas** de
las montañas **nos recuerdan a Marruecos, Tánger,
Argel**. Las viejas **mezquitas** están convertidas ahora
en iglesias católicas. Las **torres y fortalezas** están
abandonadas. Pero persiste siempre la estampa árabe en
ese mundo de mosaicos y **baldosines**, de jardines y de
arcos redondeados, en los ojos negros de la gente,
en su cutis **moreno**, en su música, en su manera de
hablar. Ésta es la España "romántica" de **luz** y de vino
y de **baile flamenco**. Córdoba, Sevilla, Granada. La
pobreza existe, pero parece menos **fea** bajo el sol. Y
el andaluz **enfrenta** la vida con optimismo, con
alegría, y con sus cuentos exagerados.

oranges
olives ➤ farms
the sun shines most
*olive groves and fruit trees
  lined up*
Just as ➤ belongs

little towns ➤ slopes
*remind us of Morocco,
  Tangiers, Algiers ➤ mosques*
towers and fortresses

tiles
rounded arches
dark
light
Flamenco dancing
poverty ➤ ugly
faces

7 ◎

**FORMACIÓN CULTURAL
DEL HISPANOAMERICANO**

El hispanoamericano es
un caso **único**. Si lo
reducimos a una ecua-
ción matemática, el total es más grande que la suma de
las partes. Si lo **sometemos** a un análisis **químico**,
resulta que el **compuesto** es muy **distinto a** las subs-
tancias individuales que **lo integran**. Porque el
hispanoamericano es más que un español transplantado.
Aunque conserva muchas de las cualidades del español,
lleva en sí una profunda conciencia de las razas
indígenas de América. Su historia conoce también la
influencia francesa, inglesa, holandesa, italiana, alemana,
sin contar la norteamericana, y en ciertas regiones,
aun la china y la japonesa. Su cultura es esencialmente
hispánica, y en las grandes ciudades se puede llamar

unique

subject ➤ chemical
compound ➤ different from
compose it

he carries within him
native

without counting

cosmopolita. Pero su geografía, su **ambiente**, su *environment*
comida, y su perspectiva son americanos. *food*

PANORAMA GEOGRÁFICO Siendo tan grande la extensión de sus tierras, hay muchas maneras de contemplar al hispanoamericano.
Desde el punto de vista geográfico, le podemos **tratar** *treat*
como hombre de tierra caliente **u** hombre de tierra *or*
fría; hombre de la ciudad u hombre del campo;
hombre de la alta región **andina** u hombre de la *of the Andes*
selva tropical; hombre del interior, hombre de la *jungle*
costa; hombre del norte, hombre del sur. Y cada una
de estas clasificaciones tiene sus implicaciones económicas y sociales.

CUADRO RACIAL O si queremos, lo podemos mirar desde el punto de vista racial. El hombre
europeo: **mayormente** de origen es- *mostly*
pañol, pero no siempre; hombre de negocios o pro-
fesional, maestro, **tendero**, político, o **dueño** de *storekeeper ▬ owner*
tierras. El mestizo: producto de la **mezcla** de blanco **e** *mixture ▬ and*
indio, hombre de la ciudad o del campo, y de todas las
clases económicas. El mestizo ocupa ahora muchos
lugares que en otros tiempos pertenecían sólo al blan- *places*
co, y sus posibilidades individuales dependen **de** su *on*
educación y de sus **medios** económicos, no de con- *means*
sideraciones raciales. El indio: por lo general, hombre
del campo y de las regiones montañosas; agricultor,
pobre, ignorante, explotado, y resignado a un futuro
semejante a su presente. El negro o el mulato: hombre *similar*
más bien de las costas calientes de Sudamérica y del *essentially*
Caribe; hombre de la ciudad, del puerto de mar, y *Caribbean*
también, pero menos que el indio, hombre del campo.
Como el indio o el mestizo pobre, tiene poca educación,
pero **a diferencia del** indio, parece más **consciente** de *unlike ▬ conscious*
sus posibilidades futuras.

FACTORES ECONÓMICO-SOCIALES En realidad, las diferencias más patentes en
Hispanoamérica no son
las que existen de un país a otro, sino las de clase *those that*
económica y social dentro del mismo país. El campesino

pobre mejicano, por ejemplo, mestizo o indio, sin educación, y trágicamente pobre, se parece más al campesino venezolano o colombiano o ecuatoriano que al hombre de clase media o alta de sus propias ciudades. Y el argentino culto se parece más al cubano o al peruano o al chileno de **igual** condición que al gaucho de sus propias pampas.

like

HERENCIA ESPAÑOLA
Como podemos ver, entonces, muchos factores entran en la formación espiritual y fisiológica del hispanoamericano. Pero su **manera de sentir** las cosas, su manera de **enfrentarse con** la vida, es parte de la **herencia** que recibe de España. Vamos a ver **cómo comparte su** historia.

way of feeling
facing ⬌ heritage
how he shares its

A TRAVÉS DE
LOS SIGLOS

I

Sobre Cuevas y Cultos

◈

PUNTO DE PARTIDA Le quiero llevar a través de los siglos. Vamos a empezar nuestro viaje en un camino **tortuoso** de la provincia de Santander. Es un día **caluroso** de verano, pero una brisa fresca **mitiga** un poco los rayos del sol. Llegamos a un **paradero y bajamos** del coche. A la derecha vemos un valle verde, **presidido de** altas montañas. **Nos volvemos** a la izquierda, subimos una **leve colina**, y pronto nos hallamos a la entrada de una **cueva**. Un **guía** nos espera allí. Es un hombre bajo y **delgado, curtido del** sol, y más viejo que sus años. Está **manco de** un brazo (todavía lleva el uniforme **ajado** de sus días de soldado), pero camina con **paso** firme, la cabeza alta. **Chocamos** con la oscuridad de la cueva, y por un momento quedamos **ciegos**. El guía toma un **farol** y nos conduce más adentro. Poco a poco empezamos a ver. . .

winding
hot
softens
stopping place and we get out
presided over by
We turn ➤ slight hill
cave ➤ guide
thin, tanned by the
crippled in
faded ➤ step
We collide
blinded
lantern

EL HOMBRE PRIMITIVO Estamos en una cueva, la cueva de Altamira. El tiempo: quince, tal vez veinte mil años antes de Jesucristo. La cueva está **poblada de** hombres bajos y **morenos**. Viven aquí y en otros **huecos** excavados por la naturaleza en la piedra de las montañas. Su mundo **no pasa de** los límites de su vista. Su vida comprende sólo el concepto de hoy. No conocen la abstracción. No conocen la idea de mañana, del futuro. **Piensan en** las necesidades inmediatas de su existencia—en comer, en **guardarse** del frío, en defenderse contra los animales **salvajes** que les esperan **fuera**. Dependen de esos animales para su comida, y **se visten con sus pieles**. Los **cazan**, sí, pero los temen. Y porque los temen, los **idolatran** también.

inhabited by ➤ dark-complexioned ➤ holes
doesn't go beyond

They think about

protect themselves
wild ➤ outside
they dress themselves in their skins ➤ hunt
idolize

13

ARTE EN LA CUEVA DE ALTAMIRA

El primitivo habitante de esta cueva cubre los **techos** y las **paredes** con **pinturas** de animales. Vemos **por todas partes bisontes**, caballos, toros, **ciervos, cabras,** maravillosamente pintados con los colores de la tierra **misma—ocre**, negro, amarillo, rojo. La figura del hombre **no aparece** en estas pinturas. Sólo **se ve** su mano, extendida, con los dedos abiertos, como alguien que quiere **alcanzar** algo y no puede.

ceilings

walls ➤ paintings

everywhere bisons

deer, goats

itself ➤ ochre

doesn't appear ➤ there is seen

to reach

Pinturas en la cueva de Altamira, Santander.

OTRAS PINTURAS PREHISTÓRICAS

La cueva de Altamira en Santander no es la **única** donde encontramos este arte prehistórico. Más al sur y al este hallamos otras cuevas con pinturas dramáticas de escenas de **caza** y de **guerra**. Allí **sí aparece** la figura del hombre, dinámico, ágil, **luchando por** vivir en un mundo de **peligros**, en un mundo donde el animal todavía predomina.

only one

hunting ➤ war

there does appear

struggling to ➤ dangers

¿QUÉ QUIEREN DECIR?

Ahora, ¿por qué siente el hombre primitivo este impulso al arte? ¿Por qué quiere **evocar** en las paredes y en los techos de su **morada** la presencia de esos animales salvajes? ¿Puede ser solamente por un instinto decorativo? ¿O es que los animales tienen cierto **valor** simbólico? ¿Por qué aparece con **tanta** frecuencia la figura del toro? ¿Puede ser parte de una antigua ceremonia religiosa? ¿Puede ser uno de sus dioses? Sabemos, por ejemplo, que más tarde existe un culto del toro entre los iberos, primeros habitantes que conoce la historia de España. El toro es un ídolo, y al mismo tiempo, **luchan** con él. **Desafían** a su dios, y todavía lo adoran. ¿Contradicción? Tal vez no.

evoke
dwelling

value ━ such

they fight ━ They defy

2
Los Primeros Españoles

◈

LOS ANTIGUOS IBEROS

Los **griegos** que vienen a España a comerciar desde el siglo VIII antes de Cristo nos dan el primer testimonio **acerca de** los antiguos españoles. Hablan de la cultura avanzada y de las más **de** doscientas ciudades de esas **tribus** que se llaman iberos. Dicen que viven en casas de piedra, que hacen **joyas** y **monedas** de metales, que tienen arte y cerámica y alfabeto y **escritura**, y que saben cultivar la tierra. Pero aun más, nos dan una descripción psicológica de los iberos. Son feroces en la guerra, dicen. Son **diestros** sobre todo en la forma de ataque y **retirada** que hoy llamamos "guerrilla", y muestran **una devoción tan grande al jefe** que llegan a veces a extremos de heroísmo. Están preocupados con la **muerte**, pero al mismo tiempo están **dispuestos** a sacrificar su vida en defensa de su

Greeks

about
than
tribes
jewels ━ coins

writing

skilled
retreat
such great devotion to their
chief
death
ready

Los Toros de Guisando, esculturas prehistóricas en
la región de Ávila.

dignidad personal. Son religiosos y **hospitalarios**, pero *hospitable*
indisciplinados, impulsivos, y arrogantes. Cuando
quieren hacer las cosas, las hacen bien, pero otras veces
parecen ser perezosos. Construyen **tumbas** elegantísi- *tombs*
mas para sus muertos, y tienen muchos dioses, entre
ellos el toro, cuya figura **se encuentra** por todas partes *is found*
en piedra o en bronce.

LLEGADA DE LOS CELTAS — Los arqueólogos modernos **añaden** *add*
más información sobre estos primeros
españoles que la historia conoce **de** *by*
nombre. Según sus **cálculos**, los iberos llegan a *calculations*
España **unos** dos mil años antes del **nacimiento** de *about ← birth*
Cristo. Son de tipo mediterráneo y vienen **o** del este de *either*
Europa o del norte de África. Los **celtas**, hombres *Celts*
nórdicos, **rubios** y más altos, pero de cultura inferior, *blond*
empiezan a llegar a España unos mil años más tarde.
Vienen en grandes números, **oleada tras** oleada, y al *wave after*
principio los iberos resisten. Poco a poco, las dos razas
empiezan a **mezclarse**, sobre todo en el este y en el sur, *mix*
y la civilización que los **comerciantes** griegos hallan *traders*
en la costa oriental es probablemente **celtíbera**. Es *Celtiberian*
importante notar, **sin embargo**, que aunque hay *nevertheless*

16

La Dama de Elche, ejemplo máximo del arte ibero.

cierta fusión entre los dos **pueblos**, no existe todavía un concepto de nación. Al contrario. El español primitivo conserva hasta tal punto su idea individualista que la **población** de la península está dividida en más de dos mil tribus, y esas tribus **se unen sólo de vez en cuando** para luchar contra un enemigo común.

peoples

population
join together only once in a while

GRIEGOS, FENICIOS, Y CARTAGINESES

Así va a ocurrir más tarde. Los griegos **establecen** ciudades y centros comerciales en el este. Los **fenicios** hacen **lo mismo** en el sur. **Para** el siglo IV antes de Cristo, los romanos también tienen sus protectorados en la península. Con el tiempo entran en conflicto los varios intereses económicos. Algunas tribus celtíberas **se rebelan** en el sur, los fenicios **piden ayuda a Cartago**, y los **cartagineses** mandan fuerzas a España. **Sofocan** la rebelión en el sur, y avanzan poco a poco hacia el norte. Pero la resistencia de las tribus españolas es feroz.

establish

Phoenicians ➤ the same
By

rebel
ask Carthage for help
Carthaginians ➤ They quell

EL CERCO DE SAGUNTO

Es el siglo III **AC** ahora, y los cartagineses están decididos a ocupar todo el territorio español. España puede ser una base excelente para atacar a Roma, su enemiga tradicional. Tienen que **conquistarla**. La ciudad celtíbera de Sagunto, **aliada** de Roma,

B.C. (antes de Cristo)

conquer her
ally

se levanta en su camino, y los cartagineses **le ponen cerco**. Durante ocho meses el pueblo saguntino se defiende. **Muertos de hambre, se dan** al canibalismo **antes que rendirse**. Por fin, desesperados, **incendian** sus casas y sus posesiones, **se arrojan a la hoguera** con sus hijos y sus mujeres, o **mueren entre las espadas** de los enemigos. Por el momento, los cartagineses triunfan, pero la huella de esos primeros españoles va a quedar estampada en épocas futuras.

stands in their way — lay siege to it
Starving, they resort rather than surrender they set fire to — hurl themselves into the fire — die on the swords

3
España bajo los Césares

◌

LLEGAN LOS ROMANOS

Los cartagineses continúan su marcha hacia el norte. Bajo su general **Aníbal, cruzan** los Pirineos, cruzan los Alpes, e invaden el **imperio** romano. Por un tiempo parece que van a triunfar, pero al fin son **rechazados**. En 218 AC, los romanos mandan fuerzas a España para destruir las bases cartaginesas que hay allí, y para **emprender su propia campaña** de expansión territorial. Una nueva época cultural **está para** empezar. Pero la conquista no va a ser fácil.

Hannibal, they cross empire

turned back

start their own campaign is about to

LA RESISTENCIA

Al principio las tribus celtíberas del este y del sur reciben sin gran protesta a las legiones romanas. Pero en el norte y en el interior la resistencia es **tenaz**. Pronto la crueldad y **avaricia** de los **gobernantes** romanos provocan **sublevaciones** en toda la península, y los romanos responden con **represalias** severas. Las guerrillas continúan, y las **pérdidas** romanas son tan altas que los soldados imperiales **ya no** quieren ir a España a luchar. Por fin, el **pretor** Galba, **derrotado** varias veces por los **lusitanos**, una tribu del oeste, **se ve**

stubborn
greed — rulers
uprisings
reprisals
losses
no longer
praetor (Roman official) — defeate
Lusitanians — finds himself

obligado a hacer un **tratado de paz** con ellos. Los *peace treaty*
engaña con falsas promesas, y cuando los lusitanos *deceives*
abandonan las armas, Galba **cae sobre ellos**. Mata a *falls upon them*
muchos, y vende a los demás como **esclavos**. Toda la *slaves*
región se levanta en armas. Otras tribus **se juntan** con *join*
los lusitanos. Bajo su jefe, un **pastor** llamado Viriato, *shepherd*
vencen a seis pretores y a tres cónsules romanos, y *they defeat*
Roma tiene que **firmar una paz deshonrosa**. *sign a dishonorable peace*

DEFENSA DE NUMANCIA Por fin, los romanos compran a
unos traidores para matar a Viriato,
y el jefe español es **asesinado mien-** *assassinated in his sleep*
tras duerme. Para calmar el furor general, los romanos

Teatro y anfiteatro romanos en Mérida, provincia
de Extremadura.

denuncian el crimen y **se niegan a pagar** a los asesinos. *refuse to pay*
Pero con la muerte de su jefe principal, la resistencia de
los españoles empieza a **decaer**. Sólo queda un núcleo *decline*
importante de resistencia, la ciudad de Numancia.
Durante veinte años Numancia **rechaza los asaltos** de *repels the assaults*
los romanos, hasta que llegan las legiones del mejor
general romano, Escipión Emiliano, y **bloquean** la *blockade*
ciudad. El año es 133 AC. Como el pueblo de Sagunto
antes de ellos, los **numantinos** destruyen sus casas y *people of Numantia*
sus **bienes**, y todos **juntos** salen a morir entre las *possessions ← together*
espadas de los romanos.

ROMANIZACIÓN Y CRISTIANISMO

Dos siglos más van a **tardar** los *be delayed*
romanos en **pacificar** la penín- *pacifying*
sula, pero finalmente, **para** el *by*
tercer siglo después de Cristo, España **se convierte** *becomes*
en la colonia más rica y más importante del imperio.
Los españoles **se romanizan** totalmente. Su lengua, sus *become Romanized*
leyes, su arquitectura, su estructura social y política, *laws*
todas son romanas, como las **plazas mayores** de sus *large central squares*
ciudades, los patios de sus casas. En España **nacen** *are born*
algunos de los **emperadores y escritores** más grandes *emperors and writers*
del imperio romano, **incluso** el filósofo Séneca, padre *including*
del **estoicismo**. La tolerancia romana permite entrar *stoicism*
el cristianismo en España, y la nueva religión **se arraiga** *takes root*
fuertemente. Más tarde, sin embargo, empiezan las
persecuciones religiosas. Los españoles otra vez se
mantienen firmes, y aparecen en toda la península los
mártires de la fe. Una vez más se afirma el carácter *martyrs of the faith*
innato del español: heroico, estoico, dispuesto a sacri-
ficar su vida en defensa de su dignidad personal, en
defensa de su religión. Y el cristianismo, fundamento
de su historia, persiste en la España de los Césares.

4

Lengua Romance

◈

ORÍGENES DE LA LENGUA ESPAÑOLA
España es ahora una provincia de Roma. Después de las legiones romanas vienen grandes números de **colonos**. Establecen ciudades, construyen caminos y **puentes** y acueductos y teatros, e introducen todas las costumbres de su tierra **natal**. **Traen consigo** el lenguaje popular de las calles de Roma, el **habla** de la gente ordinaria. Este "latín vulgar" **se diferencia** en muchas maneras de la lengua **culta** de los grandes oradores. La **falta** de educación y de libros produce también unos cambios notables en la lengua de la gente hispanorromana. Cuando **se añaden** a estos factores las distancias que separan a los varios pueblos y lugares, las diferencias **crecen** aun más. Así es que cada región de España **adquiere** sus propios localismos, sus propias expresiones idiomáticas, su propia entonación y pronunciación. Poco a poco el latín de los conquistadores romanos **se fragmenta en** numerosos dialectos, cada uno con sus propias variaciones.

colonists
bridges

native ‒ *They bring with them*
speech
differs
cultured ‒ *lack*

there are added

grow
acquires

breaks up into

DIALECTOS DE ESPAÑA
Las principales lenguas romances que nacieron del latín vulgar son el francés, el portugués, el italiano, el **rumano**, y el español. Pero en realidad, la lengua que conocemos hoy como "el español" es el castellano, el lenguaje de Castilla, cuyo **predominio** político sobre los demás sectores del país **hizo imponer** también su manera de hablar. En las otras regiones de España aparecieron versiones distintas del latín vulgar, como el gallego en Galicia, el catalán en Cataluña, y el andaluz en Andalucía. Sólo el País Vasco **no cedió ante el ímpetu** cultural romano y conservó siempre su propia lengua, el vascüence, de origen **desconocido**.

Rumanian

predominance
imposed

didn't yield
before the . . . impetus
unknown

San Isidoro de Sevilla (560–636), quien describe en sus obras la lengua hispanorromana de su tiempo.

San Isidoro de Sevilla, Murillo

Algunos lingüistas piensan que el vascüence es la lengua hablada por los primitivos iberos o celtas, y que es **por lo tanto** la lengua original española. Pero no hay evidencia **segura**. **Lo más interesante** es que todos estos idiomas o dialectos se hablan aun hoy en España, **junto al** castellano. El castellano, como sabemos, es la lengua oficial de toda la nación, la lengua de la ley y de la educación. Pero fuera de Castilla, es la lengua secundaria en el corazón de muchos españoles.

therefore

sure ➛ *The most interesting part*

along with

LA LENGUA HISPANORROMANA

Vamos a volver por un **rato** a la época de la romanización de los españoles. Parece que desde el principio existían ciertos fenómenos peculiares en su manera de hablar. Por ejemplo, según los escritores latinos de aquellos tiempos, los españoles no podían pronunciar una **ese** inicial seguida **de** una consonante. Siempre ponían "e" antes de la ese, como en

Let's go back ➛ *little while*

"s" ➛ *by*

las palabras Spannia—España; schola—escuela; storia —estoria, historia. Esta característica del habla española continúa hasta hoy. En efecto, si estudiamos muchas palabras inglesas de origen latino, vemos que las palabras españolas que les corresponden empiezan todavía con aquella "e" histórica: *spy*—espía; *style*—estilo; *study*—estudio; *special*—especial; *to ski*—esquiar, etc. ¡Y la versión típica en español de "Mr. Smith" es "Señor Esmiz"!

OTROS CAMBIOS DEL LATÍN VULGAR Los antiguos **eruditos** latinos se **quejaban** también de que los españoles **no se molestaban por declinar** los nombres y los adjetivos. Aun más que en el latín vulgar, daban a los nombres solamente dos formas, una singular, y la otra plural (casa, casas, día, días), **en vez de** las cinco o seis que tenían en la lengua clásica. Y **además**, pronunciaban **de una manera muy extraña la "e" y la "o" cortas** del latín: terra—tierra; foco—fuego; petra—piedra; morte—muerte. Y hacían otras cosas igualmente curiosas. Cambiaban ciertas formas verbales, abandonaban totalmente otras, y **hasta creaban** algunas nuevas. La lista de sus peculiaridades era larga. Así, decían los eruditos latinos, los españoles coloniales **destrozaban** la hermosa lengua romana. Si **no se hacía** algo para educarlos mejor, la lengua madre pronto iba a **desaparecer**... Pero la lengua romana no desapareció: **se convirtió más bien en** lenguas romances. Tomó otra forma, se modernizó, se adaptó a las necesidades, a la psicología de su pueblo, pero **siguió viviendo**: español, francés, italiano, portugués...

scholars
complained
didn't bother to decline

instead of
besides
in a very strange way the short "e" and "o"

they even created

were ruining — wasn't done
disappear
it turned instead into

it kept on living

5

Avalancha Gótica

INVASIONES GERMÁNICAS

Pasa la época de los Césares, y la gran Roma se empieza a fragmentar. El **lujo**, la desintegración *luxury* moral y la disensión política **se apoderan del antes** *take over the formerly* invencible imperio, y **para principios** del siglo V *by the beginning* después de Cristo, ya no puede defenderse contra los **bárbaros** del norte. Tribus germánicas—**visigodos,** *barbarians ← Visigoths,* **ostrogodos, suevos, alanos, vándalos**[1]—atacan sus *Ostrogoths, Sueves, Alans, Vandals* fronteras, y entre 409 y 414 la avalancha llega a España y **la sumerge bajo su peso.** *submerges it under its weight*

ESTABLECIMIENTO DEL IMPERIO VISIGÓTICO

De las luchas que siguen entre los **inva-** *invaders themselves,* **sores mismos, salen** *come out* victoriosos los visigodos, quienes **logran** extender su *manage* dominio militar por toda la península. La corte visigótica se establece en Toledo, y los **reyes se rodean de** *kings surround themselves with* toda la pompa y ceremonia necesaria para dar mayor autoridad a la monarquía. Pero **surgen** siempre los con- *there arise* flictos, y el país **se mancha** otra vez **de sangre.** *is stained ← with blood* Muchos reyes mueren asesinados, y hay guerras constantes entre las facciones políticas y religiosas, sobre todo entre católicos y **arrianos, ambos** cristianos, pero *Arians, both* de **creencias** distintas. *beliefs* *continue*

FUSIÓN DE CULTURAS

Aunque los godos **siguen** represen- *continue* tando la clase alta, dominante, poco a poco asimilan la cultura superior hispanorromana, y empiezan a desaparecer las costumbres germánicas. El primer paso importante hacia la fusión de la raza ocurre a fines del siglo VI cuando el rey Recaredo se convierte al catolicismo y adopta el latín como lengua oficial de la corte y de la **liturgia.** Pero *church liturgy* los nobles no quieren **doblegarse ante la voluntad** de *bow before the will*

---

[1]Del nombre de esta gente bárbara vienen las palabras inglesas **vandal** y **vandalism.**

Corona de Suintila, rey visigodo del siglo VII.

los monarcas, y las **revueltas** continúan durante los reinados siguientes. La iglesia también empieza a **ejercer** más influencia, **e inicia una política** de persecución de los **judíos**.

revolts

wield ➤ and initiates a policy
Jews

EL REY WAMBA La figura del rey Wamba ocupa un lugar interesante en la historia del siglo VII. Cuenta la tradición que Wamba trabajaba en sus campos cuando recibió la **noticia** de su elección al trono. Wamba **rehusó**, y sus **fieles vasallos** le dijeron entonces que le iban a dar dos alternativas: aceptar la **corona** o morir **allí mismo** donde trabajaba. Wamba la aceptó. Aunque fue **elegido** contra su deseo, Wamba fue un rey **enérgico**. Sofocó las rebeliones de sus adversarios, **sometió** a varias tribus hasta entonces **indómitas**, **e impidió el desembarco** de los sarracenos del norte de África en tierras españolas. Pero

news
refused ➤ faithful vassals

crown ➤ right there
elected
energetic
he conquered
unbeaten ➤ prevented the landing

su reinado tuvo un fin tan extraño como su principio. Parece que en aquellos tiempos el **pelo** largo de los hombres se consideraba una **muestra** de virilidad. La **barba** era inviolable, y la ofensa mayor que se podía hacer a un hombre era **mesarle la barba o cortarle** el pelo. Pues cuenta también la tradición que un noble descontento de la corte de Wamba le dio al rey un fuerte narcótico, y mientras el monarca dormía, le cortó la **cabellera**. Por fin, Wamba despertó del **profundo sueño**, y hallándose sin pelo, **se sintió** incapacitado para seguir en el trono. **Abdicó**, y terminó su vida en un convento.

hair
sign
beard
pull his beard or cut

shock of hair
deep sleep ➛ he felt
He abdicated

LA DECADENCIA Con la abdicación de Wamba, la monarquía visigótica pasó a manos **débiles,** y la historia de los reinados subsecuentes **queda envuelta** en la obscuridad. **Se estaba acercando** rápidamente su fin.

weak
remains shrouded ➛ was approaching

6

Leyendas de Rodrigo

◈

RODRIGO, EL ÚLTIMO REY GODO Era por los años 708–709. El rey visigodo Witiza moría, y sus hijos eran todavía un poco jóvenes para asumir el **mando**. La corona era electiva, y los nobles de la corte, divididos en facciones, **no se ponían de acuerdo** sobre el sucesor. Así que a la muerte de Witiza, **hubo** una guerra civil, y Rodrigo, fuerte gobernador de la Bética (ahora Andalucía), se apoderó del trono imperial.

command

couldn't agree
there was

SEDUCCIÓN DE LA CAVA

Cuentan que una tarde el rey Rodrigo **se enamoró de una doncella** de su corte, una muchacha llamada Florinda, o la Cava. Según una versión de la leyenda, la joven estaba en un jardín con otras doncellas de la corte. Para pasar el tiempo, decidieron **medirse las piernas** con un **listón** amarillo.

fell in love with a young girl

measure their legs
ribbon

"**Midiéronse** las doncellas,
la Cava lo mismo hizo,
y en **blancura y lo demás
grandes ventajas les hizo.**"

measured themselves

whiteness and every other way
she far surpassed the others.

Las jóvenes creían que estaban solas, pero **resultó** que el rey las estaba mirando por una **celosía. Hizo venir a la Cava** a sus habitaciones, y la **sedujo**... Según otra versión, el rey la vio **bañándose en una fuente.** Mandó por ella, y como canta después el poeta:

it turned out
shutter ➤ He had la Cava
come ➤ seduced
➤ bathing in a fountain

"Si dicen **quién** de los dos
**la mayor culpa ha tenido,
digan los hombres** 'la Cava'
y las mujeres 'Rodrigo'."

which
was more to blame
let the men say

711: INVASIÓN ÁRABE

Cuentan también que el padre de la Cava, un conde Olián, o Julián, era el gobernador **bereber** de una colonia española en el norte de África. **Enterado** de la **traición** de su rey, Olián, aunque era católico, fue al jefe de los árabes, **pactó** con él, y le ayudó a invadir España. El año era 711, y marca el principio de la dominación musulmana en la península. Dicen que en la batalla de Guadalete que **se libró** entonces entre árabes y cristianos, el rey Rodrigo desapareció **para siempre**, y que encontraron sólo su caballo y su **yelmo** en la **orilla** del mar. Los poetas hablan de la penitencia del rey **al ver perdida a España.** Algunos cuentan que no murió en el mar, sino que fue a una **ermita** donde **se dejó comer vivo de** una serpiente. Otros dicen que **enloqueció de** pena y de **remordimientos**, y que casi

Berber
Informed
treachery
made a pact

was fought
for ever
➤ helmet
shore
on seeing Spain lost
hermitage
let himself be eaten alive by
he went mad with ➤ remorse

sin sentido, se dejó llevar por su caballo, lamentando **amargamente**:

senseless, he let himself be carried ➤ bitterly

"Ayer eras rey de España,
y hoy no tienes **un** castillo.
Por un pequeño **placer**
metiste a España a cuchillo."

a single
pleasure
you let Spain perish under the knife

Rodrigo violando la torre de Hércules, otra leyenda acerca de la pérdida de España.

VERSIÓN HISTÓRICA DE LA LEYENDA

Ésta es la leyenda que aparece infinitas veces en la literatura popular española, en cuentos, poemas, dramas, y **romances**. Pero la historia **no la respalda**. En efecto, la **contradice**. Según las mejores **fuentes** históricas, es verdad que Rodrigo, con la ayuda de ciertos nobles **poderosos**, tomó la corona después de la muerte de Witiza. Pero

ballads
doesn't back it up ➤ contradicts
sources
powerful

el episodio de la Cava, si ocurrió realmente, **tuvo** *took*
lugar antes de la **subida** de Rodrigo al trono en 711, y *place — ascent*
las versiones más antiguas lo **atribuyen** a Witiza, no a *attribute*
Rodrigo. **En cuanto a** la traición del conde Olián, o *As for*
Julián, existen varias interpretaciones: o que quería
vengarse de toda España por la **infamia** cometida por *infamous act*
el rey Witiza, o más probablemente, que **actuó** sólo *he acted*
por motivos políticos. **En fin,** Olián sí hizo un pacto *Anyway*
con los árabes y les **sirvió de** espía y de guía cuando *served as*
invadieron España. Pero hay otro aspecto aun más
interesante, **el de** los hijos de Witiza. *that of*

TRAICIÓN DE LOS HIJOS DE WITIZA

Parece que cuando Rodrigo
recibió la primera noticia de la
invasión, **se hallaba** en Pam- *he was*
plona, **peleando** contra los rebeldes vascos. Mandó un *fighting*
ejército bajo su sobrino Sancho para hacer frente a los *army*
invasores. Pero Sancho murió y los árabes seguían
avanzando. Rodrigo **reunió** entonces un gran ejército *got together*
y **se dirigió** al sur para combatir contra los árabes. **Iba** *headed — He was*
acompañado de los nobles de su corte, entre ellos los *accompanied by*
hijos de Witiza. **Debemos recordar** que estos jóvenes *We should remember*
se sentían todavía defraudados de su legítima **he-** *still felt*
rencia, y la querían **recuperar.** Según los historia- *inheritance — get it back*
dores árabes, así pensaron los hijos de Witiza: "Ro-
drigo, ese hijo de mala madre, tomó por la fuerza
nuestro reino. Los invasores **no piensan** establecerse *don't intend*
en nuestro país, sino **ganar botín** y después **mar-** *get booty — go away —*
charse. Si nosotros los ayudamos, **juntos derrotamos** *together we'll overthrow*
a Rodrigo y España va a ser nuestra." Enviaron un
mensaje secreto a Tarik, jefe de los árabes. **A cambio** *In exchange*
de su colaboración, le pedían ayuda para **recobrar** sus *for — recover*
posesiones perdidas. Tarik se la **prometió.** Durante la *promised*
batalla de Guadalete, cerca de Cádiz, los hijos de Witiza
y sus **partidarios** dejaron el campo de batalla, y los *followers*
soldados de Rodrigo fueron **arrasados** por los árabes. *demolished*
Rodrigo, con los hombres que **le quedaban,** probable- *he had left*
mente **se refugió** en el norte donde resistió hasta su *took refuge*
muerte.

LA "CULPA" DE RODRIGO Pocos años después hallamos a los hijos de Witiza viviendo en territorio árabe, **gozando de** grandes *enjoying* riquezas y de todas sus antiguas posesiones. Entonces empiezan a circularse las nuevas versiones del fin del imperio visigótico. Entonces empiezan a **echarle la** *blame* **culpa a** Rodrigo. "Rodrigo perdió a España por un **capricho** del deseo", dicen. "Por un pequeño placer *whim* metió a España a cuchillo." Y así **va de cuento**. *goes the story*

7

Mosaico

◈

BATALLA DE COVADONGA # 711. Los musulmanes se establecen en el sur y de allí **lanzan** sus campañas hacia el *launch* norte. **Persiguen a los restos** del ejército visigótico, *They pursue the remains* cuya última defensa **se derrumba** a la muerte de *collapses* Rodrigo. Cae Córdoba; cae Toledo, la antigua capital de los godos; y pronto toda Castilla está en sus manos. **Se desparraman** hacia el oeste—Extremadura, Por- *They scatter* tugal; hacia el este—Murcia, Valencia. Por fin llegan a la provincia de Asturias, al pueblo de Covadonga en el extremo norte. Y allí, en un paso de los Montes Cantá- bricos, por el año 718, sufren su primera **derrota**. Una *defeat* pequeña banda de españoles bajo el mando del conde Pelayo rechazan a los invasores, y los árabes tienen que retirarse hacia el sur. Los historiadores árabes men- cionan el episodio también. "Treinta españoles locos defendían el paso", dicen ellos, "y porque **no nos im-** *it didn't matter to us* **portaba** mucho, decidimos **dejárselo**." Pero aunque *let them keep it* los escritores árabes parecen darle poca importancia, la victoria de Covadonga representa para los españoles el principio de la Reconquista de su tierra.

El Alcázar de Segovia, antigua fortaleza árabe, nos
recuerda los cuentos de *Las Mil y Una Noches*.

HISTORIA DEL CONDE PELAYO

Ahora bien, ¿quién era Pelayo? ¿Qué hacía en ese momento en aquella remota región de Asturias? Ahí está un cuento muy interesante... Parece que el padre de Pelayo era un conde de la corte de Witiza. El rey se interesó por la esposa del conde, y cuando el esposo ofendido quiso defender su honor, Witiza lo mató con un terrible **golpe** en la cabeza. **Temiendo la venganza** del hijo, Witiza exiló de la corte al joven

Now then,

blow ◂ Fearing the vengeance

31

Pelayo. Pelayo se refugió en Asturias con sus hombres.
Se cree que estuvo con Rodrigo en el desastre de
Guadalete, y que **viendo derrotado a su señor**, volvió   *seeing his lord defeated*
al norte, donde esperó la llegada de los musulmanes.
Ganada la batalla de Covadonga, Pelayo llegó a ser   *Having won*
el primer rey de Asturias, y sus descendientes continuaron después la lucha contra los **infieles**.   *infidels*

LOS RENEGADOS
Mientras tanto, los árabes **asentaban**   *Meanwhile ➛ were setting up*
su corte en la Bética, que ellos nom-
braron Al Andalus (hoy Andalucía).
Algunos cristianos, viendo la posibilidad de **enrique-**   *getting rich*
cerse bajo su dominio, colaboraron con ellos. Los hijos
de Witiza, como ya notamos, aparecen viviendo con
opulencia en territorio árabe. La viuda del rey Rodrigo
se casa con el hijo de Muza, el general árabe que **llevó a**   *brought about ➛*
cabo la primera invasión de España. Y otras **altas**   *high-born*
señoras de la corte visigótica siguen su ejemplo, casán-
dose con jefes árabes. Gran número de cristianos, sobre
todo en las regiones rurales, se convierten al mahome-
tanismo. A estos cristianos convertidos llamamos
"renegados". Pero la mayor parte de los españoles que
se quedan allí mantienen firmemente su fe católica.

MOZÁRABES Y JUDÍOS
Estos "mozárabes" (cristianos **arabi-**   *influenced by Arab ways*
zados, pero cristianos siempre) llegan
a tener una gran importancia cultural.
Son ellos quienes realizan el primer contacto entre   *It is they who bring about*
los dos pueblos y quienes transmiten a los cristianos los
avances de la superior cultura oriental. Al principio,   *advances*
protegidos por los **califas**, los mozárabes pudieron   *protected ➛ caliphs (Moslem rulers)*
conservar sus costumbres y sus prácticas religiosas. Los
árabes no les obligaban a convertirse al mahometanis-
mo, primero porque la conversión **a la fuerza** era con-   *by force*
tra su religión, y segundo, porque los cristianos tenían
que pagar altos **impuestos** especiales, y los goberna-   *taxes*
dores no querían perder esa **fuente** de riqueza. Más   *source*
tarde, sin embargo, esa **política** de tolerancia iba a   *policy*
cambiar. Había aun otro grupo importante en el
mundo árabe-español. Los judíos, perseguidos por la
iglesia visigótica, se refugiaron en las cortes de los

Una imagen románica del Salvador en la Colegiata de Santillana del Mar, Asturias.

califas, donde llegaron a ocupar altos **puestos**, sobre todo en la medicina y en las ciencias.

MUDÉJARES, MORISCOS, Y DEMÁS

Pero no todo iba bien en el territorio musulmán. Desde los primeros momentos de la invasión de España, empezaron las disensiones en el campo árabe. Nuevas sectas religiosas llegan a disputar el **poder**. **Celos**, rivalidades y **enemistades** toman posesión de los conquistadores, y la **España islámica se va fragmentando**. Los jefes árabes tienen que **aliarse a menudo** con reyes o con poderosos nobles cristianos. Como consecuencia, muchos musulmanes van a vivir **a** tierras dominadas por los cristianos. Estos musulmanes, que introducen su arte y sus **conocimientos** en la España cristiana, se llaman "mudéjares", y su influencia cultural es grande. Otros mahometanos se convierten al catolicismo, y

posts

power ➛ Jealousies
enmities
Islamic (Mohammedan) Spain
* begins to fall apart ➛ ally*
* themselves often*
in

knowledge

33

estos "moriscos" se incorporan poco a poco **a** la
sociedad cristiana española. Y hay otros elementos
también en ese gran mosaico de la España de los siglos
VIII, IX, y X. Cuando un jefe árabe, por ejemplo,

into

Página iluminada de una
Biblia hebrea hecha en
Toledo.

pide ayuda a **Carlomagno** (**a fines** del siglo VIII), el
rey de los francos usa el pretexto para invadir el norte
de España y para **radicarse** después en Cataluña.
Además, piratas **normandos** atacan las costas de la
península, y sucesivas invasiones de tribus fanáticas del
norte de África **perturban** constantemente la paz.

*Charlemagne (toward the
end)*

take hold
Norman

disturb

MOSAICO El cuadro multicolor se va completando:
cristianos, árabes, judíos, moros, bereberes, mozárabes, mudéjares, moriscos,
renegados, francos—enemigos a veces, otras veces
viviendo juntos. Con el tiempo los **trozos se funden,
y sale del nuevo conjunto** el pueblo español.

*the pieces fuse, and there
comes from the new whole*

8

Los Reinos Cristianos

◈

EN TIERRAS CRISTIANAS Mientras los árabes ocupaban el sur y el centro de la península, los restos de la antigua corte visigótica establecieron pequeños **reinos** independientes en el norte. Asturias, Navarra, Galicia, Aragón, Cataluña, León. . . El **propósito** fundamental de estos reinos era conservar el catolicismo y reconquistar a España de manos de los infieles. Pero en realidad, **no sucedió así**. Los cristianos estaban tan **desunidos** como los musulmanes, y las guerras eran constantes—rey contra rey, **vasallo** contra **señor, nobleza** contra corona. A veces se juntaban algunos de los monarcas cristianos para llevar la guerra a los mahometanos, pero el país estaba envuelto en un complicado **laberinto de alianzas**, y la Reconquista **adelantaba** poco.

kingdoms

purpose

it didn't happen that way
disunited

vassal ► lord, nobility

maze of alliances
moved ahead

DOMINIO POR LA FUERZA La vida era muy dura en la España cristiana de los siglos VIII, IX, y X. Los nobles feudales **se ufanaban de su rudo aspecto guerrero**. Pensaban que el hombre era hombre sólo en la guerra, que **se hacía conocer** por la fuerza, y **todo lo demás** era debilidad. Los reyes **se imponían** por la fuerza y mantenían el poder **por medio de** la fuerza. Y cuando la fuerza del vasallo **llegaba a igualarse con la** del monarca, el vasallo **no vacilaba en desafiar** a la autoridad **real**. "Yo no tengo miedo de él, ni de **cuantos** con él están", dice Fernán González, héroe de la independencia de Castilla, y **rechaza una petición** del rey de León.

took pride in their crude,
  warlike appearance
he made himself
  known ► all the rest
imposed themselves
by means of
came to equal that
didn't hesitate to defy ► royal
all those who

rejects a request

BERNARDO DEL CARPIO CONTRA EL REY La tradición española, individualista, orgullosa, guarda **celosamente** estos momentos de heroísmo personal. Tomemos el caso,

jealously

35

por ejemplo, de Bernardo del Carpio, figura histórico-
legendaria. Según **el romancero**, cuando el rey manda
por él, Bernardo, quien fue **engañado** en otras ocasiones por el monarca, contesta:

> "No lo estimo a él
> ni a cuantos con él **son**,
> **mas por ver lo que me quiere**,
> todavía allá iré yo."

balladry
deceived

(están)
but just to see what he wants,

Bernardo **manda después juntar a sus hombres**.
Doscientos van con él para hablar con el rey, y otros
doscientos guardan los caminos y **sus propiedades**.
Bernardo llega al lugar de la **entrevista**, y el rey le
acusa de haber tomado como **herencia suya** una
propiedad que la corona le dio sólo en **tenencia**.

then orders his men to assemble

his properties
meeting
a personal inheritance
tenancy

> "**Mentides, el rey**, mentides,
> **que** no dices la verdad,"

You're lying, king
(Do not translate.)

responde Bernardo. El rey **se pone** furioso y grita:

becomes

> "**Prendedlo**, mis caballeros,
> **que igualado se me ha**."

Arrest him
for he has tried to treat me
*   as his equal*

Pero Bernardo llama a sus hombres, y cuando el rey
los ve, decide que **le conviene tratarlo todo como
una broma**.

it is better for him to treat
*   the whole matter as a joke*

> "¿ Qué **ha sido aquesto**, Bernardo,
> que **así enojado te has**?
> Lo que hombre dice **de burla**,
> ¿**de veras vas a tomar**?
> Yo te doy **El Carpio**, Bernardo,
> **de juro y de heredad**."

has all this been about
you've become so angry
as a joke
you're going to take seriously
(Bernardo's family estate)
as a permanent possession

> "**Aquesas** burlas, el rey,
> no son **burlas de burlar**;
> **llamásteisme de** traidor,
> traidor hijo de mal padre.
> El Carpio yo no lo quiero,
> **bien lo podéis vos guardar**;

Those
laughing matters
you called me a

you can go ahead and keep it;

que cuando yo lo quisiere,
muy bien lo sabré ganar."

VIOLENCIA Y RELIGIÓN Como el rey **pisoteaba** los derechos de sus vasallos, y los vasallos pisoteaban la autoridad real cuando podían, reyes y nobles **pisaban** igualmente sobre la religión cuando **les convenía** hacerlo. En una curiosa **paradoja** de devoción espiritual y de interés **mundano**, construían grandes monumentos al culto de su Dios, pero al mismo tiempo no vacilaban en asesinar a **arzobispos** de la iglesia por motivos políticos, ni en robar o **saquear** catedrales y monasterios. A veces, poderosos nobles **hicieron construir** iglesias o conventos para **expiar** sus propios crímenes. Se cuenta el caso del rey Ramiro II de León que derrotó a su hermano y a sus sobrinos en una guerra civil, y en vez de cortarles la cabeza, **mandó sólo sacarles los ojos.** Después, hizo construir un monasterio y metió allí al hermano y a los sobrinos por el resto de su vida. A fines del mismo siglo X, don Sancho, conde de Castilla y **nieto** de Fernán González,[1] iba a hacer un acto de **contrición** igualmente **impresionante. Enterado de** que su madre le quería **envenenar** para poder casarse con un rey árabe, Sancho la obligó a beber el mismo vino envenenado que ella tenía preparado para él. Después, lleno de **remordimientos**, hizo construir un monasterio **para honrar** en la eternidad la memoria de la buena mujer. A pesar de estos extremos, la religión era el factor más importante en la vida del pueblo, y la iglesia siguió siendo durante toda la Edad Media la única fuente de educación y de cultura.

CONDICIONES HIGIÉNICAS Como en toda Europa, la falta absoluta de condiciones higiénicas causaba terribles enfermedades. Frecuentes **plagas decimaban** la población, y por lo general, la vida era muy corta. El **baño**, que fue introducido por los romanos, desapareció en tiempos de los

[1]El libertador histórico-legendario de Castilla. Véase el capítulo 10.

Alfonso VI de Castilla, rey
guerrero de la época del Cid.

godos. Por lo tanto, hasta el siglo X, el baño era casi
desconocido en la España cristiana, excepto para **ritos**   *rites*
ceremoniales y para **embalsamar** a los muertos. Aun   *embalm*
esta práctica era condenada por ciertos miembros del
sacerdocio, porque el cuerpo humano era una fuente   *priesthood*
de **pecados** y uno no debía mirarlo. Además, la gente   *sins*
creía que el agua debilitaba el cuerpo. Por ejemplo,
cuando el rey Alfonso VI (fines del siglo XI) preguntó
por qué sus **caballeros** perdieron la batalla de Uclés,   *knights*
sus consejeros le respondieron que "porque entraban   *his advisers*
a menudo en los baños y se daban mucho a los vicios".
El rey **mandó entonces derribar** todos los baños de   *then gave the order to
su reino.   demolish*

**VUELTA
DEL BAÑO**   Más tarde, bajo la influencia musul-
mana, **se introdujo** definitivamente el   *was introduced*
baño en la vida española. En el siglo
XIII encontramos baños públicos en muchas de las

ciudades, y leyes estrictas para implementar su uso. En Cáceres, por ejemplo, los domingos, martes, y jueves estaban reservados para las mujeres, los otros días de la semana, para los hombres. En Sepúlveda, los hombres se bañaban los martes, jueves y sábados, las mujeres, los lunes y miércoles, y los judíos, los viernes y domingos. Así que con el tiempo **se iban templando** las costumbres. Poco a poco se iba formulando una conciencia de hombre moderno.

were becoming less crude

9
Cómo Empieza la Literatura

◇

CÓMO SE EXPRESA EL HOMBRE

El hombre, a diferencia de los animales, siente una constante necesidad de expresarse. Habla, ríe, ama, **llora**, teme, **odia**, y quiere **eternizar** con el arte las cosas que tienen que desaparecer con su vida. **Dibuja** figuras en las paredes de su cueva, **esculpe imágenes** en las piedras, **traza diseños en la arena.** Y hay dentro de él una voz aun más fuerte que **busca salida**, que **irrumpe** en las contorsiones rítmicas de su cuerpo, en los **gritos estridentes** de su boca—en el baile, en el **canto.**

he cries ➤ he hates
to make eternal
He draws
he sculpts images ➤ he traces designs on the sand
seeks escape ➤ breaks out
strident shouts
song

EL RITMO

El hombre primitivo siente primero el **compás** del ritmo, y **reacciona** instintivamente. **Hace chocar hueso** contra hueso, piedra contra piedra, **palo** contra palo o contra **concha** o contra el **cráneo** de un enemigo **difunto**. **Estira el cuero** de un animal sobre una concha grande de **tortuga** o de armadillo, sobre un **cubo de madera o de metal, lo golpea** con sus manos, y el **sonido retumba por monte y selva y prado.** Y el hombre empieza a bailar.

beat ➤ he reacts
He strikes bone
stick ➤ shell
skull ➤ dead ➤ He stretches the hide
turtle ➤ wooden or metal bucket, beats it ➤ sound reverberates through hill and wood and field

Monjes en su escritorio. Miniatura de las *Cantigas* de Alfonso el Sabio, siglo XIII.

BAILE Y CANCIÓN El baile es, en efecto, su expresión fundamental y existe desde los primeros momentos de la historia. Los antiguos fenicios y griegos hablan de los bailes de los primeros habitantes de España, y **señalan** sobre todo la gracia seductiva de las mujeres. Con el baile va el acompañamiento de la voz humana, al principio en forma de **gemidos**, o **silbidos**, o como **trinos de pájaro**, o **rugidos de animal**. Poco a poco el hombre aprende a crear melodías al compás del ritmo, y con ellas **deja salir** las pasiones que lleva dentro de su corazón. A la melodía, emoción pura, **se le añade** la palabra, **nacida de la razón**. Ya existe la canción.

they point out

moans ⚬ whistles ⚬ bird-like warbling, or animal roars.

lets out

is added
born of reason

PRINCIPIOS DE LA POESÍA Ahora bien, **así como** el hombre habla antes de saber escribir, así canta antes de saber crear literatura. Una canción se puede transmitir oralmente, y su ritmo **fijo** y regular la hace fácil **de recordar**. Por eso, precisamente en la canción primitiva, espontánea, en-

just as

fixed ⚬ to remember

contramos los orígenes de la poesía. En realidad, un poema no es más que una canción sin música. Hay **asuntos** tan largos y complicados que ya no pueden tomar forma musical. Y en tiempos cuando muy pocas personas sabían leer o escribir, cuando los **trovadores y juglares iban de pueblo en pueblo cantando los sucesos del mundo de fuera**, la poesía se podía aprender de memoria y repetir mucho mejor que la prosa. Por esta razón, la poesía viene antes de la prosa como instrumento de arte. Por esta razón, la poesía es el primer paso en la creación consciente de literatura.

LA ÉPICA Todas las grandes literaturas empiezan con la épica, con esos largos poemas que cantan las **hazañas** de los héroes nacionales. Grecia tiene su *Ilíada* y su *Odisea*; Roma, su *Eneída*; Inglaterra, su *Beowulf*; Alemania, su *Nibelungenlied*; Escandinavia, las sagas de sus figuras legendario-históricas; Francia, su *Chanson de Roland*. Y España **no les va en zaga**. Durante la Edad Media florece la épica española, transmitida oralmente por los juglares en la plaza mayor de los pueblos, en palacios y **posadas**, en las casas de los ricos y en **sombríos** monasterios. Sus temas tratan a veces de héroes de la Reconquista, otras veces, de guerreros que lucharon por la libertad de su región, o **sencillamente**, por su propia dignidad personal.

REALISMO DE LA ÉPICA ESPAÑOLA **Lo sobrenatural** entra muy poco en la épica española. Nada de **poderes** mágicos, nada de intervención divina. Sus héroes son hombres—fuertes, valientes, pero nada más que hombres. Pelean con hombres, no con serpientes o monstruos, y viven en la compañía de hombres. Aman el concepto de país y de familia. Son buenos esposos o hijos, y buenos vasallos de su rey, eso es, si el rey es justo con ellos. Así, dentro de un **marco realista**, el hombre llega a ser un héroe, sin la ayuda de fuerzas superiores, sino porque él **mismo** es superior, porque él mismo **vale más** que los otros. La poesía épica refleja todos los

---

topics

troubadours and minstrels went from town to town singing of the events of the outside world

deeds

doesn't lag behind

inns

somber

simply

The supernatural

powers

realistic framework

himself ‒ is more worthy

valores fundamentales del alma española—su individualismo, su amor a la patria, su **desafío a** la muerte, su profunda religiosidad, el **gesto** dramático, el sacrificio estoico. Sobre todo, la épica habla con una voz popular y es, en realidad, la primera creación literaria del pueblo.

values
defiance of
gesture

OTRAS FORMAS LITERARIAS

Mientras tanto, los estudiosos **monjes** en sus conventos escriben vidas de santos, cuentos morales, y pequeños dramas religiosos celebrando las glorias de Dios. Al principio usan sólo el latín, pero con el tiempo, emplean también el castellano. Poco a poco nace entre la gente culta una poesía lírica—canciones de amor, **elogios** a la Virgen, expresiones íntimas del sentimiento humano. Y el pueblo contribuye igualmente con sus canciones de Navidad, sus pequeños poemas rústicos, y sus **agudas** farsas satíricas. La cultura árabe introduce en España la corriente literaria del Oriente, fábulas de la India y de Persia, cuentos de *Las Mil y Una Noches*. Más tarde, Italia va a ejercer su influencia, en la poesía y en los principios de la novela.

In the meantime
monks

praises

sharp

LA NOVELA

En efecto, la novela es la última forma **en desarrollarse. Se populariza** con la invención de la **imprenta** y con la diseminación de la educación. El hombre ya no tiene que aprender sólo **de oído**, sino por **la vista**. La erupción espontánea de su alma encuentra ahora la corriente paralela del intelecto. Nos estamos acercando a la edad moderna.

to be developed ➤ It becomes popular ➤ printing

by ear ➤ sight

10

Por un Azor y un Caballo

IMPORTANCIA DE LA CASTILLA MODERNA

En tiempos modernos, Castilla se considera el corazón de España. Su ciudad principal, Madrid, es la capital de la nación. Su lengua **se enseña** y se habla en todas las provincias de España y en Hispanoamérica. De Castilla han venido los reyes, y en Castilla se hacen las leyes. Pero no ha sido siempre así.

is taught

CASTILLA EN TIEMPOS ANTIGUOS

Hasta fines del siglo X, Castilla pertenecía al reino de León. Era una región pobre y de relativamente poca importancia política. Su posición geográfica, en el centro de la península, sin acceso al mar, la hacía víctima de ataques **por todos lados**. Si peleaban moros contra cristianos, o cristianos contra cristianos, Castilla era **con demasiada frecuencia** el campo de batalla. Así que sus condes construyeron ciudades fortificadas, y la población entera se refugiaba dentro de los castillos durante los tiempos de guerra—que eran casi siempre. (Precisamente del gran número de castillos que se construyeron allí viene el nombre Castilla, tierra de castillos.)

on all sides
all too often

CRECE EL DESCONTENTO

Con el tiempo surgieron conflictos entre los reyes de León y sus vasallos castellanos. Bajo el impulso de nuevas sectas fanáticas, los musulmanes **reanudaban** sus ataques, ahora más violentos que **nunca**, y los reyes **leoneses** no sabían defenderse. Los castellanos siempre habían gozado de cierta autonomía, y ahora los reyes leoneses se la querían quitar. Surgieron además cuestiones **jurídicas**, cuestiones militares, cuestiones de honor, hasta que **a mediados** del siglo X los tres condes principales de Castilla fueron

were renewing
ever ◆ of León
judicial
around the middle

prendidos por el rey leonés y desaparecieron misterio- · *arrested*
samente. Los castellanos se levantaron en armas, re-
clamando sus derechos bajo la ley. Ahora tenían un
jefe nuevo, el conde Fernán González. Castilla llegaba
a la **encrucijada** de su historia. · *crossroad*

FERNÁN GONZÁLEZ, LIBERTADOR
Fernán González **emprende** la campaña de liberación. · *takes up*
Primero **unifica** a toda Cas- · *he unifies*
tilla bajo su mando. La defiende contra los árabes, y
aun lleva la batalla a territorio musulmán. **Cuida de** · *He cares for*
su gente, y entonces, cuando el rey de León manda por
él, Fernán **se niega a** ir. · *refuses*

"**Villas** y castillos tengo, · *Townships*
todos a mi **mandar** son, · *command*
de ellos me dejó mi padre, · *some of them*
de ellos **me ganara yo**; · *I got by myself*
las que yo me hube ganado · *those that I got on my own*
poblélas de labradores; · *I peopled them with farmers*
quien no tenía más de un **buey**, · *if a man ➝ ox*
dábale otro, que eran dos; · *I'd give him another, so that made two ➝ when a man married off his daughter*
al que casaba su hija
dole yo muy rico don; · *I'd give a big present*
cada día que **amanece**, · *dawns*
por mí hacen **oración**; · *prayer*
no la hacían por el rey,
que no la merece, non; · *for he doesn't deserve it, not at all ➝ taxes*
él les puso muchos **pechos**
y quitáraselos yo." · *and I removed them.*

LEYENDA DEL AZOR Y EL CABALLO
Por fin, Fernán González consiente **en** ir a la corte, · *to*
rogando a Dios ayudar a su Castilla. · *praying*

"Señor Dios de los cielos,
quiérasme ayudar, · *please help me get Castile*
que yo pueda a Castilla · *out of this terrible plight*
desta premia sacar."

Lleva consigo un **azor** y un caballo de los más finos que · *falcon*
hay en toda España. El rey **se prende de** ellos y los · *takes a fancy to*

Fernán González, el libertador de Castilla. Retrato anacronístico del siglo XVI.

quiere comprar. Pero Fernán González **dice que no**, que se los va a **regalar**. El rey insiste, y finalmente llegan a un acuerdo. El precio del azor y del caballo **se fija en mil marcos**. Pero si el rey no los paga dentro del **plazo señalado**, la **deuda** se va a doblar cada día. Firman los documentos, y Fernán González **entrega** su azor y su caballo. Pasa el plazo, pasan tres años más, y la deuda se hace tan grande que ya no hay dinero en todo el reino para pagarla. Un día, Fernán González va a la corte, presenta sus papeles, y en **cambio**, le tienen que conceder la independencia de Castilla. Así, por un azor y un caballo, dice la leyenda, "... perdió el rey **Castilla su condado**."

SEGÚN LA HISTORIA ... La historia nos dice que en realidad no fue tan fácil **conseguir** la independencia de Castilla. **Duraron** muchos años las luchas entre Fernán González y los

says "no"
give as a gift

is set at 1000 marcos
time set ➞ debt
hands over

exchange

his county Castile

to obtain
lasted

reyes de León, hasta que por fin, a la muerte de Ramiro II, Fernán González triunfó definitivamente. La historia **tampoco** idealiza tanto la figura del héroe. **Según ella**, el libertador de Castilla era por la mayor parte como los demás **caudillos** de su época—feroz guerrero y brutal, oportunista y egoísta, pero un poco más fuerte, más **resuelto**, más **eficaz** que los otros. Bajo su mando, Castilla asumió la dirección de la guerra contra los musulmanes, y por un tiempo fue victoriosa. Durante el reinado de su hijo, Garci Fernández, Castilla empezó a desarrollar ciertas funciones casi democráticas. Garci Fernández **armó caballeros a centenares de plebeyos**, los incorporó a su ejército como capitanes, y abrió así las puertas de la nobleza a **todo hombre calificado**. Pero **desgraciadamente**, Garci Fernández cayó en manos de los árabes y murió prisionero en Córdoba. Castilla empezó por un tiempo a **decaer**, pero pronto iba a **despertar de nuevo para capitanear** la reconquista de España.

neither ‒ *According to it (history)*
chieftains

determined ‒ *efficient*

made knights of hundreds of common people

any qualified man ‒ *unfortunately*

decline ‒ *awaken again to lead*

II

Sobre Almohadas y Alfombras

DOS MUNDOS

Eran dos mundos diferentes, el cristiano y el musulmán. Mientras las torres **pujantes** de las catedrales románicas y góticas rompían los **horizontes** del norte, los arcos redondeados de las mezquitas **acariciaban** el cielo del sur. Mientras los guerreros cristianos se sentaban en duros **escaños**, y **despreciaban** el lujo, los

thrusting up
horizons
caressed

benches ‒ *scorned*

califas **se recostaban sobre blandas almohadas** *reclined on soft pillows*
y **saboreaban** ricas comidas **condimentadas** con *savoured ➔ seasoned*
especias orientales. Los **suelos** de sus palacios estaban *spices ➔ floors*
cubiertos de **espesas alfombras**, y de las paredes *thick rugs*
colgaban tapices de seda y de terciopelo con fibras *hung tapestries of silk and*
de oro. Sus jardines multicolores **poblados de** *velvet and fibers of gold*
pájaros tropicales y de **fuentes murmuradoras** *➔ inhabited by ➔ birds ➔*
hacían fuerte contraste con los secos **páramos** del *murmuring fountains*
centro y del norte. Y mientras los cristianos se refugia- *cold highlands*
ban en ciudades **amuralladas** y en austeros conventos, *walled*
renunciando a los placeres de este mundo por la vida
eterna en **el otro**, los árabes se rodeaban de todos los *the hereafter*
regalos de la vida en esta tierra. *comforts*

CÓRDOBA: CENTRO DE CULTURA En Córdoba se estableció a fines del siglo IX un **califato** *caliphate* independiente, y durante los próximos cien años esa ciudad se convirtió en el centro cultural más importante de Europa. Llegó a tener medio millón de habitantes, tres mil mezquitas, trescientos baños, y trece mil casas con hermosísimos jardines. Había escuelas públicas y **particulares**, y **por lo** *private ➔ in* general aun la gente común sabía leer y escribir. La literatura era muy cultivada, sobre todo la poesía, y en ese campo se distinguieron no sólo los poetas profesio- nales, sino muchas mujeres, y aun los califas del reino. Se atribuye a los árabes la invención del papel, y sabemos que produjeron un número **increíble** de libros. ¡Por *incredible* ejemplo, los historiadores de la época nos dicen que la biblioteca personal de uno de los califas de Córdoba contenía más de cuatrocientos mil manuscritos! Los **cordobeses** mostraban mucho interés **por** la filosofía *Cordobans ➔ in* y la lógica, como por la medicina, las matemáticas, la geografía, y la astronomía. En estos campos también hicieron una contribución notable los eruditos judíos que **se habían acogido a** aquella corte. *had found haven in*

ARTE Y VIDA EN TIERRAS ÁRABES Ocurría lo mismo en las otras grandes ciudades hispano- árabes: Toledo, Sevilla, Granada, Málaga, Valencia... Aunque los árabes **casi descono-** *were almost unaware of the*

La Alhambra de Granada, joya de la arquitectura árabe.

cían la pintura, y utilizaban la escultura sólo como *art of painting*
adorno de los edificios, sobresalieron en la arqui- *decoration on — they excelled*
tectura. Elocuente evidencia es la magnífica Alhambra,
fortaleza y residencia de los reyes de Granada. *fortress*
Detrás de sus grandes murallas, había salas lujosas *Behind — walls*

incrustadas con mosaicos y con piedras preciosas. Y había **marfil** y alabastro y raras maderas magníficamente **labradas** y pintadas. Detrás de esas murallas también se hallaban los apartamentos del **harén** del califa. Allí vivían las mujeres del rey, **vigiladas** por altos **eunucos**, y allí bailaban, acompañadas de la música de instrumentos extraños. Los músicos que tocaban esos instrumentos eran todos ciegos, ¡porque el califa **les hacía sacar los ojos para impedirles ver** a sus esposas! Así que al lado de la hermosa poesía, al lado del más exquisito arte y refinamiento, existía la terrible crueldad del hombre todavía **inconsciente** de su verdadera dignidad humana.

ADELANTOS TÉCNICOS Claro está, para la gente común de ambos mundos, cristiano y mahometano, la vida era muy **ardua**. En los reinos del sur, los árabes eran la clase alta. Las clases bajas estaban compuestas mayormente de moros, bereberes, y miembros de otras tribus del norte de África. **Herederos de** una vida **nómada**, no sentían al principio las profundas **raíces que ataban** al español a su tierra. Pero poco a poco llegaron a ser una parte íntegra de la población. Grandes ingenieros y agricultores, introdujeron un sistema excelente de irrigación. Sabían **extraer** resinas y gomas de los árboles. **Fabricaban** vinos y hermosos **tejidos** y artículos de **cuero**. **Explotaban** las minas y labraban metales y piedras. Iniciaron un comercio marítimo que convirtió a Sevilla en uno de los grandes puertos del mundo. Y **aportaron** también la **numeración** arábiga que se usa hasta ahora en todo el mundo occidental.

CONTRIBUCIÓN LINGÜÍSTICA Sólo una lista parcial de las palabras árabes que existen todavía en el castellano da una idea de su enorme influencia económica y cultural: arroz, azúcar: naranja, melón; **albaricoque, berenjena**; alcohol, **algodón; acequia, noria; almoneda, almacén; alguacil, alcalde**; almohada, alfombra, jazmín, harén. De esta **tela** está hecha también el alma española.

Margin glosses:

- *ivory*
- *carved*
- *harem*
- *watched over*
- *eunuchs*
- *had their eyes taken out to prevent them from seeing*
- *unaware*
- *difficult*
- *Being accustomed to → nomadic*
- *roots that tied*
- *extract → They manufactured → cloths → leather*
- *They developed*
- *they brought → number system*
- *apricot, eggplant*
- *cotton; irrigation ditch, water wheel; auction, storehouse; constable, mayor*
- *cloth*

I2

"Santiago, y Cierra España"

◈

**EL SEPULCRO
DEL APÓSTOL**

Volvamos atrás por un momento... Según las antiguas tradiciones de los católicos españoles, el apóstol Santiago **había predicado** la fe cristiana en la España pagana antes de volver a Jerusalén, donde murió **mártir**. Decían que después de su muerte, Santiago **regresó milagrosamente** a España, porque tanto amaba esa tierra, y allí fue donde sus **discípulos lo enterraron**. Durante ocho siglos reinó el misterio sobre el asunto, hasta que a principios del siglo IX ocurrió el **suceso** que iba a despertar la conciencia de la España cristiana. En un pequeño lugar de Galicia descubrieron por fin el **sepulcro** y el cuerpo del apóstol, y el rey Alfonso el **Casto** hizo construir allí un **santuario** que más tarde iba a ser la magnífica catedral de Santiago de Compostela.

**SANTIAGO
MATAMOROS**

Alfonso vio las posibilidades de unificar a los reinos cristianos **alrededor del** apóstol y de emprender una guerra **santa** contra los musulmanes. Como los árabes tenían a **Mahoma**, profeta de Alá, ahora los españoles tenían a Santiago, y el apóstol los iba a hacer victoriosos en la guerra. Dicen que desde aquel tiempo apareció en numerosas batallas contra los moros una figura montada en un gran caballo blanco. Llevaba en una mano un **estandarte** blanco con una cruz roja, en la otra, una espada **reluciente**. Esa figura era el apóstol Santiago, y los enemigos de la fe **retrocedían asustados** ante la aparición. Los españoles empiezan a llamarle Santiago **Matamoros**, y el apóstol se hace el patrón de España, el santo guerrero, símbolo del **nuevo despertar** de la patria, símbolo de su futura reconquista. El **grito de guerra**, "Santiago, y cierra

Let's go back

had preached

a martyr
returned miraculously

disciples buried him

event

tomb
Chaste
shrine

around

holy
Mohammed

banner
shining
retreated
terrified
the Moor-killer
reawakening

war cry

España" se va a oír más tarde en **lejanos** campos de   *far-off*
batalla, en Granada, en **Flandes**, en las campañas del   *Flanders*
norte de África, y **en boca** de Cortés y de Pizarro y de   *in the mouth*
los otros conquistadores de América.

Peregrinos en el camino de Santiago. Miniatura del
siglo XIII.

EMPIEZAN LAS   Santiago de Compostela em-
PEREGRINACIONES   pezó a significar para el mundo
                  católico de la Edad Media
casi lo mismo que significaba Meca[1] para **Islam**. A lo   *Islam (the Moslem world)*
menos una vez durante su vida, cada católico devoto
tenía que hacer una **peregrinación** al santuario, y los   *pilgrimage*
caminos **se llenaban** de viajeros de todo el continente   *were filled with*
europeo. La fama del apóstol siguió creciendo. Ahora
le **denominaban** "el hermano **gemelo** de Cristo", y   *called ◂ twin*
los cuentos de sus milagros se multiplicaban. En el siglo
XII los monjes benedictinos de la orden francesa de
Cluny hicieron un acuerdo con el arzobispo de Santiago
para **encargarse** de esas expediciones, y durante más   *to take charge*
de seis siglos Santiago de Compostela **se vio inundada**   *was flooded*
de peregrinos. Claro está, de esta manera penetraron   *with pilgrims*
en España influencias culturales del resto de Europa,
sobre todo la francesa.

[1]La ciudad sagrada de los mahometanos.

CAMINO DE SANTIAGO Las largas caravanas entraban por el norte, por el antiguo pueblo de Roncesvalles donde una vez fueron derrotados los mejores caballeros de Carlomagno. **A lo largo del** camino de Santiago se construyeron monasterios y **ventas** para recibir a los viajeros. **De** noche, los peregrinos podían escuchar los cantares épicos de los juglares, y **a la madrugada reanudaban** su larga **caminata.** Las ciudades vecinas florecían, y la importancia de los obispos de Santiago empezó a **rivalizar con la** de los reyes mismos. Dentro de poco tiempo, el **tesoro** de la catedral valía más que el **tesoro real.** ¡Tan rico era en efecto que algunos monarcas lo **saquearon** para pagar los **gastos** de sus campañas militares contra los musulmanes ! En el siglo XII, el poderoso arzobispo Gelmírez mantenía su propio ejército y **acuñaba** su propia **moneda,** y sus soldados lucharon frecuentemente contra los nobles de Galicia y aun contra el rey. ¡En una ocasión, el arzobispo tuvo que llamar a su ejército para sofocar una rebelión de los **burgueses** de Santiago quienes, **resentidos** del monopolio económico de Gelmírez, habían asaltado la catedral!

EXTRAÑA DUALIDAD Extraña dualidad de devoción religiosa y de rebelión contra sus representantes **terrenales.** El español **se postra** ante su Dios, pero se niega a besar la **falda** del obispo. Y cuando ya no puede **soportar** la opresión material, sus protestas pueden acabar con el **saqueo** e **incendio** de sus lugares más **sagrados.** Esto iba a ocurrir **una y otra vez** en épocas **posteriores** de la historia hispana, en España y en los países de América... Hombre de lucha y de contradicción.

Along the

inns ➤ At

at dawn they resumed
walk
to rival that

wealth ➤ royal treasury
looted
expenses

coined
money

townspeople
resentful

worldly ➤ prostrates himself
skirt
endure
looting ➤ burning
sacred ➤ again and
again ➤ later

Santiago de Compostela: la catedral.

13

"Mensajero eres..."

◎

"NO MERECES
CULPA, NO"

"Mensajero eres, **no mereces culpa**, no." Esta línea aparece frecuentemente en los antiguos romances españoles, y en su superficie no ofrece nada de interés especial. Pero estudiémosla por un momento, porque debajo hay un cuento interesantísimo, un cuento que refleja profundamente el carácter español.

you don't deserve the blame

SUERTE DEL MENSAJERO

En tiempos antiguos, parece que en España, como en otras partes del mundo, la vida del mensajero era **bastante arriesgada.** Según la costumbre, el mensajero que traía noticias buenas recibía **regalos y premios,** y le daban de comer y le **festejaban** con todos los honores de que era capaz el recipiente. Pero **al que** traía noticias malas **le aguardaba otra suerte.** Como bien se puede imaginar, el **destinatario** de la mala noticia reaccionaba con furia. "**Sacad** de aquí **al que** trajo la noticia", **rugía**, "y **córtenle** la mano con que me la entregó." Si el mensaje se transmitía oralmente, había varias alternativas—le podían cortar la **lengua** con que lo había dicho, o sencillamente matarle allí mismo donde estaba, todo según el temperamento del recipiente o la gravedad del asunto. La historia recuerda casos aun de reyes que, queriendo eliminar a un miembro de su corte sin hacer acto abierto, le mandaban con malas noticias a un rival o a otro rey enemigo. El mensajero llegaba a la corte o al palacio o al campamento del enemigo, le entregaba la carta **sellada,** ¡y **zas...**!

quite risky
gifts and rewards
regaled
for the one who
another fate awaited
receiver
Remove ➤ the one who
he'd roar ➤ cut off

tongue

sealed
pow!

**CONCIENCIA HUMANA
DEL HÉROE ESPAÑOL**

Pero como nos cuentan los antiguos romances, los héroes épicos españoles **rechazan** esa práctica. Fernán González, el libertador de Castilla, recibe una carta del rey de León diciendo que debe ir **en seguida** a la corte. Fernán no quiere ir, pero tampoco puede **desobedecer**. Está preocupado

reject

at once
disobey

"Mensajero eres. . ."
Miniatura del siglo XV.

por el futuro de Castilla. Está furioso con la injusticia del rey. Pero **se vuelve** al mensajero y le dice: "Mensajero eres, no mereces culpa, no", y le deja regresar a su **amo**. Bernardo del Carpio, el héroe de Roncesvalles,[1] según los poemas épicos, descubre que su rey **le ha traicionado**, que le ha prometido la libertad de su padre, pero le manda sólo su cuerpo muerto. Más tarde el rey le envía una carta diciendo que le quiere ver sobre un asunto de mucha importancia. Bernardo **sospecha** otra traición **de** parte del rey, **tira** la carta al suelo, y:

he turns

master

has betrayed him

suspects ‒ on the ‒ throws

" . . . al mensajero habló:
Mensajero eres, amigo,
no mereces culpa, no."

[1]Batalla en que fue derrotado un ejército de Carlomagno y en que murió el héroe francés Roldán (Roland).

EL CID EN BURGOS

Esta compasión humana, a pesar de la **rudeza** y brutalidad de la vida guerrera medieval, se encuentra en otros aspectos de la tradición española. Tomemos por ejemplo el caso del Cid Campeador, su héroe nacional. El Cid **acaba de ser** exilado injustamente por el rey Alfonso VI. Reúne a un grupo de sus amigos y con ellos va a salir de Castilla. Pasa por Burgos, su **ciudad natal**, y busca **alojamiento** para aquella noche. Pero nadie **se atreve** a hablar con él. Nadie le ofrece ni comida ni **hospedaje**. Una niña **se le acerca** y le explica que el rey les ha prohibido bajo pena de muerte ayudar **de manera de alguna** al Cid. El Cid recibe la noticia con tristeza, pero **no les guarda rencor**. **Se despide cariñosamente** de sus antiguos amigos **burgaleses** y sigue su camino hacia el **destierro**.

crudeness

has just been

birth-place ◂
* lodging*
dares
a place to stay ◂ *goes up to him*

in any way at all
doesn't bear them any ill will
* He takes affectionate leave of Burgos*
exile

EPISODIO DEL CONDE DE BARCELONA

Más tarde el Cid toma prisionero en una batalla al conde de Barcelona. Viéndose en manos enemigas, el orgulloso noble se niega a comer **bocado**. El Cid trata de obligarle a comer, pero el conde **rehusa**. Prefiere morir de hambre antes que aceptar la comida que le ofrece su **vencedor**. Por fin, el buen Cid no puede resistir más, y le pone en libertad... El poeta nos cuenta otros casos del humanitarismo del noble guerrero. Tan bien trata, por ejemplo, a sus **súbditos** valencianos que los moros mismos lloran al verle salir de sus tierras. Implacable en la guerra, al mismo tiempo sabe perdonar. Irrevocable defensor de su honor propio, sabe respetar también el honor **ajeno**. ¿Paradojas? Tal vez, pero el español moderno sigue sus pasos.

a bite of food
refuses
conqueror

subjects

of the other person

14
El Reto de Zamora

◎

ESPAÑA DIVIDIDA Cuando el rey Fernando I murió en 1065, sus tierras fueron divididas entre sus hijos: a Sancho, el mayor, **se le** *was given* **dio** Castilla; a Alfonso, el segundo, León; a García, el tercero, Galicia; y a su hija Urraca, la ciudad de Zamora. Pero Sancho no estaba contento. Él era el hijo mayor, **se decía**. A él le pertenecía todo el reino de *he reasoned* su padre. ¿Para qué dividir otra vez en pequeñas provincias esas tierras que **apenas acababan de unirse**? *that had only just been united* ¿Para qué **deshacer** la labor de Fernando? ¿Para qué *undo* mostrarse desunidos otra vez los cristianos ante sus enemigos los musulmanes? Y Sancho tomó su decisión. Ayudado por su mejor amigo, el Cid, y por los demás nobles de la corte, emprendió la guerra contra sus hermanos.

EMBAJADA DEL CID García, el más joven y el más débil, cayó primero, y con él, Galicia. Castilla vino después. Dos veces Sancho derrotó a Alfonso, hasta que por fin Alfonso se refugió en la corte de un rey árabe, donde siguió conspirando contra Sancho. Ahora **faltaba sólo** tomar Zamora. *all that was left was* Sabiendo que el Cid fue **criado** en Zamora y que *raised* todavía tiene muchas **amistades** allí, Sancho le manda *friends* para hablar con Urraca. El Cid **cumple** bien su **papel** *fulfills ➤ role as* **de embajador**. Le dice a Urraca que el rey quiere *ambassador* pagarle por la ciudad, o si ella prefiere, le puede dar otra ciudad en cambio. Pero Urraca rehusa. Llorando amargamente, le explica al Cid que su gente no quiere **que entregue** la ciudad a Sancho, y que ella debe *her to hand over* respetar su deseo. El Cid vuelve al rey con el mensaje de su hermana, y le recomienda que abandone el **proyecto** de tomar a Zamora por la fuerza. Pelear *project* contra una mujer **es faltar a** las leyes de la **caballería**, y *means to violate ➤ chivalry*

La muerte del rey Sancho IV ante Zamora.

el Cid **ha jurado** no levantar su espada contra Zamora. *has sworn*
Sancho se pone furioso, acusa al Cid de **deslealtad**, y *disloyalty*
le destierra de Castilla. Pero el rey no puede **desechar** *cast aside*
para siempre al amigo de su infancia. **Se disculpa** y *He apologizes*
pide al Cid **que vuelva**. Pronto se reúnen el rey y su *to come back*
vasallo y afirman de nuevo su amistad.

ASESINATO DE SANCHO Mientras tanto ha comenzado el **sitio** *siege*
de Zamora, y los zamoranos **se** *get ready*
disponen a resistir hasta la muerte.
Pero la batalla es desigual. Sancho tiene que ganar. . .
Un día se presenta en el **campamento** del rey un *camp*
desertor zamorano, de nombre Vellido Dolfos. A
pesar de las **amonestaciones** de sus **consejeros**, Sancho *warnings – advisers*
lo recibe como amigo. Poco después, **pasa lo que** *the expected happened*
había de pasar. Hallándose sólo una tarde con el rey,
Vellido saca un **puñal y le atraviesa el pecho**. Con *dagger and stabs him in the*
la **ligereza de un relámpago**, monta a caballo, corre *chest – speed of lightning*
hacia una pequeña **puerta escondida** de la ciudad y *hidden door (in the walls)*
desaparece detrás de sus murallas.

EL RETO

Cunde por todo el **real** castellano la noticia de la muerte de Sancho. Un crimen tan grande merecía un **castigo** igual. Pero, ¿cómo lo van a **realizar** si el Cid **ha hecho juramento** de no pelear contra Zamora? **En esto** se levanta Diego Ordóñez, amigo y soldado del rey, y dice que él solo va a desafiar a toda la ciudad de Zamora. Siendo **tan cobardes**, un **solo** hombre bastaba para **humillarlos**. Vestido **de luto**, se acerca entonces a las **puertas** de la ciudad y grita:

There spreads ➤ camp

punishment
bring it about ➤ has taken an
oath ➤ At this moment

such cowards ➤ single
humiliate them ➤ in mourning
gates

"Yo **os reto**, los zamoranos,
por traidores **fementidos**,
reto a todos los muertos,
y con ellos a los vivos;
reto hombres y mujeres,
los por nacer y nacidos;
reto a todos los grandes,
a los grandes y los chicos,
a las **carnes y pescados**,
a las aguas de los ríos."

challenge you
dastardly

the unborn and the born

animals and fish

Un noble **patriarca** zamorano le contesta. Arias Gonzalo es su nombre.

elder

"Hablaste como **valiente**,
pero no como **entendido**.
¿Qué culpa tienen los muertos
de lo que hacen los vivos?
De lo que hacen los grandes,
¿qué culpa tienen los chicos?"

a brave man
a very bright one

Arias Gonzalo jura entonces en nombre de todos que los zamoranos no tomaron parte en el asesinato de Sancho, pero que su honor ha sido ofendido y lo van a defender.

COMBATE DE LOS CAMPEONES

A la mañana siguiente **salen a lidiar los campeones** contra su **retador**. Empieza la lucha, y Diego Ordóñez mata a los dos hijos mayores de Gon-

the champions go out to
do combat
challenger

zalo. **Hiere** mortalmente al tercero, pero **antes de morir su antagonista**, el caballo de Ordóñez **salta la valla**. Según las reglas de la caballería, Ordóñez ha perdido por eso el combate, y el zamorano **moribundo queda dueño del campo**. Diego quiere volver para continuar la pelea, y el viejo Arias Gonzalo se ofrece para lidiar con él. Pero el Cid y los **jueces de campo** intervienen. Deciden que en realidad todos los campeones han defendido noblemente su honor, que Ordóñez ha **vengado** la muerte de su rey, y que Zamora queda libre de la acusación. Así termina el episodio del reto de Zamora; termina con el gesto dramático, heroico, singular; el desafío personal, el combate individual. El honor vale más que la vida; la conciencia, más que la **ventaja**. Temperamento hispánico.

SUCESIÓN DE ALFONSO VI La muerte de Sancho iba a traer otras consecuencias a la **naciente** España. La corona pasó a su hermano Alfonso, quien inició una nueva concepción de la monarquía. Bajo Alfonso **se prosiguieron** las guerras contra los moros. Y en tiempos de Alfonso se iba a levantar definitivamente la figura épica del héroe nacional, el Cid. Pero ahí va otro cuento...

He wounds ➤ before his opponent dies ➤ jumps over the fence of the combat ring
dying
is dubbed the winner

field judges

avenged

personal advantage

growing

were continued

15

El Cid: Hombre y Ficción

◎

LOS DOS CIDES El Cid es en realidad dos hombres. Uno es el valiente guerrero que tomó parte en las batallas de Sancho y de Alfonso, y que conquistó a Valencia para los cristianos. El otro es una figura heroica creada por la imaginación popular, una figura **caballeresca** cuyas aventuras

chivalrous

pertenecen más al mundo de la ficción que a la historia. Vamos a tratar de separar a los dos.

NIÑEZ DEL CID

Rodrigo Díaz de Vivar era su nombre. Nació en Burgos a mediados del siglo XI. Era hijo de una familia noble, y desde joven se distinguió en el servicio de su príncipe y amigo, don Sancho. Esto **lo** sabemos por cierto de las numerosas crónicas de la época. Pero la tradición popular añade otros episodios acerca de su **niñez** y juventud. Cuenta, por ejemplo, que desde niño Rodrigo mostró una extraordinaria independencia de espíritu y nobleza de carácter. Que tan fuerte era que nadie podía igualarle, ¡y tan inteligente que el rey **le nombró juez** cuando tenía sólo diez años de edad!

(Do not translate.)

childhood

appointed him judge

CUESTIÓN DE HONOR

Dicen que un día el viejo padre de Rodrigo fue gravemente ofendido por un conde enemigo suyo. Llamó a sus hijos y **les sometió a prueba** para ver quién era más capaz de defender el honor de la familia. Uno **tras** otro, **les apretó** fuertemente el brazo. Los mayores **se sometieron** sin protesta. Pero cuando le llegó el turno a Rodrigo, el joven **se puso** como un tigre furioso, y le dijo estas palabras:

he put them to a test
after
he squeezed
submitted
became

"**Soltedes**, padre, **en mal hora**,
Soltedes en hora mala,
Que a no ser padre, no hiciera
Satisfacción de palabras;
Antes con la mano mesma
Vos sacara las entrañas."

Let go ◆ d——— it!

For if you weren't my father, I wouldn't be satisfied with just words; Instead with my bare hand I'd pull your insides out

El viejo padre, loco de felicidad, le **abrazó** y dijo que Rodrigo era **el que debía** vengarle. Rodrigo aceptó el desafío. En justo combate, mató al conde, le cortó la cabeza, y la presentó **sangrando** todavía ante los ojos **asustados** de la corte. Pero le atormentaba la conciencia al joven. **Se arrodilló** delante del rey y le pidió la mano de la hija de su víctima. "**Hombre le quité**; hombre le doy", dijo. El rey se la **concedió**, y Rodrigo se casó con la hermosa Jimena. . . A lo menos,

embraced
the one who should

dripping with blood
shocked
He kneeled
I deprived her of one man
◆ granted

así va de cuento. Aunque esta leyenda no tiene ninguna **comprobación** histórica, dio origen a innumerables *proof* romances populares, y después pasó al teatro de España y de otras naciones.

LA JURA DE SANTA GADEA Volviendo a la historia, encontramos al Cid en el sitio de Zamora, **pasmado** por la muerte de su rey *stunned* y amigo Sancho. Por todas partes **corrían** rumores *were circulating* **de que Urraca sola** no podía ser responsable del crimen. *that Urraca alone* Tuvo que tener la colaboración de Alfonso, decían, de Alfonso **el dos veces vencido**, de Alfonso el refugiado *the twice vanquished* en la corte musulmana de Toledo. Pero no había **prueba**, y Alfonso volvía a Castilla a tomar posesión *proof* del trono. Llegó el día de la coronación en el pequeño pueblo de Santa Gadea. De repente, en medio de la ceremonia se levantó **Ruy** Díaz de Vivar. "Antes de *(Rodrigo—old Span.)* jurar mi lealtad al rey", dijo, "tengo que estar seguro de que Alfonso es inocente de la muerte de su hermano Sancho. Si el rey está dispuesto a jurar su inocencia ante toda esta **asamblea** y ante Dios, sólo entonces ofrezco *assembly* a su servicio mi espada. Si no. . ." Alfonso **se alzó** *rose up* furioso. Rodrigo estaba **de pie** delante de él. Lenta- *standing* mente tomó la Biblia y juró, pero nunca iba a olvidar la humillación que sufrió aquel día delante de su corte.

DESTIERRO DEL CID El episodio de la coronación tuvo repercusiones serias más tarde en la vida del Cid. Pocos años después, algunos enemigos suyos le acusaron de **haber tomado para sí** *having taken for himself* los tributos que ciertos reyes árabes debían pagar al rey de Castilla. El Cid negó las acusaciones, pero Alfonso, **aprovechándose** del pretexto, lo desterró *taking advantage* sin darle oportunidad de defenderse. Con este momento del destierro empieza la primera obra maestra de la literatura española, *El Cantar de Mío Cid*, com- *The Epic* puesto alrededor de 1140 por un autor **desconocido**. *unknown*

EMPIEZA EL CANTAR DEL CID Según el poema épico, el Cid deja atrás todas sus posesiones, y rodeado de sus amigos y vasallos se prepara para salir de Castilla. Deja a su

El arco de Santa María en Burgos, por donde pasaría el Cid camino al exilio. Ahora se ve encima la estatua del héroe histórico-legendario.

esposa y a sus dos hijas en un convento, y se dirige a Burgos, donde espera **dar de comer** a sus hombres y pasar la noche. Pero como ya sabemos, la gente tiene miedo de ayudarle. El Cid no quiere **arriesgar** más la vida de los burgaleses, y prosigue su marcha hacia el exilio. Al verle pasar, la gente exclama: "¡Qué buen vasallo, **si tuviera** buen señor!" Rodrigo llega a tierras de Valencia, toma la ciudad, y de allí continúa sus campañas contra los musulmanes. A pesar de la acostumbrada brutalidad de la guerra, se muestra siempre **compasivo** con sus súbditos, y aun con los enemigos vencidos. Todos lo aman y lo respetan. En efecto, son los moros **mismos** quienes le dan el nombre "Sidi", grande y noble señor, y de ahí viene su famoso **apodo**, "El Cid". Rodrigo hace venir a Valencia a su esposa y sus hijas, e **instituye un régimen benévolo** para la gente de la gran ciudad.

feed

risk

if he only had

merciful

themselves

nickname

institutes a benevolent regime

63

Siempre manda tributo al rey Alfonso, y con el tiempo, vuelve a la gracia del monarca.

ÚLTIMAS HAZAÑAS Y MUERTE Las hijas del Cid están **crecidas** ya, y Alfonso **arregla su casamiento** con dos príncipes de su corte. Pero los cobardes esposos, considerándose demasiado nobles para casarse con las hijas de Rodrigo, **maltratan** cruelmente a las muchachas y las dejan por muertas. El Cid, **apoyado** ahora por el rey, se venga de los **infames** príncipes, y Alfonso consigue otros esposos mejores para las jóvenes. Así, con la total reconciliación del Cid y su soberano, termina el poema. . . Las crónicas de la época lo **respaldan** en su mayor parte, y añaden más **datos** sobre las últimas campañas y la muerte del Cid. Nos dicen que Rodrigo continuó con gran éxito la reconquista de tierras musulmanas hasta que murió en el campo de batalla en 1099. Dicen también que su **viuda**, Jimena, defendió a Valencia durante algun tiempo, pero que finalmente la perdió, y la ciudad cayó otra vez en manos de los árabes.

grown
arranges their marriage

mistreat
supported
villainous

confirm
information

widow

FIGURA LEGENDARIA Y SER HUMANO Como siempre, las leyendas y romances que tratan del héroe dan **rienda suelta** a la imaginación. Hablan de cómo el cadáver del Cid fue **colocado** sobre un caballo, y que a la vista del formidable campeón cristiano, **aun ya** muerto, se dispersaron **frenéticamente** las hordas musulmanas. Hablan de su milagrosa vuelta para acabar definitivamente con la **amenaza** de los árabes. Pero más importante, **por encima de** todas las versiones, históricas y ficticias, **se destaca** una figura heroica, y al mismo tiempo, humana; un hombre que llora cuando tiene que **despedirse** de su amada esposa y de sus hijas; un hombre que perdona a sus enemigos y trata con dignidad a sus adversarios; un hombre que cree en sí, que lucha por su dignidad personal y defiende su honor, pero que mantiene siempre una conciencia de la

free rein

placed
even though
in frenzy

threat
above
stands out

say farewell

soberanía final de Dios. Individualista, contradictorio, *sovereignty*
independiente, católico, heroico, estoico. El héroe
nacional de España.

16
Sobre Dios, el Diablo, y María

◈

EL ESPAÑOL Y LA RELIGIÓN

El español es un **ser** profunda- *person*
mente religioso. Su fe le
sostiene durante la vida y hace
soportable la idea de la muerte. Necesita a Dios, y esta *bearable*
necesidad de creer caracteriza toda su historia. En
tiempos antiguos, los iberos y celtíberos pintaban y
esculpían por todas partes las imágenes de sus dioses. Y
cuando **se pusieron** en contacto con otras civiliza- *they came*
ciones, **vacilaron poco** en aceptar a los dioses nuevos *they hesitated little*
al lado de **los suyos**. Porque Dios podía tomar *their own*
muchas formas, y los primeros españoles lo **reveren-** *revered*
ciaban en todas. Recordamos como en la época romana,
los hispanos convertidos al cristianismo escogieron el
martirio antes que renunciar a su fe. Y como en la *martyrdom*
edad de los visigodos, la unidad del imperio se frag-
mentó continuamente en rivales facciones religiosas.
Después, cuando vinieron los árabes, los cristianos que
se refugiaron en el norte establecieron de nuevo sus
propios reinos, sanctificados, como decían, por la
voluntad de Dios. A pesar de los conflictos que surgieron entre ellos, estado e iglesia eran uno, y esta
unión iba a ser la base de la futura nación.

SU INTIMIDAD CON DIOS

Ahora bien, ¿por qué siente el
hispano esa profunda religiosidad?
¿Cómo la siente? ¿**Cómo es su** *What is his God*
Dios? ... La cosa que **salta a la vista** es que la *like?* ↝ *stands out most*

religión del hispano es **sumamente** personal. Su Dios *extremely*
vive siempre con él. Es su Señor y amigo. Lo teme y lo
ama. Cuando el hispano habla con Él, Le dice "Tú . . .
Tú, Señor, favoréceme. . . Ayúdame. . . Tú, que reinas
en los cielos". Y cuando se siente **conmovido** por *moved*
los sufrimientos de Cristo, cuando ve al Niño recién
nacido, o cuando ve su figura **esquelética**, atormentada *skeleton-like*
en la cruz, **brota de** su alma un **sollozo** y Le llama *there springs from ← sob*
"Jesucito". Y llega a identificarse con él. Dios creó al
hombre en su propia imagen, y el español siente dentro

de sí esa presencia íntima. Emplea Su nombre en la
ocasión más grande, o en la más mínima. ¡Por Dios!
¡Dios mío! ¡Jesús, María y José!, dice. Y cuando
nacen sus hijos, los llama Jesús, Javier, Salvador,
Emanuel, Ángel, María, Concepción, Resurrección.

**CONCEPTO MEDIEVAL
DE LA VIDA**
En la Edad Media la re-
ligión llega a ser el factor
dominante en la vida euro-
pea, sobre todo en España. Este mundo no es más que
una preparación para la vida después de la muerte,
decían. La tierra es un valle de lágrimas, un paso

Idea medieval del
Día del Juicio Final.

transitorio hacia la salvación eterna. Dios es la
fuerza del bien, y el diablo es el ángel del **mal.** *force of good ← evil*
Jesús quiere la salvación del hombre. El diablo quiere
arrastrarlo a los fuegos del infierno. *drag him*

**PODERES
DEL DIABLO**
El **demonio** es un enemigo formi- *devil*
dable. Puede aparecer en muchas
formas, y con muchos **disfraces.** *disguises*
Puede entrar en el cuerpo de una persona y darle
poderes mágicos. Le puede enseñar a **adivinar** los *divine*
pensamientos secretos de los demás, a hacer **conjuros** *conjurations and spells ←*
y hechizos, y a **sembrar maldades** por todas partes. *to sow evil*
Le puede enseñar a **echar el mal de ojo** y a comuni- *cast an evil eye*
carse con los espíritus del **mundo subterráneo.** O le *underworld*
puede enseñar a despreciar a Dios, a **renegar** de Su *deny*
palabra. A esta clase de diablo sobre todo hay que
combatirle con fuertes golpes, o con el fuego, **para que** *so that (the demon) will*
salga del cuerpo de su víctima. Puede tomar la forma *leave*
de una mujer hermosa o de **lo que quiera** y poner *whatever he wants*

El Milagro de la Virgen y el Ladrón. Miniatura de las
Cantigas de Alfonso.

tentaciones delante del hombre bueno hasta llevarlo a la perdición. **Se le ha visto** entrar aun en el cadáver de un joven recién muerto para asesinar a un cristiano **honrado** y filantrópico. Pero el diablo **fracasa** esta vez porque el buen hombre pronuncia el nombre de Cristo, y el ángel malo tiene que **huir**.

EL PAPEL DE MARÍA El nombre de Dios, o la **señal** de la cruz, o una **gota de agua bendita** son las armas más eficaces contra el diablo. Pero hay casos también que **exigen** la intervención de la Virgen, de María, la madre **dolorosa** que **compadece al** hombre, que intercede por él ante Dios. El **papel** de María es uno de los más importantes según la concepción religiosa del hispano. Como Dios es el padre, María llega a ser la madre todo-**comprensiva** de la humanidad. En ella predomina siempre el amor maternal, el perdón, la tolerancia.

CUENTO DE LA VIRGEN Y EL LADRÓN Y la Virgen ayuda **tanto al pecador** como al bueno. Tomemos por ejemplo el caso del **ladrón que se encomienda** a ella todas las veces que sale a robar. Por fin, lo **cogen** y lo sentencian a morir en la **horca**. Llega el día de la ejecución, lo llevan al **cadalso**, y lo **ahorcan**. Pero la Virgen coloca sus manos debajo de los pies del ladrón, y cuando vuelven unas horas más tarde los ministros de la justicia, ¡lo ven todavía vivo y **descansando cómodamente** en la horca! **Asombrados** por tal milagro, **lo descuelgan** y lo perdonan. El ladrón **se arrepiente** de sus antiguas maldades y **se entrega en manos de** la iglesia.

CULTO DE MARÍA María llega a ser el objeto de todo un culto **fervoroso**. Es ella quien salva de la **tempestad** y de la enfermedad a sus devotos. Es ella quien protege los lugares sagrados, quien hace **fecunda** a la esposa estéril, quien **apacigua los dolores** de sus hijos, y **los endereza** en el camino de la salvación. El Dios del hombre medieval es al mismo tiempo **perdonador y vengativo, bondadoso**

e **iracundo**. Y el hombre **se arrodilla** ante él. María   *and wrathful ➔ kneels*
llora por la humanidad y el hombre se siente niño
delante de ella. Le besa la falda, le trae joyas y **adornos**,   *adornments*
le canta dulces canciones, y la llama "madre".

17
Orígenes del Teatro

◙

"**Teatro es todo el mundo**; en él los hombres   *All the world's a stage*
Y las mujeres son actores todos;
Y tienen sus entradas y salidas.
Muchos **papeles representa** el hombre,   *plays many roles*
Y en vida son sus actos **siete edades**."   *seven ages (stages)*

EL MUNDO ES UN TEATRO
Así nos dice el poeta inglés,[1] y sus
palabras **encierran** una profunda   *contain*
verdad psicológica. Sin duda, el
hombre es un actor inconsciente, protagonista de su
propia vida e intérprete del papel que **le señala** la   *assigns to him*
realidad. Pero muchas veces quiere actuar en otro
escenario. Quiere sentirse otro, ser parte de una   *stage*
realidad distinta. Busca el mundo de la fantasía, y por
un breve momento **deja de ser** quien es. En el teatro   *ceases to be*
puede convertirse en otros seres. Puede ser todos los
hombres—la humanidad. Puede salir del mundo
material y crear la abstracción. Por eso el deseo de
hacer teatro es uno de los instintos artísticos fundamentales del hombre.

EN LA ANTIGÜEDAD
Encontramos el drama en una forma
u otra en casi todas las civilizaciones
conocidas de la **antigüedad**, en   *ancient times*
Egipto, Babilonia, Siria, en el Oriente, y entre las
tribus indígenas de América. Cinco siglos antes de

[1] Shakespeare, *As You Like It*.

Cristo ya se halla bien desarrollado en la gran cultura **helénica**. Pero en la **primera** Edad Media, en aquella época que llamamos "de la **oscuridad**", el teatro casi desaparece en Europa. Sin embargo, el hombre busca siempre la luz, y poco a poco el teatro empieza a **renacer**. De ese renacimiento vamos a tratar ahora.

Hellenic (Greek) ← early darkness

be reborn

PRINCIPIOS DEL DRAMA RELIGIOSO

El teatro medieval tiene su origen dentro de la iglesia misma, en los **cantos dialogados** que los sacerdotes **intercalaban** en el texto litúrgico. Tanto **éxito** tuvieron, en efecto, que los cortos diálogos **se fueron ampliando**, y con el tiempo llegaron a ser verdaderos dramas religiosos. Estos **llamados** autos eran de tres tipos principales: los **Milagros**, que trataban de las obras milagrosas de la Virgen y de los santos; los **Misterios**, que se referían a la vida de Cristo; y las **Moralidades**, en que los personajes representaban cualidades abstractas, como la Virtud, la **Esperanza**, la Fe, el Vicio.

dialogued chants ← inserted

success

were gradually enlarged

so-called

Miracles

Mystery Plays

Morality Plays

Hope

PARTICIPACIÓN DEL PUEBLO

Pero el cambio más importante es el que ocurre **hacia** el siglo XII cuando se abandona el latín, substituyéndolo por la lengua romance. Ahora el pueblo empieza a tomar parte en los espéctaculos, y es inevitable que entren en ellos elementos profanos. Las Moralidades sobre todo, no siendo de tema específicamente religioso, **se prestan** fácilmente a la sátira y a la farsa. El papel del diablo llega a ser el más solicitado por los **ingenuos** actores. ¿A quién no le gusta la oportunidad de **saltar** y correr en el **tablado**, haciendo **travesuras y picardías**, aunque acabe al fin de la obra en el infierno? ¿Quién puede **pasar por alto** la ocasión de añadir una palabra **suya**, **un chiste intencionado**, para hacer reír a la gente? Y así fue... La popularización del teatro religioso se extiende hasta que el rey mismo interviene, y a mediados del siglo XIII prohibe la presentación de **tales** obras en las iglesias. **Se traslada** entonces el escenario a la plaza pública. La gente construye **al aire libre** un tablado

around

lend themselves

ingenuous (naïve)

jump about ← stage

mischief and pranks

pass up

of his own, a well-aimed joke

such

is moved

in the open air

Un teatro español al aire libre. Siglo XVII.

dividido en varios compartimientos, y los **gremios**   *guilds*
contribuyen a su decorado y toman parte activa en las
representaciones. Se ha completado el proceso. De   *performances*
las cortas dramatizaciones eclesiásticas ha nacido el
teatro secular. Tiene una orientación mayormente
religiosa todavía, pero ahora se adapta a la voz del
pueblo.

LA FARSA POPULAR   Al mismo tiempo se estaba desarrollando una corriente paralela. Desde tiempos remotos había existido cierta clase de
teatro espontáneo, el de la farsa popular. No se con-
servan hoy ejemplos escritos de estas comedias primi-
tivas, sencillamente porque no se escribían. Muchas
eran improvisadas **a base** de situaciones o personajes   *on the basis*
estereotipados, y otras eran aprendidas de memoria y   *stereotyped*
transmitidas oralmente. Con estas **divertidas** repre-   *amusing*
sentaciones, los juglares o las compañías de actores

itinerantes alegraban las fiestas de la gente. Ahora bien, si no hay evidencia escrita, ¿cómo sabemos que existían? Pues porque los autores de aquellos tiempos hablan de ellas, y porque las leyes las hacen objeto de atención especial. Alfonso el Sabio, por ejemplo, rey de Castilla en la segunda parte del siglo XIII y gran patrón de las artes, prohibe a los clérigos actuar en ellas **"por las muchas villanías e desaposturas"** que en ellas se cometen. También impone restricciones sobre el teatro burlesco de los estudiantes y de los juglares, en nombre de la religión y la moral. Por muchos siglos el teatro continúa, desfavorecido por las altas autoridades de la iglesia y por la corona, pero gustado siempre por la gente.

itinerant (wandering)

because of the many coarse and indecent things

DESARROLLO POSTERIOR   Con el Renacimiento entra en España la influencia cultural de Italia. **Se resucita** el interés por los clásicos griegos y romanos, y poco a poco se va creando el nuevo drama culto. Los patios de los castillos, o los **callejones** entre dos edificios les sirven **de escenario**, pero para fines del siglo XVI se empiezan a construir verdaderos teatros protegidos de la **lluvia** y del viento. Aumenta todos los días la producción de obras dramáticas, y pronto el teatro se hace el **género** literario más popular y más cultivado de todos. Se está acercando su **Siglo de Oro**.

is revived

alleys ➤ as the set

rain

genre

Golden Age

18
Hacia la Reconquista

◈

CONQUISTAS DE ALFONSO VI   Como hemos visto ya, a pesar de las **incursiones** que hacían los reyes cristianos en territorio árabe, la verdadera reconquista de España no empezó hasta fines del siglo XI. Provocados por

forays

nuevas invasiones de tribus fanáticas del norte de
África, los cristianos comenzaron a **reunir** sus fuerzas. *gather together*
En Castilla se levantó la figura de Alfonso VI, cuyo
reinado **principió tan turbiamente** con el asesinato *began so darkly*
de su hermano Sancho y después con el exilio del Cid.
Pero Alfonso iba a crecer en estatura. En 1085 entró
triunfante en Toledo, y **rescató** a los pueblos vecinos *triumphantly — rescued*
del dominio musulmán. Después **puso sitio** a Sevilla, *he lay siege*
llegó hasta la punta de Tarifa en el sur de Andalucía,
hizo entrar a su caballo en las aguas del mar, y dijo:
"**He aquí** el último **confín** de Andalucía, y ya lo he *Here is — boundary*
puesto bajo mis pies."

**EL
SIGLO XII**
Pero la realidad no correspondió a la
ambición de Alfonso. Los árabes lla-
maron **en su auxilio** a otras fuerzas *to their aid*
musulmanas, y **acabaron rechazando** a los cristianos. *they finally set back*
Los castellanos tuvieron que **renunciar a** muchas de *give up*
sus conquistas, **menos la joya** de Toledo, que quedó *except the jewel*
para siempre en sus manos. Una vez más las disensio-
nes internas **se apoderaron** de los reinos cristianos, y *took over*
la reconquista **languidecía**. Pero los árabes, **metidos** *stood still — involved*
igualmente en luchas intestinas, **tampoco prosiguie-** *also failed to pursue*
ron la expansión territorial. Todavía seguían las alianzas
entre reyes árabes y cristianos, según el momento y la
oportunidad. Todavía continuaban las esporádicas
guerras y **treguas**. *truces*

**VICTORIA DE LAS
NAVAS DE TOLOSA**
En los últimos años del siglo
XII se presentó otra vez la
amenaza de nuevos inva- *threat*
sores africanos. Venían ahora en números tan grandes
que parecía **del todo** imposible rechazarlos. Pero el *completely*
español ama lo imposible, y el rey Alfonso VIII de
Castilla reunió una expedición contra ellos. La tradición cuenta que cuando los cristianos llegaron al
puerto de Muradal, **se les apareció** un ángel en la *there appeared to them*
figura de un pastor, y les indicó un lugar por donde
podían caer por sorpresa sobre las tropas musulmanas.
Y así **sucedió**. El domingo, 15 de julio de 1212, los *it happened*
españoles recibieron la **bendición** de los obispos, y a *blessing*

la mañana siguiente **se lanzaron** al ataque. El ejército *they hurled themselves*
musulmán formaba una **media luna**, en cuyo centro *half moon*
tremolaban sus pendones multicolores. El califa *waved their flags*
estaba sentado en su **tienda**, rodeado de una muralla *tent*
humana de diez mil guerreros. **Confiado en** la victoria, *Confident of*
tenía a sus pies su **escudo**, a su lado, su caballo. En una *shield*
mano tenía la **cimitarra**, en la otra, el **Corán**. Los *scimitar (curved sword)* ⬦
cristianos atacan, pero la fuerza de los números les hace   *Koran (Moslem Bible)*
retroceder. Los musulmanes rompen ahora las filas *fall back*
de los españoles y hasta llegan cerca de Alfonso. Pero
el rey **no cede**. **Blandiendo** su espada, **embiste** *doesn't yield. Blandishing* ⬦
heroicamente, y los cristianos le siguen y **recobran** la   *he charges* ⬦ *recover*
ofensiva. La **matanza** es horrible, y los moros empie- *massacre*
zan a huir en desorden. Viendo destruído a casi todo
su ejército, el califa pide su caballo y se escapa, y los
cristianos **recogen** el rico **botín**. Mandan a la Basílica *gather up* ⬦ *booty*
de San Pedro en Roma la lujosa tienda del rey árabe,
dividen entre sí los demás trofeos de la guerra, y así
acaba la batalla de las Navas de Tolosa, una de las más
decisivas de la Reconquista.

NUEVOS AVANCES CRISTIANOS
El próximo rey de Castilla, Fernando III "El Santo", continúa las campañas contra los
musulmanes. Córdoba cae en sus manos en 1236, y
Sevilla, doce años después. Poco a poco se van limitando los territorios árabes. Pero aun más importante,
está naciendo una nueva concepción de la relación
entre el individuo y su patria, una concepción ilus-
trada tal vez mejor por el cuento de Guzmán el Bueno.

HISTORIA DE GUZMÁN EL BUENO
Alfonso Pérez de Guzmán era gobernador de la fortaleza de Tarifa en los últimos
años del siglo XIII. Su rey, Sancho IV de Castilla, la
acababa de ganar, y Guzmán estaba resuelto a defenderla. Pronto se le iba a presentar la ocasión. Un
príncipe español, enemigo de Sancho, **se había pasado** *had gone over*
a los moros, y juntos pusieron sitio a Tarifa. Habían
tomado prisionero al hijo del gobernador, y amenazaban matarle si Guzmán no se rendía. Viendo a su

Un episodio de las guerras de la Reconquista.
Miniaturas del siglo XIII.

hijo a punto de morir, pero recordando también su obligación al rey, Guzmán toma su decisión. Saca su propio cuchillo y **lo arroja por encima del muro**,

throws it over the wall

"Y él **diz**: Matadlo con éste
Si lo habéis determinado.
Que más quiero honra sin hijo
Que hijo con mi honor **manchado**."

dice

stained

Delante de sus ojos, **degollan** a su hijo, pero Guzmán se mantiene firme. Desmoralizados, los enemigos **levantan el asedio**, y Tarifa está a **salvo**.

they cut the throat of

lift the siege ✒ saved

CONCEPTO ESPAÑOL DEL HONOR Guzmán el Bueno, hijo de Sagunto y de Numancia. El caso es interesantísimo. Pero no sólo por el gesto dramático, no sólo por la **suma** lealtad del vasallo hacia su rey. Mucho más que eso. Es interesante porque revela la relación íntima que existe entre el español y la patria. Hemos dicho que el español es un ser **poco colectivo**. Supremamente individualista, cuando siente una emoción patriótica, es una **adhesión** entre él mismo y su tierra más que una **preocupación** por la sociedad en general. **Ansía el momento cumbre** personal, **busca la realización** total del "yo". Y así nace su concepción del honor. "Que más quiero honra sin hijo/Que hijo con mi honor manchado." El honor es para el español una **liga entre él y su ideal**, no siempre entre él y la sociedad. El caso de Guzmán el Bueno es significativo porque en este momento el concepto del honor personal empieza a **unirse** con el concepto de patria. La Reconquista de España **ya no puede tardar.**

extreme

disinclined toward collectivity

bond

concern ✒ He yearns for the high moment ✒ he seeks the fulfillment

link between him and his ideal

join

can no longer be far off

19

Juan II y el Gran Condestable

◈

IMPORTANCIA DEL PUEBLO Hemos hablado mucho hasta ahora de reyes y de héroes, de sus guerras y de sus conquistas. Pero en realidad, la verdadera **potencia** de un país *power* reside en el pueblo mismo, en el pueblo que **se deja** *let themselves be led* **llevar** hasta cierto punto, y entonces dice que de allí **no pasará.** Es el pueblo quien lleva en **sus hombros el peso** de la nación, quien **integra** los ejércitos de los **soberanos,** quien sostiene el **edificio mundano** de la religión. Y cuando los reyes se han mostrado débiles, es el pueblo español quien se ha levantado en más de una ocasión para dirigir con sus manos el curso de su historia. Estudiemos por un momento el caso de Juan II, rey de Castilla.

they will not be moved ⸱⸱ their shoulders the weight ➤ make up sovereigns ➤ worldly structure

EL REY Y SU FAVORITO Juan II reinó desde 1405 hasta 1454. Un hombre débil, odiaba la política, **rehuía** la guerra con los moros, y se *avoided* interesaba poco por los problemas de su país. Se rodeó de artistas y poetas y de cortesanos elegantes, y así quiso **evitar** el mundo real que **pulsaba** fuera de sus *escape from ➤ throbbed with* palacios. **De** niño, cayó bajo la influencia de don *life ➤ As a* Álvaro de Luna, hijo **bastardo** de un noble del reino, *illegitimate* quien le llevó a la corte para ser **paje** del joven Juan. *a page* Con el tiempo, don Álvaro llegó a ser más poderoso que el rey mismo, pero el favor que gozaba con el rey, y su **codicia** de honores le trajeron la enemistad de la *greed* alta nobleza.

REVUELTA DE LOS NOBLES Los primos y los **cuñados** del rey, *brothers-in-law* entre ellos los **infantes** de Aragón, *crown princes* trataron más de una vez de **desalo-** *unseat him ➤ They even* **jarlo. Hasta lograron secuestrar** al rey y lo tuvieron *managed to kidnap* prisionero en Tordesillas durante algún tiempo. Al fin, el monarca y don Álvaro se escaparon y se refugiaron

Sepulcro de Juan II y su primera esposa, la reina
Isabel.

en el castillo de Montalbán. Allí **los sitiaron** los
caballeros del infante Enrique, y parecía que pronto iba
a quedar en otras manos el trono de Castilla. Pero los
altos señores feudales **no contaban** con la fuerza de
las ciudades, una fuerza que **había ido creciendo**
continuamente durante los siglos **anteriores.**

**TRIUNFO DE
LAS CIUDADES**
Favorecidos por los reyes, los
gremios profesionales y las **cofra-
días** religiosas y civiles habían adquirido considerable importancia. **Hacían sentir su
voz** en los **concejos** locales, y en las reuniones de las
Cortes, el primer cuerpo parlamentario que conoce la
historia europea. Pero aun más, representaban el poder
económico de las ciudades, y ese poder se hallaba
siempre en conflicto con **el de** los nobles feudales,
amos de los campos. Enfrentados entonces por la
necesidad de **escoger** entre un rey débil y una nobleza
fuerte, las ciudades **optaron por** Juan, y derrotaron a
las fuerzas del infante Enrique de Aragón.

they were besieged by

weren't reckoning
had been growing
preceding
Favored
guilds ➤ brotherhoods

They made their voice
heard ➤ councils

that (the power) of
the rural landlords ➤ Faced
choosing
decided in favor of

DON ÁLVARO VICTORIOSO

Los nobles estaban vencidos por el momento, y el poder de don Álvaro crecía. El rey le nombró **Condestable** de España y su autoridad no conocía límites. Don Álvaro inició de nuevo los ataques contra los moros en Granada, y sus éxitos iniciales le hicieron aun más popular entre la gente común. Parecía que ya no había **manera de derrocarlo**.

Lord Constable

any way to overthrow him

NUEVAS INTRIGAS

Pero sus enemigos no descansaban. Las intrigas se multiplicaban en la corte del rey débil. Dos o tres veces el Condestable tuvo que salir del reino, pero el monarca siempre revocaba la orden del destierro, y el favorito volvía triunfante al palacio. **Irrumpían** constantemente las guerras civiles, y don Álvaro siempre conseguía la victoria, siempre **aumentaba** su dominio sobre la voluntad del rey. Hacia 1452, el monarca **había enviudado**, y don Álvaro decidió buscarle una nueva esposa. Esperando encontrar en ella una **valiosa** ayuda contra sus rivales políticos, don Álvaro **aconsejó a** Juan casarse con la infanta Isabel de Portugal. Y así lo hizo. Pero esta vez don Álvaro **se había engañado**.

There broke out

increased
had become a widower

valuable
advised

had fooled himself

MUERTE DE ÁLVARO Y DEL REY

Doña Isabel, resentida de la influencia del favorito sobre su esposo, **se alió** con los enemigos de don Alvaro, y juntos le acusaron de **haber dado hechizos al** rey para dominarle. Los jueces, todos enemigos declarados del Condestable, le condenaron a muerte por ser **mago**, y obligaron a Juan a firmar la sentencia. Se dice que el rey estaba sentado a su **escritorio** con la pluma en la mano y que después de escribir cada letra de su nombre en el documento fatal, **se echó a llorar**, rogando a los jueces **que perdonaran** a su amigo. Pero ya **no le hacían caso**, y don Álvaro fue **ajusticiado** en una plaza de Valladolid en el ano 1453. Murió heroicamente, y el pueblo siempre **admirador, reunió fondos para su entierro**. Juan II, roto y enfermo, murió poco después, diciendo

allied herself
having bewitched

magician

desk

he burst into tears ◂ to pardon ◂ paid no attention to him ◂ executed

his admirers, collected funds for his burial

a la hora de morir que **le habría gustado** mucho más nacer "hijo de un **mecánico** y ser **fraile que no** rey de Castilla".

he would have preferred
craftsman • *a monk rather than*

HACIA EL ABISMO

El monarca que había reinado tantos años, gracias sólo a la lealtad de su pueblo, siempre había querido, en su más secreta conciencia, ser parte de ese pueblo. Aunque era incapaz de actuar como rey, representaba **sin embargo** para su gente la continuación de una dinastía legítima. Y los castellanos estuvieron dispuestos a defenderla. Desgraciadamente, su lealtad y **firmeza** fueron en vano. Pronto se iban a enfrentar con otro caso **análogo**, mientras la autoridad de la corona castellana **rodaba hacia el abismo**.

nevertheless
devotion
analogous (similar)
hurtled toward the abyss

20

Abismo, y por fin, Luz

ENRIQUE IV

La extremada devoción del pueblo castellano a la corona iba a pasar por una **prueba** más. Porque Enrique IV era **digno** hijo de su padre, y aun peor. Un joven de poca integridad personal, había participado en las intrigas de los nobles contra su padre, Juan II, y el favorito don Álvaro de Luna. Y así, cuando Enrique ascendió al trono, se encontró en manos de una nobleza determinada **a no ceder** ninguna de sus prerrogativas ante la autoridad real. De carácter débil, y **entregado** a los vicios, el nuevo rey era una figura incapaz de inspirar la lealtad de sus **sujetos**. Era bastante culto, eso sí, pero **indolente**, y tan **aficionado a** las costumbres musulmanas que siempre tenía a su servicio una **guardia** mora, y comía y bebía al estilo árabe.

test
a worthy
not to give up
given
subjects
lazy • *fond of*
guard corps

ESCÁNDALO EN LA CORTE

Enrique inició casi en seguida algunas campañas en el sur, pero no pudo **proseguirlas**, y pronto abandonó **del todo** el proyecto. Volvió entonces a **la vida de palacio**, dedicándose con todo el corazón al ejercicio de la **caza** y casi nada a los asuntos del gobierno. **No tardaron en comenzar** los escándalos en su vida personal, y su prestigio **disminuyó** aun más. Su primer matrimonio fue anulado, y se casó la segunda vez con doña Juana, princesa de Portugal, una joven hermosa y frívola cuya conducta **dio lugar a hablillas y murmuraciones** en la corte. **Ambos** Enrique y su esposa cayeron bajo la influencia de un nuevo favorito, don Beltrán de la Cueva, un **palaciego** que, como don Álvaro antes de él, había llegado a la corte **de** simple paje. En poco tiempo, con la protección de los **reyes**, don Beltrán **disfrutaba de** los títulos y **cargos** más altos del país. Era un hombre de excepcionales **dotes** diplomáticas, decían sus **contemporáneos**, un hombre que "**demostraba** tanto amor al rey que parecía devoción, y tanta devoción a la reina que parecía amor". Como era **de esperar**, pronto se formó en la corte un partido enemigo del favorito. Y cuando nació la infanta real, los nobles **la bautizaron socarronamente** con el **sobrenombre** "la Beltraneja", y obligaron a Enrique a reconocer como **heredero del reino** a su hermano Alfonso, un muchacho de once años.

pursue them

entirely ➤ palace life

hunt

Soon began

diminished

gave rise to talk and
*   gossip ➤ Both*

palace hanger-on

as a

king and queen

was enjoying ➤ posts

gifts

contemporaries

displayed

to be expected

baptized her maliciously

surname

heir to the throne

"LAS CORTES" DE ÁVILA

Más tarde, el rey, viendo que había firmado su propia deshonra, revocó el documento, pero ya no podía restablecer su autoridad entre los nobles rebeldes. En una **llanura** cerca de Ávila se reunieron los enemigos de Enrique, **encabezados** por el arzobispo de Toledo, jefe de la iglesia católica española. Allí levantaron un **estrado**, colocaron en él una **efigie** del monarca, y una por una le quitaron todas las insignias reales. Después, "con los pies **lo derribaron del cadalso en tierra**", y proclamaron rey al príncipe Alfonso.

plain

headed

platform ➤ effigy

knocked it down from the
*   scaffold onto the ground*

Las celebradas Coplas de Mingo Revulgo, obra popular que satiriza al débil rey, Enrique IV.

GUERRA CIVIL

Estalló de nuevo la guerra civil, y durante tres años Castilla estuvo casi sin gobierno.
Una vez más las ciudades tuvieron que declararse en favor del débil rey, y **en contra de** los grandes **terratenientes**, sus adversarios tradicionales. Mientras tanto, el príncipe Alfonso había muerto misteriosamente, y los rebeldes ofrecieron la corona a Isabel, la hermana de Enrique. Isabel, una joven inteligente y "muy blanca y rubia, **el mirar gracioso**, la cara muy hermosa y alegre", era muy popular en todo el reino. Pero la joven princesa no quiso aceptar el trono **en vida** de su hermano. Su decisión la hizo

There broke out

against
landowners

very pleasant looking

during the lifetime

aun más popular con la gente, **añadiendo** a la fama
de su discreción y hermosura la de su lealtad. Las
luchas continuaron hasta que los nobles fueron derrotados por las fuerzas del rey y de las ciudades. Y para
evitar más disturbios, Enrique **convino en** nombrar
a Isabel heredera del reino.

adding

agreed to

ISABEL, ÚNICA ESPERANZA

Pero la paz no iba a venir tan pronto a Castilla, y esta vez, Isabel sería la causa. Parece que Enrique
ambicionaba casarla con el rey de Portugal o con otro
monarca extranjero. Pero la joven no quería vivir bajo
la dominación de su hermano, ni dejar para siempre a
su amada España. Una noche, ayudada por poderosos
amigos en la corte, huyó del palacio y se casó secreta-
mente con el príncipe de Aragón, don Fernando.
Al saber la noticia del casamiento de Isabel, Enrique
se puso furioso. Aunque había sido obligado por los
nobles a nombrarla sucesora al trono, ahora la deshe-
redó. En su lugar nombró a su hija Juana "la Beltraneja". El rey de Portugal, viendo la oportunidad de
anexar a Castilla, pidió entonces la mano de Juana, y
se arreglaron en seguida las bodas.

had the ambition of marrying her off

Upon learning

the marriage was arranged immediately

TERMINA LA ANARQUÍA

Poco después, en 1474, se murió el
rey Enrique, y Castilla se dividió en
dos bandos—los partidarios de doña
Juana, **apoyados** por un fuerte ejército portugués
contra los de Fernando e Isabel. La guerra duró cinco
años hasta que Fernando consiguió la victoria final.
Doña Juana se retiró a un convento donde pasó el
resto de su vida, **negándose** siempre a renunciar al
título de reina de Castilla. Fernando e Isabel habían
triunfado definitivamente, y en el año 1479 empezó su
verdadero reinado sobre la España cristiana. Por fin
había terminado el periodo en que "nunca la justicia
**se vio tan hollada, nunca imperó con más desen-
freno la anarquía**".

supported

refusing

was so trampled, never did anarchy run so rampant

21

"Tanto Monta, Monta Tanto . . ."

◈

ISABEL Y FERNANDO Isabel era una mujer de extraordinaria dedicación y voluntad; culta, **enérgica**, y según sus muchos admiradores, una persona muy amante de la justicia. Resuelta a **llevar a cabo** la unificación de España, y segura de tener en su posesión la única verdad, consideraba como traidores a todos **los que se opusieran** a sus deseos. Hasta tal punto se mostraba inflexible que una vez el duque de Alba **le tuvo que recordar**: "Pero Señora, si **ellos** ganan, nosotros seremos los traidores". Fernando, en cambio, era un hombre **poco letrado**, práctico, astuto, fuerte, y atlético, más flexible que Isabel, pero de carácter **algo equívoco**. Modelo de *El Príncipe* de Maquiavelo, empleó todos los **medios** posibles para realizar sus ambiciones. **Faltó** constantemente **a** sus promesas, **nunca vaciló ante una mentira provechosa**, y como cuentan, cuando el rey Luis XII de Francia se quejó de que Fernando le había mentido dos veces, el monarca español se rio y dijo: "No, no le mentí dos veces; le mentí diez".

energetic

bring about

those who might oppose

had to remind her
they (the other side)
of little education

somewhat doubtful
means
He went back on
➤ *he never hesitated at a profitable lie*

SU IGUAL AUTORIDAD Aunque Isabel era reina de Castilla, y Fernando era rey de Aragón, siempre actuaron juntos sobre todas las cuestiones de importancia. Los dos monarcas se sentaban juntos en el trono, y firmaban juntos todos los documentos oficiales. Para **subrayar** su igual autoridad, **hicieron inscribir** por todas partes su **lema**: "Tanto monta, monta tanto, Isabel como Fernando". **Es decir**, Isabel y Fernando son iguales; la palabra del uno vale tanto como la del otro.

emphasize
they had inscribed ➤ *motto*
In other words

LOS REYES CONTRA LOS NOBLES

Juntos Fernando e Isabel se dedicaron a las **tareas** que se les enfrentaban. Favorecien- *tasks*

do a la **alta** clase media, y encontrando su mayor *upper*
apoyo en las ciudades, iniciaron una campaña para *support*
destruir el poder de la antigua nobleza feudal. Prohibieron a los nobles construir nuevos palacios sin
permiso de los monarcas, los **alejaron** de las Cortes, *removed*
llenando sus puestos con miembros de la alta burguesía,

Fernando e Isabel, los Reyes Católicos.

Isabel la Católica, Fernando de Aragón, Bermejo

y revocaron antiguas **dádivas** de propiedades reales *gifts*
a las familias nobles. Los **grandes** del reino tenían dos *grandees*
alternativas: o convertirse en vasallos de la corona, en
meros cortesanos, o ser **aniquilados**. Nada ni nadie *mere ➤ annihilated*
iba a impedir la unificación de España bajo una sola
autoridad.

HACIA LA UNIFICACIÓN TOTAL

Fuera de Granada, casi toda España estaba ya en manos de Fernando e Isabel. Den-

tro de sus territorios, se reorganizaba la estructura del
gobierno para eliminar a **todo** elemento disidente. Aun *any*
la clase media, que gozó del favor de los monarcas en
sus luchas contra la nobleza, poco a poco iba a verse
privada de sus derechos tradicionales, y las Cortes *deprived*

destituídas de su poder. Pronto los judíos y los *stripped*
moriscos iban a sufrir también las trágicas consecuencias de la nueva política de unificación total.

1492: LA TOMA DE GRANADA
Ganada la guerra con Portugal, los Reyes Católicos reanudaron sus campañas en el sur, **aprove-** *taking advantage*
chándose de las luchas **intestinas** entre los musul- *internal*
manes. El 6 de enero de 1492 hicieron su entrada
triunfal en Granada. Según la tradición, Boabdil, el
último rey árabe, se acercó a Fernando, y le dijo con
lágrimas en los ojos: "Éstas son, Señor, las **llaves** de *keys*
este **paraíso**. Recibe esta ciudad, **que tal** es la voluntad *paradise* ◄ *for such*
de Dios." El heraldo gritaba: "Granada, Granada, por
los Reyes don Fernando y doña Isabel", y después de
ocho siglos, la Reconquista había terminado. Por
primera vez desde los tiempos visigóticos, España
estaba unida.

EXPULSIÓN DE LOS JUDÍOS
Tres meses después **se promulgó** *was promulgated*
el edicto de la expulsión de los
judíos. Durante más de quince
siglos los judíos habían vivido en España, contri-
buyendo con su trabajo y su cultura a la riqueza del
país. **Pasmados por** el **golpe**, quisieron apelar la *stunned by* ◄ *blow*
sentencia. Abrabanel, un judío distinguido que había
sido **exento** del edicto por su amistad con la familia *exempted*
real, se presentó ante el rey y le ofreció una suma in-
mensa de dinero por la libertad de su pueblo. Se dice
que Fernando estaba a punto de concedérsela cuando
entró en el cuarto el **Gran Inquisidor** Torquemada, *Grand Inquisitor*
gritando que Judas había vendido a su Señor por un
puñado de monedas. **Cohibido**, Fernando se negó a *handful of coins* ◄ *Abashed*
revocar la orden. Abrabanel **eligió** el destierro con su *chose*
gente, y en ese momento empezó el trágico **éxodo** de *exodus*
los judíos españoles a todos los **rincones** del mundo. *corners*

DESCUBRIMIENTO DE AMÉRICA
Mientras tanto, la reina estaba
tramitando con Cristóbal *negotiating*
Colón su viaje a la India. *Columbus*
Según las fuentes históricas, el cuento de las joyas de
Isabel no tiene ninguna comprobación, y en efecto, es

Doña Juana la Loca, Pradilla

Juana la Loca siguiendo el féretro de su esposo.

casi seguro que ella no las vendió. Pero no importa. Su
visión y su interés en el proyecto fueron los elementos
decisivos en el descubrimiento de América. Colón
mismo nos dice que sólo "el **esfuerzo** de Nuestro   *encouragement*
Señor y de Su Alteza (Isabel) hizo que yo continuase".
El **sueño** se realizó, y el 12 de octubre de 1492 repre-   *dream*
senta el **comienzo** de la **subida** de España en la escala   *beginning* ← *rise*
de las naciones. Pronto iba a ocupar la **cima**.   *top*

EL GRAN CAPITÁN Y LAS   Fernando dirigía su mi-
CAMPAÑAS ITALIANAS   rada al mismo tiempo
                          hacia el norte de África,
y hacia las ricas provincias italianas. Bajo el mando del
Gran Capitán, Gonzalo Fernández de Córdoba, las
tropas españolas tomaron a Nápoles y se extendieron
por gran parte de la península. Cuentan que un día se
le ocurrió a Fernando pedir **cuentas** al Gran Capitán de   *an accounting*

los **gastos** que había incurrido en sus campañas. Profundamente ofendido, porque él había tenido que **suplir** con su propio dinero los insuficientes fondos que le mandaba el rey, Gonzalo le envió un documento irónico en que le decía: "Gastado, en frailes, **monjas**, y pobres, **para que rogasen** a Dios por la prosperidad de las armas del Rey, 200,736 **ducados** y 9 reales. En espías, 700,494 ducados. En **guantes** perfumados, 5000 ducados. En **picos, palas y azadones**, quinientos millones, y **otros tantos, en reparar campanas, hendidas de tanto repicar** por las continuas victorias." Fernando **no volvió a pedirle** cuentas, pero tampoco se acordó de sus promesas al Gran Capitán, una vez concluída la guerra.

expenses

supplement

nuns
so that they would pray
ducats
gloves
pickaxes, shovels, and hoes
the same amount for repairing bells that split from so much ringing out
never again asked for

CONTRADICCIONES Y CONTRASTES

Pero no todo fue repicar campanas en tiempos de Fernando e Isabel, y su vida contiene una extraña historia de contradicciones y contrastes. Mientras que los reyes fomentaron la educación y las artes, estableciendo universidades y centros de cultura, la Santa Inquisición que crearon para facilitar la unificación sofocaba toda libre expresión. Mientras que la reina dictaba leyes para proteger a los indios de América, y amaba la justicia y la compasión, permitía los **horrendos autos de fe**, oyendo **impasiva** los gritos de las víctimas de la **hoguera**. Y mientras mostraba ante el mundo una resolución casi masculina, Isabel **ardía dentro** con los **celos** que le producía la conducta de su esposo. Sus últimos años fueron **amargados** por la muerte prematura de casi todos sus hijos, y por la **locura** de su hija y sucesora, doña Juana— Juana, esposa del príncipe **austríaco** Felipe el Hermoso, y madre del futuro emperador Carlos I; Juana la Loca, **encerrada** por más de cuarenta años en el convento de Tordesillas.

horrible "acts of faith" (public punishment by the Inquisition) ► impassively ► flames

was burning inside ► jealousy
embittered

madness
Austrian

locked up

FIN DE UNA ÉPOCA

Agobiada por la tristeza, Isabel murió en 1506. Fernando de Aragón la sobrevivió diez años, participando siempre en las intrigas políticas de su tiempo, pero no

Worn out

llegando nunca a ocupar el trono de Castilla. Sólo en tiempos de su **nieto**, el joven Carlos, iba a realizarse la unificación verdadera de España. Pero ya **se había asentado** la base de su grandeza.

grandson

there had been laid

22
La Historia de "Usted"

◙

ESPEJO DE UN PUEBLO

La lengua es el **espejo** psicológico de un pueblo. Su estructura, sus expresiones idiomáticas, revelan toda una manera de pensar. Pero la lengua puede transmitir **fielmente** los sentimientos de su gente sólo si cambia cuando **ella** cambia, si incorpora en su vocabulario las **etapas** históricas **por las que** ella pasa. Dinámica y flexible, vive. Estática, muere. El castellano es un idioma vivo, y así, refleja los momentos significativos de su pueblo, sus periodos de lucha y de desintegración, sus periodos de desarrollo y de unión. Tomemos por ejemplo el caso de la palabra "usted", una palabra que no tiene antecedencia **como tal** ni en el latín clásico ni en el latín vulgar. Su cuento es interesantísimo.

mirror

faithfully
it (the people)
stages ← through which

as such

TÚ, VOSOTROS, Y USTED

Como sabemos ya, en el español moderno hay dos maneras de tratar a la persona con quien se habla. Se pueden usar las formas de la segunda persona—*tú* y *vosotros*—cuando existe una relación familiar, íntima, entre los dos **locutores**. (Estas formas de segunda persona son las que vienen del latín.) O se puede emplear una forma de tercera persona—*usted, ustedes*—cuando hay una relación de respeto, de cortesía, de distancia entre ellos. Pero, ¿cuándo entró en la lengua castellana la forma "usted"? ¿Cuál es su **razón de ser**? Volvamos por un momento a la historia.

speakers

reason for existence

Un caballero desconocido, pintado por El Greco. El retrato capta la esencia orgullosa, pero humana, del hidalgo.

Un Caballero, El Greco

LUCHA POR LA DIGNIDAD

Desde los primeros tiempos, el hispano ha demostrado siempre una fuerte **conciencia del yo**. La dignidad personal vale más que la vida, más a veces que el concepto del estado. Y hasta tal punto la defiende que el orden social **se ha disuelto** repetidamente casi en la anarquía. A pesar de las tradicionales distinciones de clase que caracterizan a las épocas antiguas, a pesar del feudalismo que **rigió** en toda la Europa medieval, el español **logró exigir y conservar** siempre ciertos derechos fundamentales. El vasallo cumplía con sus justas obligaciones hacia su señor, pero no se sometía totalmente a su voluntad. En Castilla se estableció el primer cuerpo parlamentario del mundo occidental, las Cortes, y así **se pudo llevar al oído** del monarca la voz de su pueblo. En Aragón y en otras partes los reyes tuvieron que conceder "fueros", privilegios especiales, a su gente, y **antes que** perderlos, el pueblo estaba dispuesto a luchar hasta la muerte.

awareness of self

has been dissolved

held sway
managed to obtain and keep

could be brought to the ear

rather than

CREACIÓN DE UNA NOBLEZA MENOR

Pues bien, recordemos los tristes reinados de Juan II y de su hijo Enrique IV. La nobleza rebelde quiso imponer su voluntad sobre la de la corona, y la autoridad real **yacía** en el **polvo**. Se levantaron entonces las ciudades, afirmando el valor de su realidad **burguesa**, y derrotaron a las fuerzas de los altos nobles. Y entonces llegó la época de los Reyes Católicos. Fernando e Isabel **soñaban con** una nación unificada, **íntegra**, unida no solamente en su religión y en su política, sino unida también bajo un solo poder central, el de la corona. Y la antigua nobleza feudal representaba el obstáculo mayor a su realización. Los reyes se dirigieron entonces a la clase media, a la gente de las ciudades. En cambio de su ayuda—su dinero, sus brazos—les ofrecían títulos de nobleza **menor**. A los que se distinguían en la lucha contra los nobles, les nombraban *hidalgos*, "hijos de algo", y les daban el privilegio de ser llamados *Vuestra Merced*. De ese título de respeto viene la palabra moderna "usted".[1]

lay — dust

bourgeois (middle class)

dreamed of
whole

lesser

EL TÉRMINO "USTED" COMO SÍMBOLO SOCIAL

Poco a poco **se fue creando** toda una nueva clase social, la nobleza menor. En algunas ocasiones los reyes concedieron el título de honor a ciudades enteras por su gran contribución a la causa de la monarquía. Y así se fue extendiendo el uso de "Vuestra merced", hasta el punto de que muchas personas se consideraban profundamente ofendidas si **se les trataba todavía de** "tú" o de "vos". Hay casos de caballeros que **llegaron a apuñalar** a otros por el insulto de llamarles "vos", en vez de "usted", ¡y que fueron **absueltos** del crimen! Y un **mal aplicado** "tú" o "vos" fue causa de más de un **duelo** mortal.

there was being created

they were still spoken to as
actually stabbed

acquitted
badly applied
duel

CONSECUENCIAS DE LA HIDALGUÍA

La creación de la nueva clase social iba a tener consecuencias aun más serias en años y generaciones posteriores. La **hidalguía excluía** la posibilidad del trabajo manual. Por eso, muchos hidalgos

position of "hidalgo"
excluded

---

[1] Algunas de las formas intermediarias muy usadas en los siglos XV y XVI son: Vuesarcéd > usarcéd > ucéd; y vuesa-mestéd > vues-astéd > vustéd > usted.

buscaron carrera en los ejércitos del rey, tomando parte en la conquista de Granada y en las expediciones a América. Pero no todos pudieron encontrar la gloria y fortuna en la vida militar. Gran número de ellos **se acogieron a** la iglesia, y otros se quedaron en un mundo donde, imposibilitados de trabajar, se morían **honradamente** de hambre.

took refuge in

honorably

POPULARIZACIÓN DE "USTED" Con el tiempo se popularizó tanto el uso de la palabra "usted" que ya iba perdiendo todo su sentido original de distinción social. "Cada hombre vale tanto como **su prójimo**", pensaba el español. "Cada uno es hijo de sus obras", y **no debe haber** diferencias en el **trato**. Hoy en día "usted" es la forma más empleada en el trato normal de respeto, pero su historia es la de toda una época en la vida de su pueblo.

the next fellow
there shouldn't be
➤ treatment

23
Sobre Magos y Médicos

◈

MAESTRO DE LA MAGIA NEGRA Enrique de Villena era una figura muy conocida en la corte de Enrique III en los primeros años del siglo XV. "Pequeño de cuerpo y grueso", tenía "el **rostro** muy blanco e **colorado**"; era "muy **sotil** en la poesía, e muy **copioso** y **mezclado** en diversas ciencias. Sabía hablar muchos lenguajes; comía mucho, y era muy inclinado al amor de las mujeres." Era intelectual, estudioso, amante de los placeres del cuerpo y del espíritu, pero poco honrado en su conducta personal. Y **en cuanto a "los negocios del mundo y el regimiento** de su casa e **hacienda, tanto inhábile** e inepto que era una gran maravilla".

face ➤ high-colored
clever ➤ prolific ➤ involved

as for business matters and the running ➤ properties
*so clumsy (**tan inhábil**)*

Pero para la gente de su época, Enrique de Villena era
el maestro universal de la **magia** negra. Famosísimo
por su **afición** a las ciencias **ocultas**, "sabía adivinar e
interpretar sueños y **estornudos** e otras **cosas tales**
que ni a príncipe real e menos a católico cristiano
convenían. Y por esto **fue habido** en pequeña reputa-
ción **de** los reyes de su tiempo, y en poca reverencia de
los caballeros."

magic

devotion ▸ occult

sneezes ▸ such things

were suitable ▸ he was held by

**VILLENA
LEGENDARIO**

Por fin, Villena murió en el año 1434,
y con su muerte empezó a crecer su
fama. El rey Juan II **mandó quemar
sus libros, encargando de ello** al obispo de Segovia,
un tal fray Lope de Barrientos. Pero resultó que el
obispo también se interesaba por las artes mágicas, y
no los quemó todos, **salvando de las llamas** ciertos
libros que "en **algund** tiempo podrían **aprovechar a
los sabios**". La gente **no dejó de hablar** del episodio
del obispo y la biblioteca del mago. Seguramente,
decían, así como se escaparon de las llamas algunos
de sus libros, así Villena mismo **se escaparía** también de
las manos de la muerte. Villena había vendido su alma
a Satanás, comentaban, pero siendo más astuto que
el diablo, ¡**le entregó** al momento de morir sólo su
sombra! Y el mago se había convertido en **humo**, y
se encerró en una redoma que tenía en su laboratorio,
y allí estaba todavía, **aguardando** la oportunidad de
volver a la vida. Sin duda, Villena el **brujo** estaba
siempre presente. **Sabía adivinar** el futuro, o hacerse
invisible **cuando quisiera**; podía **oscurecer** el sol;
era **señor** de la lluvia y del **trueno**, y gran maestro
de la geometría y de la **alquimia**. Y lo que era peor,
Villena no estaba solo en el mundo de los brujos y
magos. Había otros muchos como él.

ordered his books burned, putting in charge of it

a certain Brother

saving from the flames

(algún) ▸ benefit

scholars ▸ didn't stop talking

probably escaped

gave him (to the devil)

shadow ▸ smoke

locked himself up in a flask

awaiting

wizard

still ▸ He could foresee

whenever he chose ▸ darken

master ▸ thunder

alchemy

**CIENTÍFICOS
Y MAGOS**

Porque todas las ciencias tenían cosas
ocultas. Los astrólogos se comuni-
caban con los planetas y las **estrellas**
para saber el destino del hombre. Los alquimistas
se escondían en oscuros laboratorios donde buscaban

stars

hid

los secretos de la vida humana, y querían convertir todos los metales en oro. Los químicos sacaban las **mismas materias** de que estaba compuesto el mundo, y

very
materials

Un boticario en su farmacia, y un médico atendiendo a un paciente. Miniatura del *Libro del Ajedrez* de Alfonso el Sabio.

después las entregaban a los **boticarios**, quienes trabajaban juntos con los médicos y con los **enterradores** para matar a la pobre gente. Sí, **había que cuidarse mucho de** los hombres de ciencia.

druggists
undertakers
you had to really watch out
for

LA MEDICINA EN LA EDAD MEDIA

La medicina gozaba de poco prestigio en la España medieval. Aunque las enfermedades **abundaban, debido** a la falta de **medidas** sanitarias, había muy pocos médicos en los reinos cristianos. (Los mo-

abounded,
due ➛ measures

narcas y los grandes nobles sí tenian sus médicos personales, siendo judíos muchos de ellos.) Los **cirujanos** *surgeons* cortaban brazos y piernas sin el uso, **por supuesto**, de *of course* ningún anestésico. Y los demás **tratamientos** médicos *treatments* consistían mayormente en la administración de **sudores** *sweat baths* o en cambios de dieta, juntos con las **perennes san-** *perennial bloodletting* **grías.** Pero no eran los médicos quienes hacían las sangrías, sino los barberos, y este aspecto de su profesión está simbolizado todavía en las **rayas** rojas de la *stripes* **divisa de peluquería.** El barbero iba a la casa del *barber's pole* paciente y le abría una vena para dejar salir los malos humores, o **le ponía encima una cantidad de san-** *put a number of leeches on* **guijuelas para chuparle** la sangre mala. Por lo general, *him to suck out* el barbero y el boticario eran el único contacto que tenía la gente pobre con el mundo de la medicina. Los boticarios y los **herboleros** dispensaban toda clase de *herb sellers* medicamentos. Las **comadres** ayudaban en los **partos,** *midwives ➝ births* y para **todo lo demás,** los pobres dependían simple- *everything else* mente de sus oraciones. **No hay que decir** que la *It goes without saying* vida era corta.

LA PROFESIÓN MÉDICA HASTA EL SIGLO XVII Mas tarde aún, en el Siglo de Oro, en los siglos XVI y XVII, la profesión médica seguía tan **desestimada** como antes. *little esteemed* El padre de Miguel de Cervantes era médico cirujano, y tan pobre era que tuvo que **trasladar** a su familia *move* **de pueblo en** pueblo en busca de clientela. Los poetas *from town to* y escritores de aquellas épocas **no vacilan** tampoco en *don't hesitate* hacer comentarios satíricos sobre los miembros de esa profesión. Francisco de Quevedo, por ejemplo, dice que las enfermedades por sí solas no podrían **acabar con** la gente, si no tuvieran la colaboración de *finish off* los médicos. Y que "el **clamor del que muere** *death knell of the dying man* empieza en el **almírez** del boticario, va al **pasacalles** *mortar ➝ quick step* del barbero, **paséase por el tableteado de los guantes** *dances to the clapping of the* **del dotor,** y **acábase** en las campanas de la iglesia". *doctor's gloves ➝ ends*

UN POETA PERUANO SOBRE EL MISMO TEMA Juan del Valle Caviedes, un escritor peruano del siglo XVII, **resume** la *sums up* actitud de la gente respecto a la digna profesión:

".. . Porque **soles ni desmanes**,   *neither sun nor excesses*
la **suegra** y suegro peor,   *mother-in-law*
fruta y nieve sin licor,[2]
bala, estocadas y canto,   *bullet, stabbing or stoning*
no matan al año tanto
como el médico mejor."

24

Nuevos Horizontes

PRIMER CONTACTO CON   Viernes 12 de octu-
EL HOMBRE DE AMÉRICA   bre (de 1492)
".. . porque conocí que
era gente que mejor **se libraría** y convertiría a nuestra   *save themselves*
santa fe con amor que por fuerza, les di a algunos de
ellos unos **bonetes colorados** y unas **cuentas de**   *red sailor hats ► glass*
vidrios que se ponían **al pescuezo**, y otras cosas   *beads ► on their necks*
muchas de poco valor, **con que hubieron mucho**   *with which they were delighted;*
placer; y quedaron tanto nuestros que era mara-   *and they were so won over*
villa."

Domingo 14 de octubre
".. . venían todos a la **playa** llamándonos y dando   *beach*
gracias a Dios. **Los unos** nos traían agua; otros, cosas   *Some*
de comer; otros, cuando veían que yo **no curaba de**   *I didn't care to*
ir a tierra, se echaban a la mar **nadando** y venían. Y   *swimming*
entendíamos que nos preguntaban si **éramos venidos**   *if we had come*
del cielo. Y vino uno viejo en el **batel dentro**. Y otros,   *in a little skiff*
a voces grandes, llamaban a todos, hombres y   *in loud voices*
mujeres:—Venid a ver los hombres que vinieron del
cielo; **traedles de** comer y de beber.—Vinieron   *bring them something to*

[2]Se consideraba peligroso **enfriar las bebidas** (*chill drinks*) con nieve, **a menos que se les añadiera una buena dosis de licor** (*unless a good dose of liquor was added*).

muchos **y muchas mujeres**, cada uno con algo, dando gracias a Dios, **echándose** al suelo, y levantaban las manos al cielo, y después **a voces nos llamaban que fuésemos a tierra**."

including
throwing themselves
shouted to us to go onto the shore

Lunes 24 de octubre

"**Crean Vuestras Altezas** que en el mundo todo **no puede haber** mejor gente ni **más mansa**. (. . .) Todos de muy **singularísimo trato**, amorosos y habla dulce. . ."

Believe me, Your Majesties there can't be ➝ more gentle
most extraordinary niceness

PRINCIPIA LA CONQUISTA DEL NUEVO MUNDO

Así describió Cristóbal Colón en una carta a los Reyes Católicos sus primeras impresiones del Nuevo Mundo. Colón pensaba que había llegado cerca de la costa de Asia,

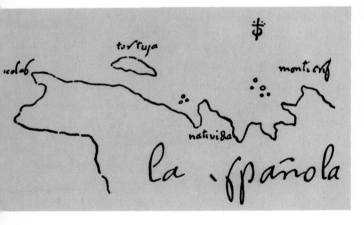

Mapa de Española, dibujado por la mano de Cristóbal Colón.

y aun murió sin saber que había descubierto un continente nuevo. Pero la conquista de América había empezado, y se iniciaba con ella una **etapa** nueva en la historia humana.

epoch

ANTECEDENTES DEL DESCUBRIMIENTO

En realidad, el descubrimiento de América no fue un **golpe casual en el vacío**. **Desde siglos atrás**, se habían ido preparando en la Península Ibérica estos viajes a **lo desconocido**. Aun en el periodo de la dominación árabe, Sevilla había llegado a ser uno de los puertos de mar más importantes

accidental stroke in the dark
For centuries
the unknown

de toda Europa. Y en la corte de Alfonso el Sabio, a mediados del siglo XIII, trabajaron juntos los sabios árabes, judíos, y cristianos **para adelantar** sus conocimientos en matemáticas, astronomía, y **náutica**. En el siglo XV el príncipe portugués Enrique el **Navegante** estableció nuevas bases navales, y fomentó **intrépidas** expediciones a las costas de África, a las islas del Atlántico, y al lejano Oriente. En aquella misma época, los españoles también empezaron a dirigir su mirada hacia otras tierras, hacia Italia y el norte de África. Mientras tanto, los **científicos del primer Renacimiento** perfeccionaban nuevos instrumentos de navegación, instrumentos que iban a hacer posibles los largos viajes en **alta mar**. Así es que la reina Isabel pudo **prestar oído** a los **estrafalarios** planes del aventurero **genovés**. Así es que la ciencia anticipó **a la casualidad**.

to further
nautical science

Navigator
daring

scientists of the early
Renaissance

the high seas
pay heed ➤ extravagant
Genoese ➤ chance

LOS REYES RECIBEN A COLÓN

Colón regresó a España en marzo de 1493, y los reyes le hicieron una gran recepción en Barcelona, **concediéndole** el título de **almirante y cargándole de** honores. Se cuenta que para mostrar su gratitud, Colón presentó a los monarcas varios **cofres** llenos de oro y de otros metales y piedras, y junto con ellos, les ofreció dos indios que traía consigo. Y dicen que la reina, al verlos **encadenados**, mandó a Colón ponerlos en libertad, porque ninguna criatura humana debía vivir **esclavizada**.

bestowing upon him ➤
admiral and loading him with

coffers

in chains

enslaved

SEGUNDO VIAJE DE COLÓN

En seguida **se diseminó** la noticia del gran descubrimiento, de unas tierras **lejanas** de fabulosas riquezas, de unas tierras donde **no se envejecía nunca**, donde... De todas partes **acudieron** hombres dispuestos a arriesgar su vida por la gloria y fortuna que les esperaban allí. En septiembre de 1493 **zarpó** otra vez la **flota** del almirante, pero esta vez, **integrada por 17 buques** y 1500 hombres. A principios de noviembre llegaron a las Antillas, y poco después se desembarcaban en Española (ahora Haití), sólo para encontrar destruído el **fuerte** que habían

there spread

far-off
people never grew
old ➤ rushed forth

set sail ➤ fleet
composed of 17 ships

fort

dejado allí, y muerta toda su **guarnición**. Los sueños *garrison*
de riquezas fáciles se iban convirtiendo en realidad.
El oro y los metales preciosos no abundaban, y los
indígenas se mostraban menos mansos cuando *natives turned out to be*
se trataba de quitarles sus tierras y su libertad. Las *it came to taking away*
enfermedades mataban a blancos y a indios, y aun más,
los españoles habían empezado ya a pelear entre sí.

CAÍDA Y MUERTE Parece que Cristóbal Colón
DEL ALMIRANTE también, como sus hijos y sus
hermanos, era mejor marinero
que gobernador, y pronto las **quejas** contra el al- *complaints*
mirante llegaron a oídos de los monarcas. Al fin de su
tercer viaje en 1498, Colón fue **encarcelado** por orden *jailed*
de un juez enemigo suyo, y volvió a España **mania-** *with his hands tied*
tado. Cuando apareció por fin ante los reyes, **éstos** le *they (the monarchs)*
dieron toda clase de satisfacciones, pero su prestigio
había **decaído ya irremediablemente**. Colón realizó *had fallen already beyond*
un viaje más en 1502, y regresó a España en noviembre *repair*
de 1504, veinte días antes de la muerte de su protectora,
la reina Isabel. Viejo, cansado, y destituído de algunas
de sus posesiones, Colón murió en mayo de 1506. Pero
la gloria de España estaba **para** empezar. *about to*

25
La Rebelión de los Comuneros

EL JOVEN Fernando de Aragón, el Rey Cató-
CARLOS I lico, había muerto. Juana, la legítima
sucesora al trono de Castilla, estaba
encerrada en un convento de Tordesillas, incapaz de
reinar. Y la corona caía sobre la cabeza de un joven de
diez y siete años, Carlos, hijo del austríaco Felipe el

Hermoso y de la loca Juana. Nacido y educado en Flandes, Carlos I, primer rey español de la familia Hapsburgo, venía a España en 1517 a tomar las **riendas** del gobierno.

reins

PRINCIPIO FUNESTO DE SU REINADO

Rodeado de consejeros y amigos **extranjeros**, y no sabiendo aun hablar castellano, el joven Carlos al principio conocía muy poco el carácter español. Dio a sus amigos **flamencos** los puestos más importantes del reino. Hizo demandas excesivas de dinero para facilitar su elección como Emperador del Santo Imperio Romano. **Cargó nuevos impuestos** sobre la gente, y trató de anular los derechos tradicionales de las Cortes, el Parlamento castellano. El pueblo reaccionó con indignación, pero el rey no le hizo caso. **Rechazó** sus justas peticiones, **persiguiendo** sólo sus propias ambiciones, y los abusos crecían.

foreign

Flemish

He imposed new taxes

He rejected

pursuing

SURGEN LAS COMUNIDADES

Hacia fines de 1519, Carlos fue a Alemania para recibir la corona imperial, y en España irrumpieron las sublevaciones. Toledo **se alzó** primero, seguido de Segovia, donde **ahorcaron** a dos **alguaciles** y a otros **funcionarios** del gobierno. Pronto la rebelión se había extendido a otras ciudades—Guadalajara, Alcalá, Soria, Ávila, Murcia... Toda Castilla se levantaba en armas contra los abusos de la autoridad real. Se formaron **juntas** en las ciudades **hermanadas**, y se les dio el nombre "comunidades". A todos los que participaron en el movimiento popular llamaron "comuneros".

rose up
they hanged ➤ constables
officials

councils ➤ joined in alliance

MEDINA HEROICA

El regente de España, un austríaco designado para reinar durante la ausencia del rey, envió tropas contra Segovia, pero el ejército del cruel general Ronquillo fue vencido por los segovianos. Ronquillo fue entonces a la ciudad de Medina, y pidió la artillería que **se guardaba** allí. Pero los **medinenses, en vez de** obedecer, llevaron las **piezas** a la plaza y las **desarmaron para impedir** que

was being kept
people of Medina, instead of
artillery pieces ➤ took them

El castillo de Medina del Campo, escena de la
heroica resistencia de los comuneros.

las tropas del rey las usaran. **Enfurecido**, Ronquillo *apart to prevent ◂ Furious*
mandó castigar a la ciudad, y sus tropas **le pegaron** *set it on fire*
fuego. La ciudad quedó destruída, pero no la voluntad
del pueblo. El día 2 de agosto de 1520 los medinenses
escribieron a sus compatriotas segovianos: ". . . veíamos
delante de nuestros ojos que los soldados **despojaban** *were ravishing*
a nuestras mujeres e hijos, y de todo esto no teníamos
tanta pena como de pensar que con nuestra artillería
querían ir a destruir la ciudad de Segovia".

FIN DE LA
REBELIÓN
Otras ciudades se juntaban ahora a
la causa. El rey recibió noticias de
la situación y mandó que se hicieran
ciertas pequeñas concesiones. Pero ya era tarde. Bajo
sus jefes, Juan de Padilla, Juan Bravo, y Francisco
Maldonado, el movimiento empezó a ganar ímpetu y
su triunfo parecía casi seguro. Pero dentro del movimiento mismo, existían los **gérmenes** de su propia *seeds*
destrucción. Los nobles, preocupados por el carácter
cada vez más popular y **anti-señorial** del movi- *increasingly ◂ anti-noble*

miento, empezaron a abandonar la causa. El dinero
escaseaba, y no había manera de pagar a los soldados.
Entre algunos de los jefes **surgieron desacuerdos** y
rivalidades. La tendencia anárquica del español se
hacía evidente otra vez, y poco a poco comenzó la
desintegración. Las fuerzas monárquicas **alcanzaron**
por fin **a los milicianos** indisciplinados de los comuneros y los derrotaron definitivamente en abril de
1521. Sus jefes fueron **prendidos** y sentenciados a
muerte.

**EJECUCIÓN
DE LOS JEFES**
Cuentan que al próximo día los
llevaron al lugar de la ejecución.
El **pregonero** gritaba: "Ésta es la
justicia que manda hacer Su Majestad a estos caballeros.
Mándalos degollar por traidores." Se levantó Juan
Bravo. "Mientes", dijo. "Traidores no, **mas celosos
del bien** público y defensores de la libertad del reino."
Pero Padilla mismo le contestó: "Señor Juan Bravo,
ayer fue día de pelear como caballeros. Hoy **lo es de**
morir como cristianos." Bravo no dijo más, y así
murieron heroicamente los tres jefes de los comuneros.

**ACABA LA
RESISTENCIA**
La viuda de Padilla continuó la
lucha en Toledo unos seis meses
más, hasta que se vio obligada a
capitular, en cambio de ciertas concesiones favorables.
Pero las concesiones no fueron honradas por el
gobierno, y la señora tuvo que huir a Portugal. Al
regresar Carlos a España, anunció el perdón general de
todos los comuneros. Sin embargo, a pesar del perdón
público, muchos fueron condenados a muerte, y se
acabó para siempre la resistencia del **frente** popular.
En épocas posteriores, los comuneros iban a renacer
en otra forma, pero ahí va otro cuento—otro cuento
del alma española, vencida por el momento pero
indómita.

was running short
arose disagreements

caught up
with ⟶ militiamen

captured

town crier

He orders them to be beheaded
but zealots for
the good

is the time to

front

unbowed

26

Carlos I, Carlos V

◈

ESPAÑOLIZACIÓN DEL "CÉSAR" Sofocada la rebelión de los comuneros, Carlos I, rey de España y emperador del Santo Imperio Romano (**del cual** era Carlos V) *of which* quiso **reconcentrar** en sus manos las riendas del *to gather* gobierno. Sin duda, su reinado había principiado mal. **Obsesionado** por sus ambiciones personales, había *Obsessed* hecho poco caso de las peticiones de las Cortes. No se sentía español. No tenía nada en común con esa gente que le rogaba "que **se sirviese su Alteza** hablar *his Majesty please* castellano, para que así **se entendieran** mejor mutua- *might understand each other* mente él y sus súbditos". Pero vino el momento de enfrentarse con la realidad. Y el monarca comenzó a españolizarse. Aprendió la lengua, **se empapó de** *he steeped himself in* las costumbres y tradiciones de su país, y empezó a pensar como un español. Ya no era un rey extranjero **venido** a España a gobernar, sino el legítimo heredero *who had come* de Fernando e Isabel, y el pueblo **se hacía suyo**. El *became his* César, le llamaban. Y en muchos respectos, era como otro Julio César—**valeroso, confiado** y aventurero, *brave, self-assured* generoso y magnánimo, pero **sediento de** poder; *thirsting for* general, escritor y **hombre de estado**, **infatigable** *statesman, tireless* trabajador, e inflexible en su determinación. En su tiempo, **no se iba a conocer igual**. *his equal was not to be found*

GUERRAS CON FRANCIA El reinado de Carlos coincide con la mayor expansión territorial de España. **A diario** partían los barcos *Daily* para América. Y en toda Europa se hacía sentir la fuerza militar de los ejércitos imperiales. Pero el predominio español no podía continuar **sin reto**. La *unchallenged* primera amenaza a la supremacía de Carlos se pre- sentó en la figura del rey Francisco I de Francia, quien también había solicitado el trono del Santo Imperio

Romano. Frustradas sus ambiciones, y resentido de las pretensiones españolas en Italia, se aprovechó de las guerras de las comunidades para entrar en España por los Pirineos y tomar Pamplona y otras ciudades del norte. Pero no había contado con el carácter español. Viéndose atacados desde afuera, los comuneros olvidaron por el momento sus propios **rencores**, y ayudaron a las fuerzas reales a rechazar a los invasores. Durante algún tiempo continuaron los ataques franceses hasta que Francisco decidió dirigir su atención definitivamente a Italia.

grievances

CAMPAÑAS EN ITALIA
Las campañas en Italia iban a ocupar la mayor parte del reinado de Carlos. Allí se encontraron **una y otra vez** los ejércitos rivales en una **red** complicada de alianzas e intrigas, y siempre iba creciendo la enemistad personal entre el monarca español y el francés. En la Batalla de Pavía en 1525, Francisco, que había luchado valientemente con sus hombres, fue tomado prisionero y llevado a Madrid. Allí desde la prisión escribió sus palabras famosas: "Todo se ha perdido, menos el honor y la vida, que se han salvado". Firmó entonces la **Concordia** de Madrid, renunciando a sus pretensiones en Italia. Pero una vez puesto en libertad, volvió a Francia diciendo "Todavía soy rey", y se negó a cumplir el pacto. Entró en alianza entonces con Enrique VIII de Inglaterra y con varios príncipes italianos, incluso con el **Papa** Clemente VII, y juntos dirigieron sus fuerzas contra los españoles.

again and again
network

Treaty

Pope

EL SACO DE ROMA
Carlos, cuyo catolicismo era irreprochable, **quiso apartar al Papa de la Liga**, pero no pudiendo, envió los ejércitos imperiales contra Roma. El seis de mayo de 1525, los españoles atacaron la ciudad santa. Durante el asalto cayó muerto su jefe, y viéndose libres de la disciplina, los soldados españoles, hambrientos y **sin paga desde hacía tiempo**, **saquearon** toda la ciudad. El Papa resistió un mes, pero al fin tuvo que capitular, quedando prisionero en el castillo de Santángel. Aunque

tried to separate the Pope from the League

unpaid for quite some time, sacked

Carlos I, Carlos V: el César.

Carlos **se dolía de** los excesos cometidos por sus   *regretted*
tropas, **no se apresuró** a libertar al Papa, hasta que el   *he didn't hasten*
Santo Padre le pagó un alto **rescate** siete meses   *ransom*
después. A pesar de las victorias españolas, las guerras
de Italia se prolongaron muchos años más. Sólo la
muerte de Francisco iba a poner fin a la enemistad
personal entre el rey de Francia y el Emperador.

**MARTÍN
LUTERO**
Al mismo tiempo, sin embargo, surgía
otro problema de mayor importancia
aun. En Alemania se levantaba la voz de   *still*
un humilde **sacerdote** y profesor de teología, Martín   *priest*
Lutero, denunciando los abusos de la Iglesia Católica,
y declarándose abiertamente contra el poder del
papado. Carlos, como emperador del Santo Imperio   *papacy*
Romano, tomó sobre sus **espaldas** la defensa de su   *shoulders*
religión. Pero esta vez no le iba a **valer** ni la diplomacia   *do him any good*
ni las armas. El protestantismo **se había aferrado** en el   *had taken hold*

espíritu de millones de personas, y no se iba a extinguir
por la fuerza. En 1555, viejo ya, y humillado por las
vanas luchas, Carlos tuvo que reconocer finalmente la
igualdad política y legal de católicos y protestantes.
Poco después renunció la corona de España, dejándola
a su hijo mayor, Felipe, y se retiró a un convento,
donde murió a fines de 1558.

**LA HERENCIA
DE CARLOS**
Así acabó la vida de Carlos I de
España, Carlos V del Santo Imperio
Romano. Su reinado no había sido
una época de paz, ni dentro ni fuera de sus posesiones.
Había **suprimido** la independencia de las Cortes, y   *suppressed*
había sofocado la libertad religiosa de los moriscos de
Andalucía. Había sacrificado las energías de su país en
campañas militares en Europa, en Turquía, en África.
Pero era un hombre de acción, el César, y su dignidad
imperial había llevado a España a la cima en la escala
de las naciones del mundo. Durante su reinado em-
pezaron a **florecer** las artes y los estudios, hasta que la   *flourish*
contribución intelectual y artística de España rivalizaba
la riqueza de sus tesoros. España había llegado a su
apogeo, pero su gloria iba a ser de poca duración.   *high point*

27

Sobre Caballeros y Pícaros

◇

**EXTREMOS DEL
CARÁCTER ESPAÑOL**
Hombre de contradic-
ción y de lucha. Tu-
multo de pasiones opuestas.
Noble y **mendigo**. Caballero y pícaro. El español   *beggar*
habita todos los extremos del alma humana, a veces
dentro de un **solo ser**, otras veces, en distintas formas   *single being*
y existencias. Volvamos por un rato a la España del
Renacimiento, al siglo XVI, época del César, y

encontraremos allí algunos ejemplos interesantísimos de esa dualidad del carácter hispano.

GARCILASO DE LA VEGA, POETA–GUERRERO

Garcilaso de la Vega era la encarnación del caballero ideal del Renacimiento. Sus contemporáneos le describen como un hombre "**proporcionado de cuerpo**, de ojos vivos, **rostro** sereno y **grave**, **talle** de hombre noble y **esforzado**... y de una hermosura verdaderamente **varonil**". Nacido en Toledo hacia 1503, hijo de una familia noble, era un espíritu elegante, sensitivo, culto, cosmopolita, educado en la tradición grecorromana y saturado de la mitología clásica. Y al mismo tiempo, fue el guerrero más intrépido y más leal del ejército del emperador. Gran **espada** y valiente **por encima aun de** la prudencia, la tradición popular le pinta **venciendo solo** a caballo a **centenares** de bandidos en el **bosque**. Pero al mismo tiempo era un hombre que componía exquisita poesía, y que **tañía la vihuela**; era **cantor** y ávido lector, y tierno y apasionado amante. Fue Garcilaso quien perfeccionó en el castellano la nueva **métrica** italiana, y la popularizó en España. Fue él quien cambió el curso de la poesía española. Pero cuando su rey lo llamaba, pasaba sin vacilar de los salones de palacio al campo de batalla.

well-built

face — serious, the bearing
vigorous
manly

swordsman — beyond

defeating by himself — hundreds
woods
played the guitar (an early form) — a singer

poetic meter

MUERTE DEL POETA

Garcilaso luchó siempre al lado de Carlos, contra las comunidades, contra los franceses, contra el pirata **Barbarroja** en **Túnez**, en todas las campañas del emperador. Hasta que en octubre de 1536, viendo la impaciencia de su monarca por tomar el castillo de Muey en **Provenza**, Garcilaso **escaló el muro**, **sin coraza ni casco**, para dar ejemplo a sus soldados. Pero esta vez, el gesto heroico iba a acabar en la tragedia. Una gran piedra **arrojada** por los enemigos le cayó sobre la cabeza y le mató. Carlos, **entristecido** por la pérdida de su mejor caballero, reanudó con furor el ataque, tomó el **fuerte**, lo destruyó, y ahorcó a todos sus defensores. El César se había vengado, pero el poeta

Redbeard (a dreaded pirate)
Tunisia

Provence (France) — scaled the wall, without a chest plate or helmet

hurled
saddened

fort

Guitarrista y cantor de
romances de la época
y estilo de Vicente Espinel.

más grande del Renacimiento español **había dejado**   *was no more*
de ser. . .

JUVENTUD DE VICENTE ESPINEL

Vicente Espinel pertenence a la segunda mitad del mismo siglo XVI y principios del XVII. Andaluz de nacimiento, pasó su juventud en Sevilla, donde vivió en "la sociedad de pícaros", y donde, según su propia confesión, llegó a ser "protagonista de una serie de **pendencias y amoríos** en que la justicia   *fights and love affairs* tuvo que intervenir más de una vez". Más tarde, estudió en la Universidad de Salamanca, entró en el servicio de varios altos nobles, fue soldado en Italia, y aun cayó en manos de piratas **argelinos** que lo   *Algerian* llevaron a tierras africanas. Mientras tanto, había demostrado ya una extraordinaria habilidad musical. **Vuelto a** España, entonces, se hizo famoso como   *Back in* guitarrista y **compositor**, y **se cree** que fue Espinel   *composer ← it is believed* quien **agregó** la quinta **cuerda** a la guitarra moderna.   *added ← string*

PÍCARO, POETA, MÚSICO, Y SACERDOTE

El **antiguo** pícaro y   *former* vagabundo había su- bido **bastante** en la   *quite a bit* escala social, pero su vida iba a seguir aun otros caminos. **Vivaracho, locuaz,** y oportunista, se hallaba   *Boisterous, talkative* a menudo en situaciones **precarias**. Ahora la corte de   *precarious* Madrid y el campo de la literatura le llamaron la atención. Dentro de poco tiempo, ya se había hecho

poeta de corte, escritor, y novelista. Al fin, **sintiendo** *feeling old age approach*
cerca la vejez, se hizo sacerdote, y aun fue nombrado
capellán de la **capilla** del Obispo de Madrid. Allí *chaplain ➤ chapel*
murió en 1624 a los setenta y cuatro años de edad.

HOMBRE DE MÚLTIPLES FACETAS

Éstos son los **datos** externos *data*
de la vida de Vicente Es-
pinel. Pero sus escritos re-
velan aun más el carácter del hombre. **Por** un lado era *On*
humanista y erudito latino, y **tradujo** al castellano *he translated*
algunas obras del poeta romano Horacio. Por otro
lado, era un alma **plebeya**, democrática, nunca *plebeian (low class)*
alejada totalmente de la sociedad baja y alegre. *removed*
Decía que cada hombre merecía publicar su autobio-
grafía, **aunque no fuera** de los grandes de su época. *even if he weren't*
Porque "no hay vida de hombre **ninguno**, de **cuantos** *any ➤ all those who*
andan por el mundo, de quien no se pueda escribir una
gran **historia**..." Y así, Vicente Espinel tomó *story*
algunos episodios de su propia vida, los **salpicó** con *sprinkled*
un poco de ficción, de humorismo y de sátira, y
escribió su *Marcos de Obregon*, una novela de tipo
picaresco, y uno de los comentarios **más agudos** *sharpest*
sobre la sociedad de su tiempo.

SU GOCE DEL VIVIR

Finalmente, poeta y músico, com-
puso un gran número de *Rimas*—
poesías líricas, delicadas, íntimas, *poems*
de técnica refinada y de **motivos** bellos. La nota *subject matters*
predominante de toda su obra es una alegría de vivir,
una sensualidad hecha de todos los **goces** humanos. *pleasures*
Aunque **se acogió** a la religión en sus últimos años, era *he turned*
al mismo tiempo un **ser** profundamente de la tierra. *being*
"Bien sé que no soy angel, sino hombre", dice en uno
de sus versos. Y con estas palabras pasa **al recuerdo** el *into memory*
poeta músico novelista soldado vagabundo erudito
pícaro cortesano clérigo hombre, Vicente Espinel,
esencia hispana.

PARADOJAS HISPANAS

Garcilaso y Espinel son sólo dos
aspectos de una sociedad de infinitos
contrastes. En el tiempo de su mayor
participación mundial, la España de Felipe II cerró sus

puertas a las influencias intelectuales extranjeras. En el
momento de sus mayores conquistas, defendía los
derechos de los pueblos conquistados. En el periodo de
su mayor riqueza, **sembraba las semillas** de su   *she sowed the seeds*
propia ruina económica. España en la cima; España
al borde del abismo. **Místico** y cínico. Hidalgo y   *at the edge* ➛ *Mystic*
plebeyo. Conquistador y mendigo. Caballero y
pícaro.

28
Hombres y Conquistadores

◎

EXPLORADORES
DE AMÉRICA
Ya conocemos **de sobra sus**   *all too well their deeds*
hazañas. Hernán Cortés
conquistó a México; Francisco de
Pizarro, al Perú. Balboa descubrió el Pacífico,
Orellana, el Amazonas, De Soto, el Misisipí. Sus
nombres **resuenan** todavía. Ponce de León, Coronado,   *resound*
Valdivia, Almagro, **Magallanes**, Alvarado, Cabeza de   *Magellan*
Vaca, Olid. . . Exploradores de América, hombres y
conquistadores.

¿POR QUÉ
VINIERON?
Digo hombres primero, porque el
hombre explica **el hecho**. ¿Por qué   *the fact*
vinieron estos hombres al Nuevo
Mundo? ¿Por qué estuvieron dispuestos a arriesgar su
vida, **a merced** del mar, a merced de la **intemperie**,   *at the mercy* ➛ *inclement*
cruzando oceanos y ríos y montañas y selvas, peleando   *weather*
contra indios salvajes, y sabiendo que la muerte les
esperaba a cada **vuelta** del camino? ". . . y como somos   *turn*
hombres y temíamos la muerte, **no dejábamos de**   *we didn't stop thinking*
pensar en ello", dice Cortés mismo. Entonces, ¿fue   *about it*
sólo por el deseo de riquezas? Tal vez, en algunos casos.
Pero eso no explicaría toda su conducta. El carácter de
la conquista es demasiado variado para una explicación

Hernán Cortés y doña Marina, la joven india que le
sirvió de intérprete.

tan fácil. Así es también el carácter de sus protagonistas.
Empecemos, por ejemplo, con el caso de Hernán
Cortés.

HERNÁN CORTÉS
Un historiador contemporáneo suyo le
describe como un hombre "de **gentil** *refined*
presencia y agradable rostro, **festivo** y *lively*
discreto en las conversaciones", un hombre que
"**partía** con sus compañeros **cuanto** adquiría con *shared — all that*
tanta generosidad que sabía ganar amigos sin buscar
agradecidos". Nació en Extremadura en 1485, de una *thanks*

familia hidalga. A los catorce años, sus padres le mandaron a la Universidad de Salamanca, pero el joven volvió dos años después con poco éxito en los estudios. Su inclinación natural le llevó a la carrera militar. Tomó parte en una expedición a Árgel, y más tarde, en la conquista de Cuba. Es allí donde empieza su historia verdadera.

DESOBEDECE AL GOBERNADOR DE CUBA

El 10 de febrero de 1519, Cortés estaba en Cuba, a punto de **zarpar** *sail* para Yucatán, cuando recibió órdenes del gobernador Velázquez, **retirando** el permiso para realizar la *withdrawing* expedición. Cortés, que había trabajado muchos meses haciendo los **preparativos** del viaje, aun **gastando en** *preparations ▪ spending on* **él** gran parte de su propio capital, no tuvo la menor *it* intención de abandonarlo. Desobedeciendo las órdenes de Velázquez, **se hizo a la vela,** y en ese momento *he set sail* empezaba la conquista del gran imperio azteca.

CAMINO ADELANTE

Los españoles llegaron a tierras mexicanas con cuatrocientos soldados, doscientos indios, y treinta y dos caballos, una fuerza pequeñísima para **enfrontarse con** los *meet head on* ejércitos de Moctezuma. Pronto comenzaron las dificultades: hambre, enfermedades, ataques de indios hostiles, y disensiones en su propio campamento. Y **a medida que** crecían los obstáculos, crecía también el *as* descontento. Unos partidarios del gobernador Velázquez entre los hombres de Cortés conspiraron para hacerle prisionero y volver a Cuba. Pero Cortés descubrió el **complot,** ahorcó a dos, hizo cortar los *conspiracy* pies a otro, y mandó **azotar** a los demás. Más tarde *whipped* cuenta un soldado y amigo suyo: "**Acuérdome** que *I remember* cuando Cortés firmó aquella sentencia, dijo con grandes **suspiros** y sentimientos:— ¡Oh, **quién no** *sighs ▪ I'd rather not know* **supiera escribir, por no firmar muertes de hom-** *how to write, and not have* **bres!**" Pero el Capitán no era hombre para conten- *to sign death sentences!* tarse con vanos sentimientos. Y **actuó.** Para eliminar la *he acted* **tentación** de volver a Cuba, **hizo hundir sus barcos.** *temptation ▪ he had his ships* **La suerte estaba echada.** *sunk ▪ The dice were cast*

CONQUISTA DE MÉXICO

Algunos **hechos** de la conquista de México son bien conocidos: como Cortes encontró dos intérpretes, la joven india doña Marina, y un **náufrago** español, y como le ayudaron a establecer contacto con las tribus indias; como los mexicanos pensaban al principio que los hombres blancos eran dioses; como los españoles se aprovecharon del resentimiento de otras naciones indias para romper el dominio de los aztecas; como murió Moctezuma por una piedra **lanzada** por sus propios súbditos; y como los españoles fueron obligados a abandonar la capital **entre** la horrible **matanza** de la Noche Triste. Como Cortés tuvo que derrotar a un ejército grande mandado por Velázquez para prenderle, y como para fines de 1521 el territorio de la Nueva España **se había agregado** ya al imperio del César.

facts

shipwrecked

thrown

amid

massacre

had been added

CARÁCTER DE CORTÉS

Pero hay otros hechos muy poco conocidos. Por ejemplo, que el mismo Cortés que había **mandado ejecutar a** algunos de sus propios hombres, el mismo Cortés que hizo cortar las manos a cincuenta espías indios, era un hombre que lloraba al ver los cuerpos **destrozados** de las víctimas sacrificiales de los aztecas. Que arriesgó su vida y el éxito de su expedición insistiendo en que los indios **dejaran de hacer** esos sacrificios, tratando de explicarles la fe cristiana, **derribando él mismo a** los ídolos; construyendo altares, y cuando era posible, iglesias; negándose a aceptar las **doncellas** que los **caciques** le ofrecían hasta que las muchachas se convirtieran al cristianismo; tratando de vencer por medios pacíficos, por la diplomacia, por la palabra, pero **acudiendo** a la fuerza sin vacilar cuando él la consideraba necesaria.

ordered the execution of

mutilated

stop making

he himself knocking down

maidens

chieftains

resorting

SOLDADOS, MISIONEROS, Y COLONOS

Muy distinta era la personalidad de Francisco de Pizarro. Un hombre de origen humilde, **analfabeto** y **rudo**, vivió y murió **sobre las armas**, y dejó a su muerte una

illiterate ➝ coarse

by the sword

tierra **desangrada** por las guerras civiles. Hasta que *bled dry*
la corona tuvo que intervenir y **restablecer** el proceso *reestablish*
de la colonización. **Muy otra** también era la imagen *Very different*
de los muchos misioneros, hombres dedicados a la
enseñanza y a la paz; y de los colonos que vieron en *teaching*
América la realización 'de un sueño; y de los escritores
que vinieron para eternizar la emoción de un mundo
nuevo, gastando en papel más que en la comida.

RESUMEN
En fin, las **cifras** son difíciles **de sumar**. *figures ← to add up*
Pero entre las infinitas paradojas
se destacan claramente ciertos hechos. *stand out*
Es verdad que los españoles, como toda nación
colonialista, deseaban riquezas, y cometieron atrocidades, y causaron la destrucción casi total de las culturas indígenas que encontraron. Pero eran hombres de
su época, una época acostumbrada a las atrocidades,
y a lo menos **quisieron templarlas** un poco con el *they tried to temper them*
ideal religioso y con su **afán de poblar**. Cortés, *desire to populate (the new*
Pizarro, Balboa, De Soto... Hombres **de razón y** *lands) ← Sometimes right,*
de sinrazón, al fin, hombres y conquistadores. *sometimes wrong*

29
La Cuestión Moral

**DIOS CASTIGA
LA CRUELDAD**
"**D**ios... quiere que **no sea** *the conquest not be*
la **conquista como ti-** *achieved by tyranny ←*
ranos... Y así, **los que tales** *those who <u>were</u>*
fueron... **los más** han muerto miserablemente *tyrants ← most of them*
y con muertes **desastradas**. Y aun parece que *horrible*
las guerras que ha habido tan grandes en el Perú, *the awful wars that have taken*
las permitió Dios como **castigo**... El **mariscal** *place ← punishment ←*
don Jorge Robledo, **consintiendo hacer** en la provincia *marshal ← since he allowed*
de Pozo **gran daño** a los indios... Dios permitió que *great harm to be done*
... **tuviese por sepultura los vientres** de los mismos *his grave should be the*
indios... **No se engañe ninguno** en pensar que Dios *stomachs ← Let no one fool*
no ha de castigar a los que fueren crueles para con *himself ← won't punish*
those who are cruel to

estos indios, **pues ninguno dejó de recibir la pena conforme al delito**."

for nobody failed to receive his just deserts

PREOCUPACIÓN MORAL DE ISABEL

Así habló el capitán Pedro Cieza de León, uno de los que tomaron parte en la conquista del Perú. Pero la voz del intrépido explorador no fue la primera en alzarse contra la cruel explotación de los indios. Desde los primeros días de la conquista, ya había surgido la cuestión moral que iba a **sacudir** la conciencia de toda la nación española. Recordamos cómo Isabel puso en libertad a los indios traídos por Cristóbal Colón. La Reina Católica nunca iba a olvidar la emoción de aquel momento, y poco antes de morir, dictó en su testamento: "**Suplico** al Rey mi Señor[1] muy afectuosamente, y **encargo y mando** a la princesa mi hija y al príncipe su marido,[2] que **no consientan ni den lugar a** que los indios ... reciban **agravio** en sus personas y bienes y si algún agravio han recibido, **lo remedien. . . .**"

shake

I beg

I request and order

they don't allow or tolerate

injury

that they remedy it

PROTESTAS CONTRA LOS ABUSOS

A pesar de las buenas intenciones de la reina, la explotación de los indios continuaba. La **esclavización** de los indígenas estaba prohibida, pero existía todavía el sistema de la encomienda. Según este sistema, **se concedía** a una persona de importancia una gran parcela de tierra, y con ella, el dominio sobre todos los indios que la habitaban. Un domingo en el año 1511 se levantó en una pequeña iglesia de Santo Domingo el fraile dominicano Antonio Montesinos y dio un sermón **fulminante** contra los abusos de las encomiendas. El gobernador, Diego Colón, y los **encomenderos** de la isla **exigieron** de su superior una "**rectificación**", pero Montesinos se negó a **retirar** las acusaciones. La disputa continuó hasta que llegó a **oídos** de la corte española, y en 1512 **se promulgó** una serie de leyes bien intencionadas para aliviar la situación. Otra vez, el efecto práctico de las leyes fue

enslavement

there was granted

scathing

people to whom an "encomienda" had been granted ► demanded ► retraction ► withdraw

the ears ► there was issued

[1]El rey Fernando.   [2]Juana la Loca y Felipe el Hermoso.

casi **nulo**, pero ahora la causa del indio **iba adqui-** *nil ⬤ was beginning to*
riendo algunos poderosos **abogados**. *acquire ⬤ advocates*

BARTOLOMÉ DE LAS CASAS

El padre Bartolomé de las Casas había sido uno de los encomende-ros de la isla de Cuba. Pronto, convencido de la injusticia del sistema, vendió sus propiedades y emprendió una campaña en defensa de los indios. Fue a España y habló ante la corte. Volvió a América y escribió libros denunciando el mal tratamiento de los indígenas. Y sus palabras se iban a escuchar en todas partes del mundo.

EL PADRE VITORIA Y LA CONCIENCIA NACIONAL

La **discusión** se puso *argument*
aun más **encendida**. *heated*
De un lado, **encabe-** *heading*
zando el partido de los colonialistas, estaba Juan Ginés de Sepúlveda, **alegando** que los indios eran una *alleging*
raza inferior, y que era **lícito** obligarles a aceptar el *right*
cristianismo. El Papa, continuaba Sepúlveda, había dado aquellos territorios del Nuevo Mundo a los españoles, y así, el emperador Carlos era su dueño absoluto. Los indios eran salvajes y no tenían derechos. Al otro lado estaba un **catedrático** de la Universidad *professor*
de Salamanca, un padre dominicano de nombre Francisco de Vitoria. En la ocasión de la **apertura del** *opening of the academic*
curso académico de 1532, Vitoria vio su oportunidad *year*
para defender públicamente la causa de los indios. La justicia y **el derecho** están por encima de la autoridad *right*
espiritual del papa, por encima de la autoridad tem-poral del rey, dijo. El Emperador no era señor de todo el mundo, continuó, y "las leyes humanas no pueden tener dominio sobre los indios porque los indios como todos los hombres están **sometidos** a las leyes di- *subject*
vinas". Negó entonces el derecho de la conquista, condenó la conversión obligatoria de los indios al catolicismo, y **predicó** la libertad e igualdad de todos *he preached*
los **pueblos** del mundo en la comunidad humana. *peoples*

LAS NUEVAS LEYES DE INDIAS

Las palabras de Vitoria **incli-** *tipped the scales*
naron el peso de la balanza, y el Emperador mismo decidió

Bartolomé de las Casas, defensor de los indios.

actuar. En 1542 se promulgaron las Nuevas Leyes de Indias, proclamando oficialmente a los indios como hombres libres, limitando los privilegios de los encomenderos, y **asentando** ciertas condiciones mínimas de trabajo. Curiosamente, a pesar de las numerosas **providencias** que contenían en favor de los indios, ¡ al mismo tiempo **no se les permitía** viajar a caballo ! Los indios no eran iguales ante la ley, sino que **gozaban de ciertas exenciones** y garantías, y estaba terminantemente prohibida su esclavización.

setting down

provisions
they were not allowed
they enjoyed certain
  exemptions

SUEÑO Y REALIDAD Las Nuevas Leyes encontraron mucha resistencia entre los antiguos encomenderos, y en realidad cambiaron muy poco la situación de los indios. Sin embargo, hay que recordar que España fue la única nación imperialista que trató a lo menos de mitigar las consecuencias de la conquista para la gente conquistada. Extraña mezcla de crueldad y de compasión, de **carne** y de

flesh

117

alma. Si el sueño de un las Casas o de un Vitoria **se hubiera** realizado, Hispanomérica habría sido la primera Utopía del mundo. Pero la vida **dictó otra terminación**. En su lugar, Hispanoamérica **se creó de la materia** y sustancia del español mismo, mezcla de sentimientos opuestos, con todos sus defectos y con todas sus virtudes.

had been

dictated another

ending ➤ was created

out of the material

30
Cantor Épico de América

◧

FUSIÓN DE SANGRE Y DE ESPÍRITU
El español llega a América, la conquista, y se deja **conquistar** por ella. Transplanta en la tierra nueva sus ciudades, su arte, su lengua, y su religión. Y los indios que se ponen en contacto con él **se van españolizando**. Al mismo tiempo, se siente **atraído** por la civilización indígena. Se mezcla con los **naturales**, y sus hijos son mestizos, medio blancos, medio indios. Llega a amar a las tierras americanas, y **se arraiga** allí. El conquistador-explorador se convierte en colono, habitante de América. O si vuelve a España, se ha hecho ya otra persona, **dotada de una conciencia americana**. La **epopeya** de sangre y de posesión es también una epopeya de **compenetración mutua**. Garcilaso de la Vega el Inca, un peruano mestizo, llega a ser uno de los **altos valores** de la literatura española del siglo XVI. Y un cortesano español, Alonso de Ercilla, se hace la voz palpitante de las gentes de América.

be conquered

begin to be Hispanized
attracted
natives

he takes root

imbued with a consciousness of America ➤ epic

mutual penetration

greats

EL JOVEN ERCILLA
Ercilla, hijo de una familia noble, nació en Madrid en 1533. Desde adolescente vivió en el palacio real, sirviendo **de** paje y compañero al joven príncipe

as

Alonso de Ercilla, autor de la primera epopeya de América.

Felipe. El rey Carlos le mandó acompañar a Felipe a Flandes, y Ercilla visitó con su príncipe diversos países de Europa. A los veinte y dos años de edad, movido por el deseo de la aventura, Ercilla **pasó** a América. Cuentan que el joven cortesano llegó a Chile rodeado de sus amigos de palacio, incluso algunas damas ilustres de la corte. Pero el espectáculo que **se le ofrecía a la vista** era del todo distinto a su imaginación **caballeresca**. La gran aventura era en realidad una guerra trágica, y los muertos que caían de ambos lados eran seres humanos, no creaciones **novelísticas**. Ercilla empezó a ver con otros ojos.

EPOPEYA DE LAS GUERRAS DE ARAUCO Los indios del valle de Arauco se habían suble- vado, y Ercilla fue des- pachado con otros para sofocar la rebelión. El joven noble cumplió con las órdenes, luchando valiente- mente, y conociendo **de primera mano** las realidades **amargas** de la guerra. Impresionado igualmente por la valentía de los españoles y por la heroica defensa de los indios araucanos, "la pluma **ora** tomando,

went

met his eyes

chivalrous

fictional

first hand

bitter

now

ora la lanza", se puso a componer un poema épico
sobre los **sucesos** de aquellos días. Había poco tiempo
para escribir, nos explica en su introducción. ". . . y así
el [tiempo] que **pude hurtar le gasté** en este libro,
el cual, **porque fuese más cierto** y verdadero se
hizo en la **misma guerra**, y en los mismos **pasos y
sitios**, escribiendo muchas veces en **cuero**, **por falta**
de papel, y en pedazos de cartas, algunos tan pequeños
que **apenas cabían seis versos, que no me costó poco
trabajo después juntarlos**." Y así, de estas impresiones
americanas y de su rico **fondo** de cultura europea,
Ercilla creó un gran poema épico, *La Araucana*,
historia de la conquista de Chile.

events

I could steal, I spent

*which, so that it might be
more accurate* ➤ *midst of
the battles* ➤ *spots and
sites* ➤ *leather, for lack*

*six lines of verse hardly fit, so
it was very hard later to put
them together* ➤ *background*

**REBELIÓN DE
LOS INDIOS**
La obra empieza con la llegada de
los españoles a tierras chilenas. Al
principio, los indios pensaban que
eran dioses, y se sometieron a ellos. Pero la vanidad y la
avaricia se apoderaron pronto de los conquistadores:

"**Sin pasarles jamás por la memoria**
que en siete pies de tierra al fin **habían
de venir a caber sus hinchazones**,
su gloria vana y vanas pretensiones."

*And it never occurred to them
all their self-importance
would wind up*

Los indios, viendo a sus **amos** peleando entre sí y
comportándose más como hombres que como
dioses, se sintieron "**avergonzados por verse de**
mortales conquistados". El viejo **cacique** de los
araucanos anuncia una **competición** para ver quién
será el jefe nuevo de la tribu. De todas partes acuden
los jóvenes guerreros para probar la fuerza de sus
brazos. Por fin se presenta Caupolicán.

masters
behaving
ashamed to see themselves by
chieftain
contest

"Era este noble mozo de **alto hecho**,
varón de autoridad, grave y severo,
amigo de guardar todo derecho,
áspero, riguroso, justiciero,
de cuerpo grande y **relevado** pecho,
hábil, **diestro, fortísimo y ligero**,
sabio, astuto, **sagaz**, determinado
y **en casos de repente reportado**."

lofty deed
a man
devoted to maintaining right
harsh, stern, just
massive
skillful, very strong and swift
prudent
self-controlled in times of stress

Caupolicán levanta el tronco de un árbol, y lo sostiene en sus **hombros** por casi dos días. Nadie le puede igualar, y Caupolicán es escogido para llevar la guerra a los invasores.

HEROÍSMO Y DERROTA Los araucanos inician el ataque, y luchan con tanto heroísmo que Ercilla mismo los empieza a admirar. Dice "que son pocos los que con tal constancia y **firmeza** han defendido su tierra contra **tan fieros** enemigos como son los españoles". Describe como, muertos sus padres, "los hijos, antes de tiempo tomando las armas, se ofrecen al rigor de la guerra", y como, habiendo perdido a sus esposos, "las mujeres, peleando algunas veces como varones, **se entregan con grande ánimo** a la muerte". El pueblo araucano llega a ser protagonista verdadero de su poema, no el conquistador español. Pero los españoles **se imponen**. Caupolicán cae en sus manos, y lo **ajustician** cruelmente. Ercilla se lamenta del bárbaro tratamiento del noble jefe araucano, "**al cual**, señor, no estuve presente ... que si yo **a la sazón** allí estuviera, la cruda ejecución **se suspendiera**".

PLEGARIA POR LA PAZ Más tarde, el cortesano **hecho** soldado y poeta volvió a Madrid, donde se casó y vivió ricamente. Pero **hastiado de** la guerra, indignado por la avaricia y la crueldad humanas, tomó la pluma para **registrar** una última **plegaria** por la paz:

"**Todo ha de** ser batallas y **asperezas**,
discordia, fuego, sangre, enemistades,
odios, **rencores, sañas, bravezas**,
desatino, furor, **temeridades**,
rabias, iras, venganzas, **fierezas**,
muertes, **destrozos, rizas**, crueldades,
**que al mismo Marte ya pondrían hastío,
agotando un caudal mayor que el mío?**"

Así habló Alonso de Ercilla, voz española **compenetrada de** América.

Marginal glosses (right column):

- shoulders
- dedication ◂ such tough
- go valiantly
- win out
- they execute
- to which
- at the time
- would have been stopped
- now become a
- sick of
- make
- plea
- Must everything be ◂ harshness
- rancour, anger, fury
- unreason ◂ rashness
- rage, ire ◂ fierceness
- destruction, ravages
- that would surfeit Mars himself (god of war), exhausting a strength greater than mine
- suffused with

31

Más sobre la Lengua

◇

PRIMER DESARROLLO DEL CASTELLANO
Hasta la época de los Reyes Católicos, el castellano había sido sólo una de muchas lenguas españolas. Hablado por el pueblo y por la corte de Castilla, se iba **diseminando** *spreading* por toda la península con la extensión del poder castellano. Pero a pesar de su influencia **creciente**, a *growing* pesar de haber producido ya algunas grandes obras de literatura, no había adquirido todavía la dignidad del latín como lengua culta, académica. **Faltando** *Since there were no* diccionarios y libros de gramática, hasta tal punto llegaban las variaciones idiomáticas que era casi imposible fijar definitivamente el uso popular.

LA GRAMÁTICA DE NEBRIJA
La labor de encontrar la base estructural del castellano fue **emprendida** *undertaken* finalmente por Elio Antonio de Nebrija, profesor de la Universidad de Salamanca y **conocido** humanista. En 1492, año *a well-known* triunfante de la conquista de Granada y del descubrimiento de América, año trágico de la expulsión de los judíos, apareció la obra de Nebrija, el primer libro de gramática de la lengua castellana y de todas las lenguas de la Europa occidental. El español había tomado forma específica, y desde ese momento iba a continuar su mayor desarrollo.

"ARMA PRINCIPAL DEL IMPERIO"
Cuentan que cuando Nebrija presentó a la reina el primer **ejemplar** de su libro, Isabel, *copy* **algo** sorprendida, le preguntó: "Pero, ¿para qué *somewhat* sirve?" Y Nebrija le contestó: "La lengua, señora, es el arma principal **del imperio**". Dentro de poco tiempo, *of empire* su profecía se iba a realizar. La lengua castellana se impuso sobre las demás, y fue uno de los factores más

importantes en la unificación de España. Con la
publicación de la gramática de Nebrija, el castellano
iba a continuar su evolución natural pero en una forma
más consciente, más **ordenada**.   *orderly*

USO MODERNO DE NOS-   Hemos hablado ya de
OTROS, VOSOTROS, Y VOS   la historia de "usted".
Vamos a ver ahora
cómo se desarrollaron algunas otras formas del español
moderno. Por ejemplo, en el latín clásico aparecen las
formas **pronominales del sujeto** *nos* y *vos* (*we, you—*   *of the subject pronoun*
plural). Estas formas se usaban en el castellano hasta
principios del siglo XVII, cuando **se generalizó** la   *there became generalized*
adición de "otros", para darles un sentido enfático:
nos-otros, vos-otros (*we others, you on the other hand*).
Nosotros y *vosotros* son las formas que seguimos usando
hasta hoy. Pero en la Argentina, por un fenómeno
curioso, todavía se usa *vos* en vez de *tú*. Parece que *vos*,
la forma original traída por los exploradores españoles,
se quedó intacto **debido** al **aislamiento** cultural de   *due ⌐ isolation*
aquella región en tiempos coloniales. Pero en México y
en el Perú, donde las cortes de los **virreyes** mantenían   *viceroys*
un **estrecho** contacto cultural con España, la lengua   *close*
evolucionó más rápidamente siguiendo el modelo del   *evolved*
castellano.

HISTORIA DE LAS   La conjugación del futuro
FORMAS DEL FUTURO   en el español moderno es
otro caso interesante. Por-
que las formas modernas no vienen de la conjugación
tradicional latina, sino de una expresión idiomática
muy **corriente** en el español antiguo. Para expresar el   *much used*
futuro, la lengua antigua usaba el infinitivo seguido
del presente de haber.[1]

hablar he (*I am to   hablar hemos
    or have to speak*)   hablar heis (*Heis* es la forma
hablar has   antigua de *habéis*.)
hablar ha   hablar han

---

[1]El uso antiguo corresponde bastante al moderno **haber de**, seguido del
infinitivo: **Ha de venir.** *He is to come.*

Antonio de Nebrija (o Lebrija), cuya gramática de
la lengua castellana facilitó el camino a la unificación
de España.

En el castellano de hoy escribimos: *hablaré, hablarás,
hablará. . .*[2]

**LEYENDA DE
LA CETA**

La cuestión de la **ceta** castellana
merece una consideración especial.
Primero, porque ha sido víctima
de una **calumnia** totalmente **infundada**, y segundo, porque es un fenómeno de curiosísimos
antecedentes históricos. Se ha repetido a menudo el
cuento de que en tiempos antiguos (nadie dice exacta-

"th" sound

slander ▬ unfounded

---

[2]El condicional viene de la misma expresión idiomática, usando el
antiguo imperfecto de **haber** (hía, hías, hía . . .) en lugar del presente:
hablar hía→hablaría.

mente cuándo) había un rey español (nadie dice exactamente dónde) que tenía un marcado defecto en la pronunciación. **Siempre que** quería decir la **ese**, **se le enredaba la lengua** en la boca, hasta que por fin **la sacaba por entre** los dientes y decía: *th*. Ahora bien, según la leyenda, los miembros de su corte, no queriendo **mortificar** más al pobre rey de la lengua **trabada**, empezaron a imitarle. Si todos hablaban así, ya se hacía correcta la pronunciación incorrecta del monarca, pensaban. Así lo hicieron, y así nació la *ceta*. . . A lo menos, así dicen.

Whenever ► "s", his tongue would twist he'd stick it out between embarrass stuck

REFUTACIÓN La verdad es del todo diferente. En primer lugar, si el rey no podía pronunciar la *ese*, ¿por qué hay todavía en la lengua castellana **miles** de palabras que emplean ese sonido?—muchas más palabras, en efecto que **las** que usan la *ceta*? ¿Por qué hay todavía tantos **pares** de palabras de **significado** totalmente distinto, pero cuya única diferencia es la *ese* o la *ceta*? (Por ejemplo: casa, caza; poso, pozo; sumo, zumo; sima, cima; coser, cocer; consejo, concejo, y cientos más.) ¿Por qué aparecen la *ese* y la *ceta* en la misma palabra? (Sentencia, residencia, ausencia, etc.) ¿Y por qué existe el mismo fenómeno en inglés? (*Sink, think*; *pass, path*; *moss, moth* para nombrar sólo unos pocos.)

thousands

those

pairs ► meaning

EL SESEO Ahora bien, en Andalucía, territorio ocupado durante muchos siglos por los árabes, sólo existe el sonido *ese*,[3] aparentemente porque la lengua árabe no tiene *ceta*, y su influencia **se hizo sentir** en el español. (Esta ausencia total de la ceta, es decir, el uso exclusivo del sonido *ese* para *ce*, *z*, y *s*, se llama *seseo*.) En el periodo de la exploración de América, casi todos los **barcos** salían de Sevilla, y por la mayor parte, **eran tripulados** por marineros y soldados andaluces. Así es que la pronunciación que

made itself felt

ships they were manned

[3]En algunas partes de Andalucía, la gente poco educada **confunde** (confuses) la *ese* con la *ceta*, pronunciando *s* como *th*. Esta ausencia total del sonido *s* (sentencia→centencia) se llama **ceceo**.

se radicó primero en América fue la andaluza. Y así es que el seseo predomina hasta hoy en todos los países americanos. — *took root*

FLEXIBILIDAD DE UNA LENGUA VIVA

Una lengua, como hemos visto, no es una cosa hecha en la piedra de la historia y conservada **íntegra**. Es más bien una expresión que **brota** de la vida de un pueblo, y la vida es flúida, flexible, variable. Así ha sido, y así será el castellano. — *whole* — *springs*

32
Soldado de Dios

¿REALIDAD? ¿FANTASÍA?

¿Vida? ¿Ficción? A veces es difícil saber dónde empieza la una, dónde termina la otra. El mundo de la fantasía puede invadir aun la realidad y tomar posesión de ella. Así ocurrió, por ejemplo, en la España del siglo XVI, cuando la **boga caballeresca** se había apoderado de la imaginación popular. — *vogue of chivalry*

LA BOGA CABALLERESCA

Desde la publicación en 1508 de la primera novela caballeresca, *Amadís de Gaula*, habían aparecido innumerables imitaciones y continuaciones, y el público **se lamía las manos tras de ellas**. Claro está, no todo el mundo sabía leer en aquellos tiempos, **ni mucho menos**. Pero podían escucharlas de noche en las posadas y ventas, o en la plaza pública, o **dondequiera que** se reunía la gente. Porque abrían ante sus ojos un mundo de nobles héroes y de princesas enamoradas, de **gigantes** y de monstruos y de luchas **desiguales**, de magos y **encantos** y de pociones amorosas. . . Esta vez seguramente el caballero tendría que caer ante la fuerza superior de sus enemigos.

licked its chops over them (adored them) — *far from it* — *wherever* — *giants* — *unequal* — *magic spells*

Diez mil contra uno. **Ya no podría más.** Pero de repente un **trueno agita** el cielo, y aparece **como llevado** por un **relámpago** el amigo del caballero, **el de** la espada encantada, el invencible. Y juntos los dos acaban con los diez mil. . .

This time he couldn't hold out ➤ roll of thunder shakes ➤ as if carried ➤ bolt of lightning

he of

HOMBRE Y SUPERHOMBRE
El concepto del héroe se había **aferrado** en la mente española.

taken hold

La Reconquista de su tierra se había realizado ya. La conquista del Nuevo Mundo iba haciéndose realidad. El hombre podía ser un superhombre. ¿Dónde **se trazaba** la distinción entre vida y ficción? Amadís de Gaula, el Gran Capitán, Amadís de Grecia,[1] Hernán Cortés, Reinaldos de Montalbán,[1] Ponce de León, Palmerín de Inglaterra[1], Pizarro, Colón. . .

could one draw

INFLUENCIA DE LA NOVELA CABALLERESCA
Las novelas caballerescas llegaron a ejercer su influencia aun en la sociedad española, en la concepción de la cortesía y del honor, en el deseo de gloria, en la noción exaltada del valor. Eran **gustadas** por los más altos y los más bajos del reino, desde el emperador Carlos, y el rey Felipe, hasta el humilde pastor o **ventero**. Cuando llegaron los exploradores españoles al oeste de los Estados Unidos y encontraron allí una tierra hermosísima, la llamaron California, nombre sacado de una de las novelas caballerescas. Y cuando Santa Teresa era niña, quiso hacerse **caballero andante**, y una noche huyó de casa con su hermanito para ir a la guerra contra los infieles. Los dos niños fueron **alcanzados y devueltos** a su casa. **No obstante**, la gran aventura de la santa todavía se iba a realizar.

enjoyed

innkeeper

a knight errant

caught and returned

However

LA FIGURA CABALLERESCA DE IGNACIO DE LOYOLA
Pero la figura más **destacada** de todo ese mundo caballeresco es San Ignacio de Loyola, **fundador** de la orden jesuita, soldado de Dios. Su historia es interesantísima.

outstanding

founder

---

[1]Héroes ficticios de novelas caballerescas.

San Ignacio de Loyola,
fundador de la orden
jesuita, y soldado de Dios.

Loyola era vasco, nacido en San Sebastián en 1491, el
menor de trece hijos de una familia noble. **De joven**   *As a youth*
él también leyó novelas de caballería y se entusiasmó
por la vida caballeresca. Primero sirvió como paje en
la corte de Fernando, el Rey Católico, y después se
dedicó a la carrera militar. Cuando los franceses
atacaron a Pamplona durante la rebelión de las comunidades, y los habitantes de la ciudad estaban dispuestos a **rendirse**, fue Loyola quien inició la heroica   *surrender*
defensa, y luchó hasta que cayó **herido de las dos**   *wounded in both*
piernas. Poco después la ciudad **se entregó**. La batalla   *gave up*
iba a tener poca importancia en la historia territorial de
España. Pero en otro sentido tendría consecuencias
duraderas para todo el mundo occidental.   *lasting*

**EL LLAMADO
DE LA RELIGIÓN**
Herido de las dos piernas, como
hemos dicho, el **gallardo** ca-   *gallant*
ballero fue atendido por los
cirujanos franceses, y después, por otros españoles.
Por poco pierde la vida, y aun después de muchos   *He almost lost*
meses de horribles sufrimientos, todavía quedaba

cojo, una pierna más corta que la otra. **Ya se** *lame → He realized by then*
daba cuenta de que no podría volver nunca a su
vida de soldado y de **galán**. Sería mejor arriesgar otra *ladies' man*
vez la vida con una tercera operación, **hacerse romper** *have (his legs) broken*
otra vez las piernas, **todo antes que** vivir así. Y *anything rather than*
realizaron la operación. Durante su larga convale- *they performed*
cencia, Ignacio de Loyola pensó en su vida anterior, en
las batallas que había **presenciado**, en las mujeres que *witnessed*
había amado. De repente se le apareció la cara de la
Virgen María y la halló mucho más hermosa que las
otras. Siguió leyendo novelas caballerescas, pero
ahora pedía también vidas de santos. Un gran cambio
se estaba operando en su alma, y Loyola decidió *was taking place*
hacerse soldado otra vez—soldado de Cristo y de la
Virgen.

CRUCE DE   Cuentan que mientras **se dirigía** al *he was on his way*
CAMINOS   convento de Montserrat en Cataluña,
    encontró en el camino a un morisco,
y se pusieron a hablar de la Virgen. Cuando el moro se
despidió, Loyola, profundamente ofendido por su
cinismo respecto a María, quiso seguirle hasta el *cynicism concerning*
pueblo y matarle. Pero la vocación le llamaba, y no
se podía decidir. Pensó entonces en los héroes caba-
llerescos, y **de acuerdo con** su mejor tradición, dejó a *in accordance with*
su caballo escoger el camino. El caballo le llevó cerca,
muy cerca del lugar a donde iba el moro, pero de
repente **se volvió** y tomó el camino del monasterio. *he turned around*
Dios había decidido. Ignacio de Loyola **colgó** sus armas *hung up*
en el altar de la Virgen, dio sus vestidos a los pobres, y
tomó el hábito de peregrino.

SOLDADO   La historia recuerda bien el resto de su
DE DIOS   vida. Se retiró primero a un convento
    dominicano, donde escribió el libro de
los Ejercicios Espirituales. Fue a pie a París, y el
número de sus discípulos crecía. En 1539 se fue a Roma,
y consiguió permiso para fundar una nueva **orden** *order*
religiosa, dándole un nombre militar, la Compañía de
Jesús. "**No creo haber dejado** el servicio militar", *I don't think I have left*
dijo, "sino **haberlo consagrado** a Dios." Quiso *I have consecrated it*

combatir a los enemigos de la Iglesia, y la doctrina que impuso en el Concilio de Trento se hizo la ley del reino en 1564. El caballero andante **hecho** santo había alcanzado su ideal.

now become a

33

La Última Cruzada

◈

CARÁCTER DE FELIPE II

Felipe II era un hombre **retraído**, solitario, nacido más para monje que para rey. De niño se había mostrado estudioso y serio, **aficionado a** las matemáticas y a la arquitectura. Pero **heredó** un imperio donde nunca **se ponía** el sol, y con él heredó un **celo todo consumidor de** mantener el predominio español en el mundo. Aun más, vivía obsesionado por el deseo de ganar **el cielo** por medio de su conducta en la tierra. Pero **le tocó** vivir en una época amenazada por la **herejía** de los protestantes. Para conquistar el cielo, tendría que vencerlos **de una vez y para siempre**.

withdrawn

fond of
he inherited
set ▸ all-consuming desire to

Heaven
it was his fate
heresy
once and for all

JUVENTUD Y PRIMER MATRIMONIO

Felipe había vivido bajo la sombra de su padre, Carlos el César. Desde el principio, Carlos le preparaba para el **cargo** que algún día sería suyo. Le hizo estudiar política, le dio oportunidades de gobernar durante sus largas ausencias, y le dejó visitar sus estados en Flandes, Italia, y Alemania. De acuerdo con su **política** expansionista, Carlos casó al joven Felipe con una princesa portuguesa, prima suya. La **infanta** murió pocos días después de **dar a luz** a un hijo, pero Felipe ya tenía base segura para sus pretensiones al trono de Portugal. Más tarde lo iba a ocupar. Pero el hijo nacido de ese matrimonio

position

policy

royal princess ▸ giving birth

representaría una de las mayores tragedias de la vida del "Rey Prudente". Deformado, **enfermizo**, y dado a actos de violencia, el joven príncipe Carlos dio desde niño **señales indiscutibles de desequilibrio** mental. Por fin murió misteriosamente a la edad de 23 años, posiblemente por causas naturales, posiblemente por "razones de estado". **Sea lo que fuera**, Felipe iba a llevar siempre en su conciencia y en su imagen pública el **peso** de la vida y muerte de su primer hijo.

sickly

unquestionable signs of imbalance

Be that as it might

burden

SEGUNDO Y TERCER MATRIMONIOS

Pero nos hemos **adelantado** un poco en la historia. Muerta su esposa, Felipe se enamoró de una hermosa infanta portuguesa, pero Carlos tenía otras ambiciones para su heredero. Esta vez le hizo casarse con María Tudor, hija de Enrique VIII de Inglaterra, una señora mucho mayor que él, y de pocos atractivos físicos. El matrimonio resultó tan **infecundo** como las esperanzas de Carlos de intervenir en los asuntos ingleses. Después de la muerte de María, Felipe se iba a casar dos veces más, la primera, felizmente, con la francesa Isabel de Valois, quien le dio dos hijas, y últimamente con Ana de Austria, **de cuyo** matrimonio nació el próximo rey de España, Felipe III.

gone ahead

unproductive

from which

EMPIEZA LA CRUZADA

A la abdicación de Carlos I en 1555, Felipe se dedicó con toda el alma a gobernar su reino. Era **trabajador** hasta el extremo de que todos los asuntos del estado pasaban por sus manos. Pero no había heredado de su padre ese **genio** para el gesto dramático, esa visión del futuro, ni esa habilidad **de retirarse a tiempo** cuando veía **cierta la derrota**. Reservado y sobrio (si exceptuamos su gran pasión para las damas), **pesaba** tanto sus decisiones que a menudo perdía el momento **supremo** para su realización. Sólo en una cosa mostraba una fuerte resolución. Había tomado sobre sus espaldas la defensa del catolicismo en todo el mundo occidental, y **de ahí** dependía su entero programa

hard-working

genius
to withdraw on time
certain defeat
he weighed

ideal

on that

El traslado de la capital de España a Madrid en
tiempos de Felipe II.

político. Por consecuencia, el reinado de Felipe II iba
a ser una larga cruzada contra todas las fuerzas que
el consideraba **inímicas** a le fe verdadera. La tarea no
sería fácil.

inimical (opposed)

**GUERRA
TRAS GUERRA**
Sucedieron las guerras en los
Países Bajos[1], y Felipe trató de
reforzar con sangre española los
diques rotos por la **ola** del protestantismo. Tuvo
ciertos éxitos, pero España **se iba agotando**. Intervino
también en las guerras civiles de Francia, donde los
protestantes amenazaban tomar el poder. Se halló
metido en constantes luchas con turcos y **berberiscos**,
hasta que la gran batalla naval de Lepanto en 1571
acabó definitivamente con la amenaza mahometana en
Europa. Pero todavía estaba lejos la paz. Dentro de

There followed

reenforce

dikes ← wave

was becoming exhausted

involved ← Berbers

[1]Hoy Holanda y Bélgica.

España, se habían rebelado los moriscos de Granada, y Felipe los castigó fuertemente. Además, continuaban las guerras en Italia, contra Francia, contra varios estados italianos, y aun contra el Papa mismo. Irónicamente, el muy católico Felipe, como su padre antes de él, fue excomulgado por el Papa Paulo IV, eterno enemigo de la familia real española.

1588: LA ARMADA DERROTADA

Pero el enemigo principal del Rey Prudente era la Reina Isabel de Inglaterra. Protestante ella misma, **protegía a los** que profesaban *she protected those* la religión reformada. Una mujer, además, de una voluntad extraordinaria, más práctica que escrupulosa, fue ella quien fomentó las **piraterías** de Drake en *piracy* aguas americanas, y quien **apoyaba** a los rebeldes *supported* de Flandes. Desesperado, Felipe **proyectaba** su *was planning* venganza. Usando como pretexto para atacar a Inglaterra la ejecución de María **Estuardo**, empezó a *Stuart* reunir la flota más grande y formidable jamás conocida. El 30 de mayo de 1588 la Armada Invencible zarpó de Lisboa. Pero desde el principio, la fortuna le resultó adversa. Llegados cerca de Plymouth, los españoles fueron atacados **a la vez** por los barcos *at the same time* ingleses bajo el mando de Drake, y por una fuerte **tempestad**. La Armada Invencible fue **empujada** *tempest → pushed* hacia los **bancos** de Dunquerque, donde **se hun-** *banks → were sunk* **dieron** más de la mitad de sus **buques** y se perdieron *ships* miles de hombres. Desde ese momento, la estrella española se iba a eclipsar.

ASÍ LO QUISO DIOS

Mientras tanto, Felipe estaba en el Escorial, su palacio monasterio, esperando la noticia de la gran victoria. ¡Tan confiado estaba, en efecto, que ya había preparado un documento anunciando el triunfo de la Armada, e incluso la captura de Drake mismo! Pronto tendría que **encararse con** la realidad. *face* **Incrédulo**, al principio, dijo por fin, "Envié mis *Incredulous (unbelieving)* **naves** a luchar con los hombres, no contra los *ships* elementos", y se retiró a **rezar**. *pray*

**SOMBRA
DEL FRACASO**

Diez años después, Felipe II moría en su cuarto ascético en el Escorial. Desde su cama podía ver el altar principal de la capilla. Frustradas sus mayores ambiciones, perdida su fe en los hombres, **presentía** la futura caída de su España imperial. "Dios, que me ha dado tantos reinos, me ha negado un hijo capaz de gobernarlos", dijo. Y así iba a ser. La última cruzada había fracasado.

he could foresee

34
Época de Gigantes

**EDADES
DE ORO**

La antigua Grecia tuvo su Edad de Oro, y la Roma de los Césares su Edad de Plata. En un tiempo o en otro, parece que toda gran civilización pasa por un periodo de extraordinaria riqueza artística, un periodo cuando el impulso **creador** no conoce límites, cuando todas las **alturas se aplanan** ante el genio humano. La Italia de Dante,[1] Petrarca,[2] y Da Vinci; la Inglaterra **isabelina**; la Holanda del siglo XVII; la Francia del XVIII; la España del Siglo de Oro.

creative
heights are leveled

Elizabethan

**EL SIGLO DE
ORO ESPAÑOL**

En realidad, el Siglo de Oro español ocupa más de un siglo. Dura casi un siglo y medio, desde los primeros años del siglo XVI, hasta mediados del XVII. **Renacentista y barroco**, culto y popular, **se despliega** con una energía que rivaliza la de sus conquistas territoriales. **A partir del** reinado de Fernando e Isabel, España es una nación consciente de su expresión

*Renaissance and Baroque ← it
unfolds*
Starting with

---

[1]Poeta italiano del siglo XIV, y autor de *La Divina Comedia*.
[2]Poeta y novelista del Renacimiento italiano.

vital. Se construyen universidades y bibliotecas y centros de estudios donde **queda al alcance** de la mano la **sabiduría** de las épocas. Con la diseminación de la **imprenta** llega a muchas casas la magia de los libros. Y con la extensión de sus horizontes, su arte refleja un mundo **más amplio**.

there remains within reach
learning
printing

broader

POESÍA Y POETAS Recordamos la nueva poesía que popularizó en España el poeta guerrero Garcilaso de la Vega. Siguiendo sus **pasos**, los escritores de la próxima generación incorporan al lado de la **métrica** tradicional castellana las innovaciones rítmicas italianas. Y su lenguaje adquiere más flexibilidad, más **sonoridad**. **Resuena** en el soneto de Hernando de Acuña, cuyo "Un Monarco, un Imperio, y una Espada" simboliza la **plenitud** del **poderío** español en la época de Carlos. **Tiembla** en la obra del místico Fray Luis de León al contemplar la dulce creación de Dios:

footsteps
poetic meter

resonance ▬ It resounds

fullness ▬ power
It trembles

"¡Qué **descansada** vida
La del que huye el mundanal ruido!"

peaceful
Is that of the man who flees
the worldly turmoil

Y otra vez:

"¡Ay, levantad los ojos
A **aquesta celestial eterna esfera**!"

this eternal celestial sphere
(the Heavens)

Y se levanta heroico en la canción de Fernando de Herrera a la victoria de Lepanto.

"Llorad, **naves** del mar; que es destruída
Vuestra vana **soberbia** y pensamiento."

(Turkish) ships
arrogance

Más tarde da vuelo a la pasión **culterana** de Luis de Góngora, "Príncipe de Luz y **Tinieblas**", y al **ingenio** satírico de Francisco de Quevedo, jefes del barroco español.

loftily elegant
Shadows
wit

PROSA Y NOVELA Y la prosa florece también. Se escriben libros de historia y de biografía, libros de ciencia, de **teología**, y de filosofía. La novela sentimental de Petrarca tiene sus imitadores en España, pero los españoles no se

theology (religion)

Lope de Vega, ídolo
literario del Siglo de Oro.

contentan con la mera imitación. Pronto aparecen la
novela caballeresca, **idilio** heroico, y la novela
pastoril, idilio **campestre**, y la novela morisca, idilio
fronterizo. Y a su lado nace la novela picaresca,
novela del anti-héroe, negación de todos los **valores**
caballerescos, sátira y **lágrima** de la sociedad. Últimamente, hay *El Quijote*, irónico e **ingenuo**, real e ideal,
obra cumbre del Siglo de Oro español.

idyll

pastoral ◆ rural
of the (Moorish) frontier
values
tear (sorrow)
naïve
master work

**GIGANTES
DEL TEATRO**
El teatro, que antes había sido una
de las formas literarias menos esti-
madas, **alcanza su plena realiza-
ción** en esta época de gigantes. Renovado por el
prodigioso Lope de Vega, ídolo del público y autor de
más de mil obras dramáticas, la comedia española
llega a abarcar todos los aspectos de la historia y de
la conciencia nacionales. Dinámico, **atrevido**, volátil,
Lope abre caminos antes **no pisados**, y los escritores de
su escuela son innumerables. Tirso de Molina crea
a don Juan, el amante satánico-trágico cuyo **fracaso** es
inevitable cuando trata de imponer la voluntad
humana sobre la de Dios. Juan Ruiz de Alarcón, el
genial mejicano **jorobado y pelirrojo**, evoca un
mundo satírico-moral donde triunfa la **entereza** sobre

reaches its fulfillment

comes to encompass
daring
untrampled

failure

brilliant ◆ hunchbacked and
redhaired ◆ personal honesty

la hermosura superficial. Y Pedro Calderón de la Barca, **cortesano** y sacerdote, **plantea** en *La Vida es Sueño* la cuestión eterna de nuestra realidad. Éstos son los **colosos**, pero son sólo una **faceta** del periodo que produce también al Greco, a Rivera, a Zurbarán, a Murillo, y a Velázquez, pintores de Cristo y de la humanidad.

courtier ✏ poses

colossal figures ✏ facet

¿POR QUÉ HAY SIGLOS DE ORO? Ahora, ¿por qué? ¿Por qué es que en ciertas épocas **brota de** un pueblo una gran creación en todos los campos artísticos, y después decae? ¿**Tendrá que ver** con su prosperidad económica o con su potencia política en aquel momento? No siempre. Porque muchas veces la Edad **Dorada** viene después de la gran expansión política, después del máximo momento económico. Tal vez sea porque toda su energía está dirigida entonces hacia la **meta** inmediata, y el arte **queda al lado**. Pero los cambios políticos y económicos traen consigo consecuencias sociales. La estructura de la nación empieza a cambiar. Se rompe la antigua **estratificación**; **se crea** una nueva clase alta, o semi-alta; crece la burguesía; crecen las ciudades. Y el hombre ve delante de sus ojos una nueva perspectiva, la posibilidad de subir en la escala social, la oportunidad **de hacer escuchar su voz**. Le entran nuevas energías, y las emplea para crear un Siglo de Oro. Lope, Calderón, Velázquez, Cervantes...

there springs from

Can it have to do with

Golden

goal

is put aside

stratification ✏ there is created

to make his voice heard

35
Cervantes y el Destino

◨

"DIOS DISPONE" "El hombre **propone**, y Dios **dispone**", dice el viejo refrán. Y en el caso de Miguel de Cervantes, **resulta** diez veces verdad. Volvamos por un momento

proposes ✏ disposes

it turns out

a la historia de su vida, y veremos con qué frecuencia intervino en ella la mano del destino.

NIÑEZ Y JUVENTUD DE CERVANTES

Cervantes nació en 1547 en la ciudad universitaria de Alcalá de Henares, a poca distancia de Madrid. Su padre era hidalgo de familia, médico cirujano de profesión. (¡Bien recordamos la poca estima que gozaba la profesión médica en aquellos tiempos!) Faltándole medios económicos, entonces, Rodrigo de Cervantes viajó de pueblo en pueblo con su familia en **busca** de mejor fortuna, y el joven Miguel **se fue educando** en la escuela de las calles. Madrid, Salamanca, Sevilla, Valladolid... En 1569 lo encontramos otra vez en Madrid, estudiando ahora en la escuela de Juan López de Hoyos, y aparecen algunos poemas suyos en una colección **reunida** por el maestro en la ocasión de la muerte de la reina. Su vida parece **encaminada** ya hacia la carrera literaria. Pero no. La mano del destino le **señala** otro curso.

search
was being educated

gotten together
headed

points out

IDA A ITALIA

De repente Cervantes sale de Madrid y se va a Italia **al** servicio del cardenal Acquaviva. No se sabe seguramente por qué tomó esa decisión. Podría ser por el deseo de aventura, **de ver mundo**, de conocer de primera mano la **fuente** de la cultura renacentista. O posiblemente **tendría que ver con** un **proceso** criminal contra un "Miguel de Zerbantes", acusado de haber **apuñalado** a otro hombre en una pelea, y sentenciado a perder **por ello** un brazo. Siendo **bastante** común el nombre, nunca se sabrá si fue éste el Cervantes de la historia o si fue otro. **Sea lo que sea**, su vida toma en aquel momento una dirección nueva.

in the

to see new places
source
it could have to do with ⬤ trial
stabbed

for it ⬤ quite

Be that as it may

"EL MANCO DE LEPANTO"

Cervantes deja después de un tiempo el servicio del cardenal, y **se alista** en el ejército español. El 7 de octubre de 1571 está **a bordo de la galera** La Marquesa, enfermo y con **fiebre**, y su capitán le manda **quedarse bajo cubierta**. Pero la batalla de

enlists
aboard the galley
fever
to stay below deck

El autor de *Don Quijote de la Mancha*. Retrato sacado en los últimos años de su vida.

Cervantes, Jauriguí

Lepanto había comenzado, "y el **dicho** Miguel de Cervantes respondió que . . . **más quería** morir peleando por su Dios y por su rey, **que no meterse so cubierta**". Cervantes luchó valientemente, hasta que cayó herido con dos **balas** en el **pecho**, y una en la mano izquierda. Quedó para siempre **lisiado** de esa mano, y **de allí en adelante** le iban a llamar "el **manco** de Lepanto".

CAPTURADO POR PIRATAS Lo llevaron otra vez a Italia, donde, **recuperada** la salud, volvió a la vida militar. A pesar de su **man-quera**, tomó parte en varias expediciones, y tuvo ocasión de visitar muchas ciudades italianas. Fue ávido lector, y así **llegó a compensar** la falta de educación

aforesaid

he preferred

rather than take cover

bullets ► chest

crippled

from then on

one-armed man

having recovered

disability

he managed to make up for

formal de su niñez. Para 1575, armado con cartas de
recomendación de personajes tan altos como don
Juan de Austria, hermano ilegítimo de Felipe II, y el
duque de Sessa, Cervantes preparaba su **regreso** a   *return*
España. Sin duda, le iban a **ascender** a capitán. La   *promote*
fortuna le parecía **sonreír**. En septiembre de aquel   *smile*
año se embarcó con su hermano Rodrigo en la **galera**   *galley*
Sol, **rumbo a** España. Pero cerca de Marsella, el   *bound for*
barco fue atacado por tres galeras turcas, y Cervantes
y su hermano fueron llevados prisioneros a Argel.

**CAUTIVERIO
EN ARGEL**
Los cautivos cristianos eran un nego-
cio muy **provechoso** en aquellos   *profitable*
tiempos. Vendidos como esclavos,
tenían que esperar hasta que sus **familiares reunieran**   *relatives could get together*
bastante dinero para pagar su **rescate**. Pues bien,   *ransom*
viendo los documentos oficiales que llevaba Miguel,
sus **amos** le tomaron por una persona de importancia,   *masters*
y pusieron en su cabeza un rescate altísimo. Cervantes
se sintió perdido. Cinco años estuvo en el **cautiverio**.   *captivity*
Cuatro veces **intentó** escaparse. **Se cuenta** que una   *he attempted ← It is said*
vez había realizado ya la **fuga**, pero que volvió para   *escape*
salvar la vida de sus compañeros que quedaban todavía
en la prisión. Fue condenado a muerte, y aun entonces
se negaba a decir los nombres de sus cómplices.
"Yo solo he sido. . . Ninguno de estos cristianos   *I was alone in this*
que aquí están **le tienen culpa."** Los amos, admirados   *are to be blamed*
de su valor, le perdonaron al último momento, y
Cervantes continuó en el cautiverio hasta 1580.

**VUELTA A
ESPAÑA**
Vuelto a España, por fin, cansado y
lisiado, no se le abrían muchas opor-
tunidades para **ganarse la vida**. Se   *earn a living*
casó, infelizmente. Tuvo una hija ilegítima, tal vez la
única alegría de su vida. Escribió una novela pastoril
y algunas obras para el teatro. Pero **le tocó** vivir en la *it was his lot*
época de Lope, y la fama del gran **prodigio** mono-   *prodigy*
polizaba el gusto popular. **Consiguió varios empleos**   *He got several minor jobs.*
menores. Escribió una carta al gobierno solicitando
un cargo en el Nuevo Mundo, pero se lo negaron. Fue
cobrador de impuestos, y recaudador para la   *tax collector, and supplier*

Armada Invencible. Y aun estos empleos de poca consecuencia le iban a producir grandes **disgustos**. En una ocasión fue excomulgado por haber confiscado ciertas propiedades de la Iglesia en nombre del gobierno. Varias veces estuvo en la cárcel por irregularidades en sus **cuentas**, sobre todo cuando un **conocido suyo huyó** con el dinero que Cervantes le había **confiado** en sus manos. Pero el destino **le guardaba todavía otra suerte**.

DON QUIJOTE DE LA MANCHA   Se dice que fue en la cárcel misma donde Cervantes concibió su *Don Quijote de la Mancha*.[1] Viejo ya y **abofeteado** por la vida, pero amándola todavía, se puso a escribir su obra **genial**. En 1605 aparecío la primera parte y tuvo un éxito inmediato. Pero Cervantes **no salió ganando** porque había vendido antes por una suma mínima sus **derechos de autor**. Siguió trabajando en otras obras—en novelas, **piezas de teatro**, cuentos, y poco a poco en la segunda parte de su *Don Quijote*. Nueve años pasaron, y todavía no había terminado la continuación. Tal vez no la habría acabado nunca **si no hubiera aparecido** entonces una continuación falsa, hecha por un autor desconocido, aparente enemigo suyo. Bajo el **seudónimo** "Avellaneda", el falso continuador no sólo le robaba su creación literaria, sino que llenaba el libro **de** insultos contra Cervantes mismo. Enfurecido, Cervantes acabó su trabajo. En 1615 salió la continuación verdadera, la segunda parte de *Don Quijote de la Mancha*, y su obra más grande. Por fin, el genio que nunca alcanzó riquezas, conoció a lo menos por un breve tiempo la fama que tanto merecía. Un año después, el 23 de abril de 1616, la figura más grande de la literatura española pasó a su último destino.

troubles

accounts
acquaintance of his made off
entrusted
had yet another fate in store for him

buffeted
of genius

didn't profit by it
author's royalties

theatrical pieces

if there hadn't appeared

pseudonym

with

---

[1] Una región seca y plana en el centro de Castilla.

36
La Doble Corriente

MUNDO DE CONTRASTES Noble y mendigo, hemos dicho. Caballero y pícaro. **Pródigo** y **asceta**. Soldado y fraile. Contradicciones del alma española, donde al lado de una profunda espiritualidad surge siempre un impulso fuertemente humano; donde al lado de una íntima **conciencia de la tierra**, nace un deseo constante **de volar, de trepar en lo** inaccesible. Y así, el mundo de su arte **no puede menos de revelar** también esta extraña dualidad. Velázquez, pintor de reyes y príncipes, **enanos** y ciegos, Jesús y María, **Marte y Vulcano**, campesinos y **borrachos**, condes y generales, Felipe IV, Luis de Góngora, un **aguador sevillano**, una criada **tosca**. Y Murillo, el Greco, Goya, Picasso, cultos y populares, palpables, y al mismo tiempo intangibles, pintores de carne y espíritu, realidad e ideal.

Prodigal
ascetic

awareness of earth ‣
to fly, to tread on the

cannot help revealing
dwarfs
Mars and Vulcan (pagan mythological gods) ‣ drunks
water seller of Seville
untutored

LITERATURA CULTA Y POPULAR Desde los principios existe también en su literatura la misma **polaridad** que caracteriza al español. Junto al solemne drama religioso crece la farsa popular. Junto a las estudiadas poesías cortesanas y a las fábulas y alegorías clásicas se oye la voz del juglar y del **cantor de romances**, del burgués que satiriza con sus versos las debilidades de los más altos, o del pastor que ofrece su canción para **ahuyentar el cansancio**. **Sentencias y aforismos** de los sabios; **refranes del genio popular**. Mundo alto, mundo bajo, y frecuentemente, **entremezclados** en una sola obra.

polarity (tendency toward opposite poles)

ballad singer

to chase away his boredom ‣
Learned sayings and aphorisms ‣ proverbs from the wit of the ordinary people
intertwined

JUAN RUIZ Y *EL LIBRO DE BUEN AMOR* Vivió en el siglo XIV, por ejemplo, un cura del pequeño pueblo de Hita. Juan Ruiz, se llamaba, **arcipreste** de Hita. Un hombre

archpriest

de profunda devoción religiosa, escribió un libro para enseñar el "buen amor" de Dios. Pero hombre todavía, no pudo **pasar por alto** la ocasión de inyectar algunos ejemplos **sabrosos** del "mal amor", el amor carnal humano. Y aun añade algunos comentarios personales sobre el asunto. Por ejemplo, cuando abandona los sobrios tonos eclesiásticos y **alaba** las virtudes de las mujeres chicas y jóvenes:

> "En pequeña **gironza yace** gran **resplandor**.
> En azúcar muy poco, yace mucho **dulzor**;
> En la **dueña** pequeña yace muy gran amor;
> **Pocas palabras cumple al buen entendedor**.
> Es pequeño el grano de la buena **pimienta**,
> Pero más que la **nuez conforta y más calienta**:
> Así dueña pequeña, si todo amor consienta,
> No hay placer del mundo, que en ella no se sienta."
> (...)

Y concluye su poemita diciendo:

> "**Siempre quis**" mujer chica más que **gran ni mayor**:
> No es **desaguisado de gran mal ser huidor**;
> "**Del mal, tomar lo menos**"—dícelo el sabidor.
>
> ¡**Por end'** de las mujeres la menor es mejor!"

El Libro de Buen Amor es una de las obras maestras de la literatura española, precisamente porque al lado de lo espiritual, **deja entrever** siempre lo humano. Culto y popular, profundamente sincero en su adoración de Dios, se mantiene fiel al mismo tiempo al hombre. Carácter español.

LA CELESTINA   En 1499 aparece otra obra cumbre de la literatura española, una novela escrita en forma dialogada y llamada popularmente "La Celestina". Otra vez aparecen juntos los aspectos múltiples de la conciencia española en una curiosa mezcla de mundo alto y mundo bajo. Celestina es una vieja **bruja, alcahueta** y mujer de pocos escrúpulos. Cuando el joven caballero Calisto

---

Glosas marginales:

- *pass up*
- *zesty*
- *praises*
- *precious stone lies* ← *brilliance*
- (**dulzura**) *sweetness*
- *woman*
- *A word to the wise is sufficient.*
- *pepper*
- *walnut it comforts and warms you*
- *I've always liked* (**quise**) ← *a big one or an older one* ← *unwise to run away from a big evil* ← "*Of something bad, take the least you can,*" *says the wise man.* ← *That's why* (*old Span.*)
- *it lets show through*
- *witch, go-between*

solicita su ayuda para vencer la voluntad de su amada Melibea, Celestina le da una poción amorosa a la joven inocente, y Melibea **se entrega** locamente a su amante. Su pasión **desenfrenada** acaba trágicamente con la muerte accidental de Calisto y el suicidio de la desolada Melibea. Y Celestina muere a manos de sus propios cómplices **por haberse negado** a dividir con ellos el dinero que le pagó Calisto. La **trama es sencilla**, pero no la caracterización de los polos opuestos de la sociedad española. Al lado del mundo refinado, de palabra dulce y de amor **idílico**, **late el de** los rufianes y mujeres malas que **integran**, y explican, la vida de Celestina. Son dos mundos distintos, y sin embargo, inseparables, porque existen entremezclados en la subconciencia del español.

surrenders

uncontrolled

for having refused
plot is simple

idyllic, throbs that of
make up

LA DOBLE VIDA DE ALONSO QUIJANO-DON QUIJOTE

Finalmente, hablaremos de *Don Quijote de la Mancha*, creación de Cervantes, o mejor dicho, creación *con* Cervantes. Digo "con", porque don Quijote habría existido dentro del español **aunque** Cervantes no le hubiera dado forma concreta. De Alonso Quijano **emana** la figura caballeresca de don Quijote—de Alonso Quijano, un humilde hidalgo de unos cincuenta años que vive solo en la Mancha con su sobrina y su **ama de casa**. Y de tanto leer novelas caballerescas se vuelve loco. Toma el nombre "don Quijote de la Mancha" y sale a la aventura, pensando que va a **enderezar** todos los **males** del mundo. (¿Es locura esto? Tal vez. O quizás esté más loco el que piense que no se podrán remediar nunca los males de la humanidad, que no vale la pena tratar siquiera de remediarlos.) **En fin**, cuando quieren hacerle volver a su **hogar**, diciéndole que debe dejar esas locuras, que se llama Alonso Quijano y no don Quijote, el caballero responde: "Yo sé quién soy. . . y sé que puedo ser. . . los doce **Pares** de Francia. . ." y todos los demás héroes caballerescos juntos. **Es decir**, don Quijote no ha olvidado del todo a la realidad. Sabe que Alonso

even if

emanates

housekeeper

right ← wrongs

At any rate ← home

Peers
That is

El Aguador de Sevilla, Velázquez

El Aguador de Sevilla revela el aspecto popular de la
obra de Velázquez, pintor de reyes y de seres
humildes.

Quijano tiene que **arrastrarse por el suelo** con los hombres. Pero sabe también que el hombre puede **superarse**, que puede volar si quiere, aunque caiga y **se aplaste** algún día.

INERCIA Y DINAMISMO Sancho es un rudo campesino, **crédulo**, ignorante, "con poca **sal en la mollera**", un **puñado** de tierra. Pero ese puñado de tierra es **galvanizado** por el impulso dinámico de don Quijote, y empiezan a entrar en su mundo de realidades absolutas unas posibilidades nunca **soñadas**. Muchas personas han dicho que don Quijote representa lo ideal, y Sancho lo material. Pero hay mucho más que eso en su carácter. Don Quijote y Sancho simbolizan **más bien** al hombre **inerme** que de repente se siente **empujado** por un estímulo más fuerte que **la materia**. ¿Quién vale más—el sencillo hidalgo Alonso Quijano, hombre, "**cuerdo**", o don Quijote, loco, y finalmente derrotado, pero que crea un mundo donde el hombre es mejor **de lo que** era antes?

EL *QUIJOTE*: ESENCIA HISPANA "...Y sé que puedo ser..." Melodramático, contradictorio, orgulloso, y al mismo tiempo humilde ante su ideal, egoísta, pero con una profunda compasión humana, don Quijote va a la **derrota** inevitable sabiendo que es mejor perder luchando que no haber luchado nunca. Don Quijote y Sancho, los dos **entre sí**, y cada uno **dentro de sí**, son la encarnación máxima de la doble corriente del alma hispana.

Marginal glosses:

crawl on the ground

outdo himself
and may be crushed
gullible
salt in his shaker (not much brainpower) ➤ *handful*
activated

dreamed of

rather
unmoving ➤ *impelled*
material things

sane

than

defeat

between each other ➤ *within himself*

37
Sobre Locos, Mancos, y Pelirrojos

◈

EL OTRO LADO DE LA MONEDA

Hemos hablado de Cervantes y de Lope, de reyes, de conquistadores, de santos y pintores, de los grandes tocados por el destino. Pero hemos visto muy poco el otro lado de la moneda, el lado que predomina por los números, pero cuya voz es **callada**, cuyos **hombros se doblan bajo la carga** de los gigantes. Porque al lado de los colosos han existido siempre los **enanos** de la vida, los **ignorados**, los desafortunados, los locos, mancos, y **pelirrojos** . . . ¿Por qué **agruparlos** así? Ya lo vamos a ver.

hushed ➤ shoulders are bowed under the weight

dwarfs ➤ undistinguished

redheads

group them

OBJETOS DE RISA

En tiempos antiguos, y hasta en épocas no tan remotas, en el Siglo de Oro y aun después, la gente manifestaba por lo general una actitud **poco compasiva** hacia las deformidades físicas y mentales. Las víctimas de la naturaleza eran objeto legítimo de **risas**, y los **dementes** sobre todo eran **blanco** de infinitas **trampas y burlas pesadas.** Cuando **se veía andar a un tonto** por la calle, los niños le seguían, **tirándole** piedras y **asustándole** con sus gritos. Y los **mayores** también **se entretenían** cruelmente a sus expensas.

unsympathetic

laughter ➤ demented ➤ the target ➤ tricks and practical jokes ➤ a fool was seen walking throwing . . . at him frightening him ➤ adults amused themselves

LOS LOCOS Y LOS ESPÍRITUS DEL OTRO MUNDO

Los locos eran objeto **a la vez** de mucha consideración seria. Generalmente, se dividían en dos clases. Había **los que** estaban posesionados por un espíritu malo. Éstos hacían **muecas** horribles y cometían actos de violencia, y el único remedio era **golpearlos** hasta que saliera el demonio. Pero había otros, los que hablaban poco, los que sólo miraban **hacia lo lejos**, y que

at the same time

those who

grimaces

to beat them

off into the distance

147

Una enana del séquito de la princesa.

Detalle de *Las Meninas*, Velázquez

parecían como **enajenados** de la sociedad humana.   *removed*
Ésos, pensaba la gente, tenían contacto con las almas
del otro mundo. Ésos vivían más cerca de los ángeles.
Y así el Greco, el pintor más grande del barroco
español, pidió **licencia a un manicomio en las**   *permission of an insane*
cercanías de Toledo para llevar a su casa durante   *asylum in the outskirts*
varios meses a algunos de esos locos. Fue precisamente
en ese periodo cuando pintó los **retratos** de los   *portraits*
profetas. Si estudiamos los ojos de sus profetas,   *prophets*
podemos ver una expresión de **angustia**, o de ele-   *anguish*
vación casi **sobrehumana**. ¿Son ojos de locos u ojos de   *superhuman*
profetas? Nunca lo sabremos definitivamente, pero
la probabilidad es que los locos le sirvieran de modelos.

VIDAS SIN   Aunque había manicomios y sanata-
ESPERANZA   rios, muchos de ellos bajo la super-
          visión de la iglesia, la **locura** se   *madness*
consideraba una **maldad**, no una enfermedad. Y   *evil*

148

no habiendo verdaderos tratamientos psiquiátricos, la mayor parte de los dementes acababan allí, o en sus propias casas, esas vidas sin esperanza.

since there were no

COJOS, MANCOS, Y DEMÁS

Los **cojos** y los mancos también eran víctimas de la **burla** popular. Según la opinión general, la deformación física era un castigo que habían sufrido por sus pecados, por haber invocado la furia de Dios **antes de nacer** o durante su vida. Aun entre las clases más altas se encontraban esas ideas. Recordamos, por ejemplo, como Cervantes perdió el uso de su brazo izquierdo en la batalla de Lepanto, y como desde entonces le llamaban "el manco de Lepanto". Pues bien, Avellaneda, el falso continuador de *El Quijote*, ataca la gran obra de Cervantes, diciendo que **no se podía esperar** nada bueno de un manco y un viejo. Y Cervantes se defiende, contestando que quedó manco luchando por su patria y por su religión, y que por eso no tenía que **avergonzarse de ello**. Y no debemos olvidar como el dramaturgo Juan Ruiz de Alarcón vivió siempre atormentado por las burlas de sus contemporáneos, precisamente porque era feo, **jorobado**, y pelirrojo.

lame

ridicule

before birth

you couldn't expect

be ashamed of it

hunchbacked

EL PELIRROJO Y SATANÁS

El pelo rojo también se consideraba un defecto físico en aquellos tiempos. La gente creía que el pelirrojo había sido quemado antes de nacer por las **llamas del infierno**, o posiblemente, que **fuera pariente** de Judas Iscariote. En cualquier caso, su pelo era una señal de la **maldición** que tendría que llevar toda su vida, y **había que cuidarse mucho de él**.

flames of Hell
he might be a relative

curse
you really had to watch out for him

POSICIÓN VENTAJOSA DE LOS CIEGOS

Los ciegos, por lo contrario, gozaban de cierto respeto entre el **vulgo**. Aunque la mayor parte de ellos eran mendigos, la gente **les atribuía** ciertos poderes milagrosos y **les compraban oraciones para la curación** de numerosas enfermedades. Había oraciones especiales para los **dolores de muelas** y para las **jaquecas**, para los

common people

attributed to them ← *bought prayers from them for the cure*

toothaches ← *headaches*

partos y para los demás **males**. Y los ciegos las   *ills*
vendían según la condición económica de sus clientes.
Además, tenían un gran repertorio de maldiciones
que podían **arrojar gratis** sobre aquellas personas que   *hurl free of charge*
no quisieran comprar sus oraciones, o darles una
limosnita. Los ciegos también eran los tradicionales   *little alms*

Un mendigo.

Dibujo por Eugenio Lucas

cantores de romances, y ejercían su profesión en las
plazas públicas de ciudades y pueblos. **Hoy en día**   *Nowadays*
venden **boletos** de lotería en las calles de Madrid. . .   *tickets*

EL MENDIGO: FENÓMENO HISPANO

Hasta cierto punto, gran
parte de lo que hemos
dicho respecto a los locos,
los cojos y los mancos se puede **aplicar** a otros países   *apply*
europeos también. Pero el caso del mendigo es una
especialidad hispana. Hasta tiempos recientes,[1] el
mendigo ha ocupado un lugar importante en la
tradición española, y **el suyo era un oficio** tan digno   *his was an occupation*
como cualquier otro. Cristo **predicó** la pobreza, y el   *preached*
español encontraba cierta **santidad** en ese ejemplo de la   *holiness*
humildad humana. Le daba su limosna con un sentido

[1]En años recientes, varios gobiernos hispanos han prohibido la mendicidad
(*begging*).

de obligación, aun con una **especie** de gratitud, y
faltándole dinero, compartía con él su pan. El mendigo,
por su parte, tenía su clientela personal, y entre ellos
existía una relación casi familiar, casi paternal. Así
era el mundo que vivía en la sombra de los gigantes—
el mundo de los menos afortunados, de los **necesi-
tados**, de pícaros y mendigos, de locos, y cojos,
mancos y pelirrojos—un mundo trágicamente humano,
pero a lo menos, siempre humano.

kind
when he had no

needy

38
Notas sobre la Música

◈

**LENGUAJE
DEL ALMA**
La música. Brota del corazón **siempre que** lo sacude una fuerte
emoción. Felicidad, tristeza, amor,
ilusión. Dicen que es el lenguaje de los ángeles, que
levanta el alma, y que **hace más fácil** hablar con Dios.
En los templos de la antigua Grecia, cantaban **odas**
al acompañamiento de la **lira**. Y en la Biblia se habla
de **ella**, de las canciones que se cantan, de la música del
arpa. La música. **Eslabón** entre hombre y hombre,
eslabón entre el hombre y Dios.

whenever

it makes it easier
odes
lyre
it (music)
Link

**LA MÚSICA EN
TIEMPOS VISIGÓTICOS**
En la España antigua, en
el periodo visigótico, por
ejemplo, la música y aun
el baile eran admitidos en el ritual de la iglesia cristiana.
San Isidoro de Sevilla, quien vivió en el siglo VI,
eclesiástico, enciclopedista, y compositor también, fue
considerado durante doscientos años la mayor autoridad sobre la música en el mundo occidental. En el
siglo VII vivieron en Toledo tres santos que compu-
sieron innumerables himnos, **salmos**, y otra música
litúrgica. Y se cree que uno de ellos, San Eugenio, fue

psalms

Músicos en la corte de Alfonso el Sabio. En el
centro vemos al rey mismo, patrón de todas las
ciencias y artes.

el primer compositor conocido de música secular.
Pero con el tiempo vinieron también los abusos. La
gente empezó a inyectar sus propias canciones en el
rito, y hasta tal punto llegaron que el Concilio de   *religious rite*
Toledo tuvo que prohibir en el año 589 la intro-
ducción de "bailes y canciones **profanos**" en los   *unholy*
festivales **sagrados**. La iglesia tomó la ocasión tam-   *sacred*
bién para condenar los **cantos** y bailes que hacía la   *singing*
gente común en los funerales, una vieja costumbre
asociada con el culto pagano de la muerte. Pero el
llamado de la música no se podía apagar con leyes   *call*
ni con edictos de la iglesia. Vivía en el alma del pueblo,
y siguió creciendo siempre.

**EN LA ESPAÑA
MEDIEVAL**

Mientras tanto, en las lujosas
cortes de los árabes, la música
hacía un papel cada vez más   *was playing an increasingly*
importante. Se iban multiplicando los músicos y   *important role*
bailarines que llenaban las salas **alfombradas** de los   *carpeted*
palacios musulmanes. En una fiesta del califa Harun-al-

Rashid, por ejemplo, cantaron dos mil esclavas, acompañadas por unos mil músicos y bailarines. Poco a poco la música de los árabes **fue influyendo en** la España cristiana. Los reyes del norte empleaban músicos árabes y moros en sus cortes, y muchos de sus instrumentos son de ese origen. Para el siglo XIII, época del rey castellano Alfonso el Sabio, se conocen gran número de instrumentos musicales—**laúdes, gaitas, salterios, flautas, castañuelas, pífaros, tambores, arpas, campanillas, y vihuelas** de varios tipos, entre ellas las **antecesoras** de la guitarra moderna, para mencionar sólo algunos. Y en las miniaturas que acompañan las **Cantigas** de Alfonso a la Virgen María, aparecen no menos de setenta músicos tocándolos.

was influencing

lutes, bagpipes, psalters, flutes, castanets, fifes, drums, harps, bells, and early forms of the guitar
ancestors

(poems with music)

DISPUTA SOBRE EL RITO MOZÁRABE

La influencia de la música árabe penetró aun en la misa de los cristianos mozárabes que vivían en sus tierras. En ciertas regiones, el rito mozárabe empezó a reemplazar al rito tradicional romano. Y surgieron tantos conflictos sobre la cuestión que en la época de Alfonso VI, rey de Castilla en tiempos del Cid, se decidió poner **a prueba** a los dos ritos. Hicieron un gran fuego y echaron en él al rito romano y al mozárabe. Milagrosamente, el rito mozárabe no fue destruído por las llamas y por el momento parecía haber triunfado. Pero el rey era partidario del romano, y su palabra era la ley. Declaró que **hasta que hubiera** mejor prueba, el rito romano predominaría todavía. Entonces quisieron decidir la cuestión por medio de un combate individual entre dos caballeros, uno defendiendo al rito mozárabe y el otro al romano. Vino el día de la pelea, y otra vez, el campeón del rito mozárabe salió victorioso. El monarca ya no podía cerrar sus ojos ante la triste realidad. Dio permiso para emplear el rito mozárabe en Toledo y en otros lugares vecinos, y hasta el siglo XIV, la música mozárabe **reverberaba** dulcemente en aquellos templos de la cristiandad.

to the test

until there was

reverberated

MÚSICA POPULAR La música popular siguió creciendo al lado de la culta. En tiempos primitivos, el poeta romano Marcial habla de la gracia seductiva de las bailarinas celtíberas, y de su maravillosa destreza con las castañuelas. Los pastores entretenían sus horas de soledad con canciones de amor, de ausencia, de tristeza, de alegría. Y los peregrinos que caminaban hacia el santuario de Santiago **aligeraban** sus pasos con su canto. Los juglares y los trobadores **alegraban** las largas noches con sus cantares de héroes, o con sus melodías cortesanas. Y la gente celebraba la Navidad con hermosos **villancicos** al Niño Jesús, o recordaba las hazañas épicas de los héroes nacionales con una infinidad de romances espontáneos.

lightened

gladdened

carols

MÚSICA DEL TEATRO Poco a poco la música empezó a infiltrarse en las piezas dramáticas, en las obras de los **renacentistas** Juan del Encina y Gil Vicente, y más tarde en la obra de Lope de Vega y de Pedro Calderón de la Barca. Calderón, en efecto, es el padre de la zarzuela moderna, una forma de opereta popular. Y las varias regiones de España desarrollan sus propios ritmos, su propio sonido, desde la música flamenca de los gitanos andaluces hasta las **cadencias** casi escocesas del norte gallego. España, **crisol** de muchas razas, refleja sus varios mundos en las múltiples formas de su expresión músical.

Renaissance artists

cadences

melting pot

39
Piratas del Nuevo Mundo

◇

MONOPOLIO ECONÓMICO ESPAÑOL Con la energía que les **sobraba** de la Reconquista, con el ímpetu de su celo religioso, y de la avaricia humana, los

they had left over

españoles habían hecho suyo al Nuevo Mundo. Y para conservar su dominio exclusivo, impusieron no sólo sus costumbres, sino también un monopolio económico sobre el comercio de sus colonias. Prohibieron el contacto directo comercial entre sus posesiones y los demás países europeos, y mandaron sus **carabelas** para proteger las riquezas que venían de América. Los cofres de Carlos I y de Felipe II se llenaban de oro y de piedras preciosas, y las flotas españolas reinaban en el mar.

caravels (ships)

EMPIEZA LA PIRATERÍA   Los enemigos de España **no veían con buenos ojos** el enriquecimiento de su rival principal. Durante muchos años España y Francia habían luchado sobre sus mutuas pretensiones en Italia. El **mismo rey** Francisco I había caído en manos de Carlos, y los franceses no olvidaban las antiguas—y **actuales—humillaciones**. En Holanda habían surgido nuevos movimientos religiosos, y el católico Felipe II de España les llevaba la guerra para sofocar la herejía. Y sobre todo, en Inglaterra reinaba Isabel, ambiciosa, poderosa, **resuelta** a crear un imperio que **se extendiera** a los cuatro horizontes, resuelta a poner fin a la amenaza católica en su tierra. Los enemigos de España buscaban cualquier oportunidad para atacar los barcos españoles que venían de América. En tiempos de guerra, lo hacían abiertamente. Pero en tiempos de **supuesta paz**, **subvencionaban** a piratas. Algunos de estos piratas llegaron a ser figuras nacionales, como el gran Sir Francis Drake, como el valiente y desafortunado Sir Walter Raleigh, como el **temible** capitán Morgan.

did not look favorably upon

king himself

present — humiliations

determined
would extend

supposed peace, they sponsored

awful

EL FLUJO DE ORO   Durante todo el siglo XVI, España **se vio acosada** por todos lados, pero todavía podía resistir. Su economía dependía del comercio con América, y los españoles lo defenderían a toda costa. Y los **ingresos eran** increíbles. En 1537, por ejemplo, un **corsario** francés, comandante de una flota privada, atacó un convoy español y **se apoderó** de nueve **galeones** que regresaban del Perú llenos de oro. La pérdida fue enorme,

found itself beset

income was
corsair (pirate)

captured — galleons

Carabelas del pirata Morgan cerca del Lago de
Maracaibo.

¡pero el **valor de lo que** traían los barcos **restantes** *value of what — remaining*
que llegaron a España **ascendió** todavía a unos diez *amounted*
millones de pesos!

AUMENTAN
LOS PIRATAS
Pero vino el año 1588, vino la
derrota de la Armada Invencible, y
se acabó la supremacía naval de
España. Ya no podía defender como antes el **flujo** de *flow*
oro de América. Cada vez se hallaba más susceptible a
los piratas ingleses, franceses, y holandeses que **aguar-** *were waiting*
daban ahora **en las mismas costas** de sus colonias. *right off the shores*
Los piratas venían a veces solos, otras veces en flotillas
de treinta o cuarenta barcos, con dos mil hombres armados. Desembarcaban en tierra española, saqueaban
pueblos y ciudades, conventos e iglesias. Mataban a
hombres y mujeres, atormentaban a los defensores
españoles para obligarles a revelar dónde tenían
escondidos sus bienes, y robaban los tesoros destinados *hidden*
para la corona.

**INCURSIONES EXTRANJERAS
EN TIERRAS ESPAÑOLAS**

La isla de Jamaica se convirtió en el **nido** de los piratas *nest* ingleses, y más tarde, con Bermuda y las Bahamas, se hizo colonia inglesa. Los franceses tomaron la mitad de la isla de Española, ahora Haití. Los holandeses se apoderaron de unas islas **a lo largo de** las costas de *along* Sudamérica. Y todos tres fundaron pequeñas colonias en el norte del continente sudamericano mismo —las *Guayanas*.

**INCENDIO DE LA
CIUDAD DE PANAMÁ**

En 1670, un ejército de piratas bajo el mando del inglés Morgan atacaron el istmo de Panamá. Llegaron primero a unos pequeños pueblos donde esperaban encontrar comida. Pero los españoles habían huído, quemando sus casas y todas sus posesiones para que no cayeran en manos de los piratas. Sagunto. Numancia. Medina del Campo. . . **Adondequiera que** llegaban, los ingleses hallaron lo *Wherever* mismo, la obstinada resistencia de los españoles ante un enemigo superior en números y en armas. Por fin se acercaron a la ciudad de Panamá, y allí **se libró** la *took place* batalla. Murió el gobernador, murieron casi todos los hombres, y las mujeres ocuparon entonces sus lugares. Pero la heroica defensa de los habitantes de Panamá fue en vano. Los piratas tomaron la ciudad y pegaron fuego a la mayor parte de sus edificios. **Exigieron** grandes sumas de dinero a los **sobre-** *They exacted* **vivientes**, y tres semanas después, salieron de Panamá, *survivors* dejando atrás una ciudad en ruinas. Las atrocidades cometidas por Morgan fueron denunciadas públicamente por el gobierno inglés, pero poco después, Morgan fue nombrado vice-gobernador de la isla de Jamaica como **premio de su hazaña**. *a reward for his deed*

**BUCANEROS Y CONTRABAN-
DISTAS DEL SIGLO XVIII**

Para fines del siglo XVII, Inglaterra y Francia ya tenían posesiones considerables en Norteamérica, y ahora ellos **a su vez eran acosados** por los piratas que infestaban *in turn were harassed* el mar. Aunque todavía se aprovechaban de sus servicios de vez en cuando para atacar los barcos españoles, **no les convenía ya** subvencionar demasiado la piratería. La mayor parte de los bucaneros eran ahora **empresarios** privados, sin motivos políticos, y no se limitaban a las antiguas **correrías** en alta mar. **De más provecho** eran sus negocios **de contrabando** con los pueblos **costeros** de Hispanoamérica, donde eran recibidos muchas veces con los brazos abiertos. Porque España había decaído **política** y económicamente, y el monopolio comercial que trataba de mantener era **poco realista**. Siendo una nación principalmente **agrícola**, no podía **suplir** todas las necesidades económicas de sus colonias. Y así, el contrabando que realizaban los piratas aun traía consigo ciertas **ventajas** para el pueblo americano.

it no longer suited their interests

entrepreneurs

attacks ➤ *More profitable* ➤ *smuggling*

coastal

politically

unrealistic

agricultural ➤ *supply*

advantages

FIN DE LA PIRATERÍA Durante el siglo XVIII, la estrella de España se fue eclipsando aun más. Poco a poco las otras naciones europeas empezaron a infiltrarse en el comercio de América. Vino el periodo de la invasión de Napoleón en España. Vino el periodo de la independencia de América. Se rompió definitivamente el monopolio español, y ahora todos los países comerciales de Europa, como la joven nación norteamericana, coincidían en el deseo de defender las **rutas** de América. La piratería desapareció entonces en los primeros años del siglo XIX ante los **cañones** de los buques de guerra, y la época de los corsarios del Nuevo Mundo pasó a la historia.

routes

cannons

40

Cuentos Coloniales

◇

CULTURA HISPÁNICA EN LA AMÉRICA COLONIAL

Cien años antes de la llegada de los peregrinos a Plymouth Rock, ya existía una civilización europea en América. Cincuenta años antes de **tocar los veleros de Hudson** en la costa de Nueva York, los españoles ya habían explorado gran parte de Colorado, Arizona, Nuevo México, y California, fundando misiones y pueblos y ciudades. Lima, México, Quito, y Cuzco eran grandes centros culturales. Por todo el continente del sur se alzaban escuelas y universidades, teatros de comedias, magníficas catedrales, e **imponentes casas señoriales**. Y a las cortes de los virreyes acudían poetas, músicos, artistas, sabios.

Hudson's sailing ships touched

imposing aristocratic homes

MISERIA JUNTO A RIQUEZA

Claro está, no era todo casas señoriales, riqueza y poesía en la América hispana colonial. En medio del lujo, existía la pobreza. Los indios **se habían recogido** por la mayor parte en una actitud de triste resignación, y sufrían **calladamente** la explotación de los amos. La Inquisición **vigilaba celosamente** la conducta moral de sus **feligreses**, castigando con igual rigor **al que** acusaban de prácticas heréticas como al que leía libros prohibidos. Las supersticiones abundaban al lado de las antiguas leyendas y costumbres indígenas. Y **a medida que** decaía el poder de España, a medida que **se agotaban** las minas de metales preciosos, **se hacían sentir** cada vez más las **llagas de la miseria**. Pero el español se doblaba muy poco ante la ruda realidad. Había fundado un nuevo mundo, y la visión de su gloria le quitaba de la vista todo lo demás.

had taken refuge

quietly
kept careful watch over
parishioners
the person whom

as
were being exhausted
were being felt ➤ wounds of poverty

La gran mina del Potosí, fuente de riquezas increíbles.

EL PURITANO

El carácter del español se manifiesta en todos los aspectos de la vida colonial. Sus ciudades, sus casas aun, revelan claramente la diferencia psicológica entre él y el puritano inglés del norte. El puritano era más bien un ser colectivo, de gustos sencillos y de pocas pretensiones. Construía pueblos de casas pequeñas **acurrucadas una junto a otra**, y encontraba la **seguridad** en la proximidad del vecino. Sus iglesias eran funcionales. Eran lugares de adoración donde el hombre aparecía **desnudo** de riquezas ante Dios y se mostraba humilde.

huddled next to each other ▸ security

bare

EL ESPAÑOL INTROVERTIDO

El español, al contrario, buscaba la seguridad construyendo un muro alrededor de su casa. Desde la calle se veía sólo una **fachada** austera, formidable. Por encima de la grande puerta **de enfrente**, sólo el **escudo de armas** identificaba a la familia señorial que residía dentro. Pero cuando uno pasaba por ese portal exterior, encontraba otra puerta hermosamente labrada; y al abrirla se hallaba en un patio de fuentes y flores y pájaros y perfumes. Porque el español vive **para**

facade
front ▸ shield of arms

inwardly,

160

Un auto de fe en la Lima colonial.

adentro, para sí, mostrando al mundo un frío orgullo *to himself*
que **disfraza** por el momento su calor íntimo. Pero el *disguises*
calor, el amor existe, como el patio detrás del muro
imponente. Esta mezcla de orgullo y amor es lo que
le hace construir catedrales con altares de **mármol** y *marble*
de oro. Es lo que le hace adornar cada **rincón**, cada *corner*
capilla con maderas labradas, con pinturas y ricas
esculturas. Es amor porque está dando de sí a Dios. Es
orgullo porque no quiere presentarse desnudo ante
Él. Dar es recibir. Extraña paradoja.

**VIDA
COLONIAL**
Individualista y anárquico, el español de
tiempos coloniales se prestaba fácilmente a las disensiones, y pronto sur-
gieron facciones rivales en todas las provincias. Orgulloso y consciente de su dignidad personal, se alzaba
contra el virrey mismo cuando se consideraba maltra-
tado. Católico ante todo, dejaba entrar la religión en
todos los aspectos de su vida diaria. Ricardo Palma,
un escritor del siglo XIX, reconstruye aquella época
en su colección titulada *Tradiciones Peruanas*. Nos
cuenta, por ejemplo, el caso del "virrey hereje", como
le llamaba la gente. **He aquí** su historia. *Here is*

161

**TRISTE HISTORIA
DEL "VIRREY HEREJE"**

Don Luis Henríquez de Guzmán, conde de Alba de Liste y de Villaflor, era un hombre de buenas dotes administrativas y de ideas algo avanzadas para su tiempo. Vino al Perú con título de virrey a principios de 1655, y **apenas llegado**, comenzaron los desastres. Un galeón que conducía a España cerca de seis millones en oro y plata **naufragó** en una tempestad, y perecieron casi seiscientos **limeños**. Poco después, tres buques españoles que volvían de América fueron atacados por corsarios ingleses. Pero los españoles, **antes que** rendirse, pegaron fuego a sus propios barcos. Siguieron otras catástrofes navales, pero nada tan **horrendo** como el **terremoto** que sacudió la ciudad de Lima en noviembre de 1655. Hubo procesiones de penitentes; **se arrepintieron grandes pecadores**, y se dice que muchas personas devolvieron fortunas robadas a sus legítimos dueños. Un año después, **sucedió otro temblor** en Chile, y luego, la tremenda erupción del **volcán** Pichincha cerca de Quito. Seguramente, alguien debía ser responsable de tantas calamidades. Tal vez el virrey mismo, el que leía libros peligrosos, el que **desde hacía años** vivía en guerra abierta con la Inquisición. Las desgracias continuaban. En 1660 apareció en el cielo un cometa brillante, otro **agüero del mal**. Estalló una guerra civil, encabezada por un indio que se proclamó descendiente de los Incas. Y en Jamaica los piratas se apoderaron de la isla y la hicieron una colonia inglesa. Sin duda, el "virrey hereje" tendría la culpa. El médico de Guzmán fue prendido por la Inquisición, y **por poco muere** en la hoguera. Y el pueblo exigía el castigo del virrey también. En agosto de 1661 el conde de Alba de Liste y de Villaflor entregó el gobierno del Perú a otro distinguido noble español, y regresó a su país "muy contento de abandonar una tierra en **la que** corría el peligro **de que lo convirtieran en chicharrón, quemándolo por hereje**".

barely had he arrived when

was wrecked
residents of Lima

rather than

horrible ► earthquake

great sinners repented

there was another quake
volcano

for years

evil omen

almost died

which
of being barbecued as a heretic

DESARROLLO DEL CARÁCTER HISPANOAMERICANO

Palma relata otros episodios de tiempos coloniales, episodios de la venganza de los humildes contra los grandes, episodios de heroísmo, de amor, de lealtad, de creación, de la fuerza y de la debilidad humana. Por todos **resalta** el carácter del español en sus primeros contactos con un mundo nuevo. El español conserva en América su alma formada en Europa y en el norte de África. Pero le añade la sensibilidad artística, la pasión supersticiosa, y la frustración resignada del indio. **De esta amalgama** va naciendo el hispanoamericano.

stands out

from this compound

41
La Decadencia

TRÁGICO FIN DE LA CASA DE HAPSBURGO

Felipe II había tenido razón. Dijo poco antes de morir que Dios, que le había dado un imperio tan grande, no le había dado un hijo capaz de gobernarlo. Y así fue. Uno **tras** otro, los reyes que le sucedieron dejaban caer más baja la gloria de España. Felipe III, **títere** en manos de sus favoritos. Felipe IV, "tan grande como un **pozo**", como dijo el satírico Quevedo, "porque **cuanta más tierra** le quitaban, **tanto más grande** era". Y finalmente Carlos II, **física** y mentalmente enfermo, el último de los Hapsburgos.

after

a puppet

well

the more land (earth) → the greater (or bigger)

physically

HAMBRE Y ORGULLO

España estaba en plena decadencia, pero el orgullo del español le hacía cerrar los ojos ante el feo espectáculo. **El caballero hambriento salía a la calle mondándose** los dientes para dar la impresión de haber comido.

The hungry caballero went out into the street picking

El Conde-Duque de Olivares, de hecho el gobernador de España en tiempos de Felipe IV.

El Conde-Duque de Olivares, Velázquez

Debajo de su capa **vistosa** escondía unos vestidos mal **remendados**. Pero se negaba a tomar un empleo deshonroso, se negaba a descender al trabajo manual. Mejor sería morirse dignamente de hambre antes que sacrificar el honor. Mejor también **rechazar** al mundo e **internarse en** un convento donde su **ascetismo** a lo menos **tuviera explicación espiritual**. Y los conventos y monasterios se llenaban de esos **refugiados** de la triste vida. *showy*

mended

cast aside

go into ← *asceticism*

might have a spiritual explanation ← *refugees*

EMPIEZA LA DINASTÍA DE LOS BORBONES

En 1700, muerto Carlos II sin heredero, España cayó víctima ante la ambición de Luis XIV de Francia, titán de su época. Habiendo ganado una guerra con Austria sobre la cuestión de la **sucesión**, Luis colocó en el trono español a su nieto, Felipe V. Y así empezó la dinastía de los **Borbones** en España. *succession (to the throne)*

Bourbons

APOGEO DE FRANCIA Y DE LA "RAZÓN"

Francia era en ese momento la cabeza intelectual **tanto** como política del mundo occidental. La lengua francesa llegaba a ser la lengua de la diplomacia, de la cortesía, de la "**buena** sociedad". Era la época dorada de Molière, Corneille, Racine, de los gigantes de la literatura neoclásica. *as well*

high

Reinaba una sofisticación cosmopolita, una curiosidad enciclopédica, pero todo dentro de un **marco** rígido *frame* de **reglas** estrictas. Reglas para la música, reglas para la *rules* poesía, reglas para el drama, reglas para el arte. Razón. objetividad, moderación, aristocratismo, predicaban. "Pienso; por eso, soy", dijo Descartes.[1] Y sobre ese mundo de reglas y de investigaciones **eruditas** presi- *scholarly* dían las Academias,[2] **árbitros del gusto**. *arbiters of taste*

FRACASO DE LA MODA FRANCESA EN ESPAÑA Los reyes **borbónicos**, *Bourbon* comenzando con Felipe V, trataron de introducir en España la fórmula neoclásica que tanto éxito había tenido en Francia. Establecieron Academias para la lengua, para la historia, para el arte y las ciencias. **Hicieron traducir** al español las obras de sus grandes *They had . . . translated* autores. Y quisieron traer a España las **modalidades**, *ways* los vestidos, las **pelucas** perfumadas de la corte de *wigs* **Versalles**. En vano. Los altos nobles españoles sí se *Versailles* dejaban **seducir** por el **amaneramiento** francés, y *be seduced ← affectation* los palacios de los reyes se llenaban de cortesanos serviles. Pero el pueblo, resentido de las influencias extranjeras, resistió. ¿Razón? ¿Reglas?, decían. La objetividad, el carácter impersonal del arte neoclásico **chocaba** con su profundo sentimiento anárquico. Y lo *clashed* rechazaban. A diario se presentaban todavía las obras de Lope y de Calderón y de la escuela barroca del siglo XVII. Estas obras llenas de pasión, de contrastes cultos y populares, de sutiles cuestiones de honor y de **amplia** licencia poética eran la expresión verdadera *broad* del alma española. Y no quisieron **ceder** ante la volun- *yield* tad de las Academias.

LA CAPA DEL VERDUGO Aun en **el vestir**, los españoles se *way of dressing* mostraban **reacios** a la dominación *unwilling to bend* francesa. A pesar de las ordenanzas de los reyes, seguían en uso todavía las **modas** anti- *fashions* guas—el sombrero **redondo**, la capa larga—recuerdos *round* de los tiempos de Carlos y Felipe. La gente **rompía** *tore up*

[1] Filósofo francés del siglo XVII, padre del racionalismo.
[2] Institutos organizados por el Estado para regir (*rule*) las artes, etc.

públicamente los edictos reales y se reía de los vanos **esfuerzos** del gobierno **por hacerlos cumplir**. Hasta que **a eso de** 1770, apareció el conde de Aranda, astuto político y ministro del rey. Conociendo bien la psicología de sus compatriotas, declaró que **de allí en adelante** el sombrero redondo y la capa larga de los Hapsburgos serían el uniforme del **verdugo** público... La moda francesa ganó.

efforts ► to enforce them
around

from then on

executioner

CONTINÚA EL ATRASO Con el tiempo ciertas modalidades francesas se infiltraron en las costumbres españolas. Pero por lo general, la vida española cambió muy poco. Los reyes eran por la mayor parte débiles o egoístas, tal vez con la única excepción de Carlos III, que murió en 1788. Pero la economía **no adelantaba**. La revolución tecnológica no llegaba a cruzar los Pirineos. Y en el Nuevo Mundo, se estaba rompiendo no sólo el monopolio comercial sino el **nexo** filosófico, intelectual, y moral con la **metrópoli**. El español, vestido **a lo francés**, vivía todavía en la gloria de Carlos, el César, rechazando de su mente la trágica realidad de su decadencia **actual**.

didn't move forward

bond
mother country ► in the
French style

present

42
El Dos de Mayo

◨

¡A LAS ARMAS! "Mayo 2 de 1808. La patria está en peligro. Madrid perece víctima de la perfidia francesa. ¡Españoles, **acudid** a salvarla!" El mensaje fue de alcalde **en alcalde recorriendo** la nación española. Y el país se levantó en armas. Una vez más el pueblo se iba a lanzar a una heroica y desesperada defensa. Pero, ¿cómo se había producido la crisis? Volvamos atrás por un momento.

rally now
to mayor throughout

DESPOTISMO ILUSTRADO

España había progresado poco en el siglo XVIII bajo la dinastía borbónica. La política del despotismo ilustrado—"**todo para el pueblo**, pero sin el pueblo"—**no encajaba** con el carácter de la gente, y los españoles **se alejaban** cada vez más de los asuntos del estado. Desde el siglo XVI, época de Carlos I, el poder personal de los reyes había crecido, y como consecuencia, había decaído grandemente el de las Cortes y de los Consejos Municipales. Los borbones completaron el proceso de la centralización del gobierno, quitando a los antiguos reinos sus derechos y privilegios tradicionales. Impusieron la autoridad civil sobre la del **clero**, y fomentaron la separación entre la iglesia española y la católica romana. El monarca era absoluto y supremo, reinaba "por la gracia de Dios", y el pueblo vivía de día en día, no atreviéndose a contemplar el **porvenir**.

enlightened—everything for the people ➤ didn't fit in
withdrew

clergy

future

ÉPOCA DE CARLOS III

En la segunda mitad de aquel siglo, el rey Carlos III trató de mejorar las lamentables condiciones económicas. **Intentó** varias reformas agrarias, quiso desarrollar el comercio y la industria, y fundó escuelas, bibliotecas, y universidades. Se realizaron labores enciclopédicas y estudios eruditos. Pero por lo general, España quedaba **inerme**, sin cambiar. El español había perdido el impulso vital al verse **sumergido** bajo el peso del absolutismo. En el resto de Europa comenzaba la revolución tecnológica. En España los grandes **latifundios** eran cultivados todavía por labradores pobres que rompían la tierra con instrumentos primitivos. La aristocracia introvertida, egoísta, afectaba un aire cosmopolita y bailaba el **minué**, y el pueblo **se anegaba** en la ignorancia.

He attempted

inert
submerged

landholdings

minuet ➤ wallowed

VERGONZOSO REINADO DE CARLOS IV

A la muerte de Carlos III en 1788, la corona pasó a su hijo Carlos IV, que no tardó en entregar el gobierno a sus favoritos. Nombró primer ministro a Manuel de Godoy, un joven militar

La Carga de los Mamelucos, Goya

La Carga de los Mamelucos por Francisco de Goya,
obra que pinta la resistencia del peublo español a la
invasión francesa.

ambicioso y **apuesto** que **supo** gozar al mismo tiempo
de la confianza del rey y de los favores de la reina. Y el
monarca se dedicó **asiduamente** a los placeres de
palacio y de la caza. . . En 1789 estalló la revolución
en Francia. España intervino, tratando de salvar a la
familia real francesa, pero en vano. **Siguió** la época de
Napoleón, y las guerras sacudieron toda Europa. En
medio del holocausto, el inexperto Godoy mantuvo
durante años una política del todo confusa. A veces,
mandaba a las fuerzas españolas a luchar contra Francia
y al lado de Inglaterra, y otras veces se aliaba con
Napoleón contra los ingleses. El desastre era inevitable.
Dentro de España el resentimiento contra el amante de
la reina crecía. El mismo príncipe Fernando, hijo de
Carlos, conspiraba con Napoleón para **destronar** a su

handsome ➤ managed to

assiduously

There followed

dethrone

padre. Y el emperador francés ya tenía los ojos fijos en la Península Ibérica.

MADRID RESISTE LA INVASIÓN NAPOLEÓNICA

Para diciembre de 1807 Portugal estaba en sus manos. Y las tropas francesas siguieron avanzando. Para marzo del próximo año estaban a las puertas de Madrid. Carlos abdicó **en** *in favor of* su hijo Fernando. Pero Napoleón ya tenía hechos sus planes. Hizo venir a Francia a la familia real española, y obligó a Carlos a nombrar a José Bonaparte, hermano del emperador, en lugar de Fernando. El 2 de mayo de 1808, los pequeños infantes de la familia real iban a salir de Madrid para unirse con sus padres en Francia. El pueblo se congrega alrededor del Palacio para ver la salida. Corren rumores de que el infantito está llorando, que no quiere salir. La multitud **se agolpa contra los carruajes reales** gritando: "¡No *presses against the royal carriages* se lo lleven!" "¡Viva Fernando VII!" "¡Mueran los franceses!" De repente por una calle de la ciudad aparece un batallón francés y **dispara sus fusiles** con- *shoots its rifles* tra la población **indefensa**. Al principio la gente *unarmed* **se desparrama** en todas direcciones. Pero entonces *scatters* empiezan a salir a la calle los **ciudadanos** de Madrid— *citizens* hombres, mujeres, niños. Armados de **escopetas**, *shotguns* espadas, **navajas**, **tijeras**, piedras, hieren y matan a *razors, scissors* cuantos franceses hallan a su paso. Por el momento los invasores tienen que retroceder. El pueblo español se ha despertado de su **letargo** de siglos. *lethargy*

EL PUEBLO SE UNE

El ejemplo de Madrid fue seguido por toda España. Y así, el 2 de mayo de 1808 empezó la **llamada** Guerra de *so-called* la Independencia, una guerra que fue al mismo tiempo una lucha contra los invasores franceses y una revolución política dentro de España misma. En todas las capitales surgieron Juntas que organizaron la resistencia. Sin distinción de clases, los españoles **empuñaban** las *wielded* armas. José Bonaparte, un hombre de no poco talento, reconoció en seguida que su posición sería **insoste-** *untenable* **nible**. "No tengo aquí ni un solo partidario", escribió

en una carta a su hermano. "La nación se muestra
unánime contra nosotros." Y después, proféticamente:
"Vuestra gloria **se hundirá** en España."

will be sunk

**CALLE POR CALLE,
CASA POR CASA**

Las palabras de José Bonaparte resultaron verdaderas.
Una tras otra las ciudades
españolas resistieron el avance de los franceses. Plaza
por plaza, calle por calle, casa por casa. Zaragoza
rechazó repetidas veces los asaltos de los franceses, y
cuando morían los hombres, los reemplazaban las
mujeres. Gerona resistió durante siete meses, y cuando
cayó por fin, se reanudó la lucha en otras partes. Como
en tiempos antiguos, los españoles, diestros en el arte
de la "**guerrilla**", tenían siempre **desequilibrados**
a los regimientos de Napoleón.

*guerrilla warfare – off
balance*

**LIBERALISMO
Y VICTORIA**

En 1812 se reunieron en Cádiz las
Cortes de las Juntas populares, y
promulgaron una constitución. De
allí en adelante, España sería una monarquía liberal,
democrática, moderna, declararon. Se había despertado
de la **pesadilla** de la inacción y se encaminaba hacia la
libertad. Y la guerra continuaba. Para fines de 1813, los
franceses habían sido derrotados y se retiraban definitivamente. El primero de enero de 1814 volvería el
rey Fernando "el Deseado". El pueblo había triunfado... Pero, ¿por cuánto tiempo?

nightmare

43
Larra: Voz contra la Tiranía

◈

**VUELTA DE FERNANDO
"EL DESEADO"**

El primero de enero
de 1814, Fernando
"el Deseado" volvió a
Madrid, y el pueblo triunfante salió a recibirle. Habían

luchado por él, y él había prometido **premiar** su
lealtad. Desde su destierro en Francia, el príncipe había
dicho que conservaría la nueva Constitución de Cádiz.
Fernando VII sería el primer monarca democrático de
España. Y la gente **deliraba de** entusiasmo. . . Pero,
como dice el viejo refrán: "**Del dicho al hecho**, hay
gran **trecho**." Y así iba a resultar.

reward

were going wild with
Between the word and the
deed ◄ distance

OTRA VEZ
LA TIRANÍA

En vez de cumplir sus promesas, Fernando **abrogó** en seguida la constitución y ordenó el aprisionamiento
de los jefes liberales. **Atónitos**, y **rendidos** por tantos
años de lucha, los españoles no pudieron **reaccionar**.
Muchos de los héroes de la guerra contra Napoleón
acabaron la vida en la cárcel. Y los más afortunados se
refugiaron en Inglaterra, Portugal, Italia, en América,
en **cualquier puerto seguro**. Entonces Fernando VII
impuso el régimen más tiránico que **hubiera conocido**
la raza hispana. En ese mundo de opresión y de
tiranía creció y vivió Mariano José de Larra.

voided

Astounded ◄ exhausted
fight back

any safe harbor
had known

MARIANO JOSÉ
DE LARRA

Larra, el escritor más atrevido de
su época, nació en Madrid en
1808, año **funesto** de la invasión
francesa. Su padre, que era médico, **tuvo a bien**
colaborar con los invasores, y sirvió en el ejército de
José Bonaparte. Así que cuando los franceses fueron
derrotados, la familia del joven Larra se vio obligada a
trasladarse a Francia, donde Mariano José recibió su
primera educación. Con la amnistía de 1818, los
emigrados españoles pudieron volver, y Larra continuó sus estudios en su propio país. Un intelecto
despejado y abierto, no tardó en **acoger** las ideas
liberales que **encendían** a la juventud europea de su
tiempo. ¿Por qué tenía que hundirse España otra vez
en la miseria?, pensó. ¿Por qué se dejaba **pisar** por el
talón de Fernando? Y se puso a escribir.

dismal
saw fit to

bright ◄ picking up
were inflaming

be stepped on
heel

ROMÁNTICO
Y LIBERAL

Romántico en sus gustos, Larra defendió con vigor la revolución artística
de la generación de Hugo y Byron.
Libre, **desenfrenado**, melodramático, y apasionado,

uncontrolled

Mariano José de Larra, voz contra la tiranía.

el romanticismo encajaba mejor con el carácter español, decía, y con el alma liberal. Poco a poco sus escritos **se desviaron** del campo puramente literario y se dedicaron a contemplar la vida española. Sus artículos aparecieron en los periódicos más importantes de Madrid. **Ligeramente** irónicos al principio en su visión de la sociedad, se mostraron cada vez más amargos en su crítica del régimen despótico. Y el público **se lamía las manos detrás de ellos**.

VOZ DE PROTESTA Larra se iba convirtiendo en el ídolo de la gente **letrada**, y el gobierno decidió actuar. Ya no se iban a tolerar las **licencias** de ese joven cuya pluma era más aguda que un **puñal**. Y comenzaron las persecuciones. Hallando **delimitado** su campo de acción en los periódicos populares de su día, Larra resolvió publicar uno **propio**. "El Pobrecito Hablador" lo llamó, y él mismo tomó el nombre de "Fígaro". Pero el gobierno le seguía vigilando siempre. ¡Hasta tal punto llegó en efecto la **censura** que un día Larra hizo publicar sólo

turned away

Lightly

lapped them up

educated

liberties
dagger
restricted

of his own

censorship

los títulos de cada uno de sus artículos! El "pobrecito hablador" quiso hablar, decía al publico, pero **le tenían con la mordaza en la boca.** Su fama crecía; sus **bolsillos** se llenaban de dinero. Pero al mismo tiempo aumentaba su sentido de **malestar**, de desorientación.

his mouth was gagged

pockets

uneasiness

DESORDEN Y DESILUSIÓN

Tenía veintiocho años ahora, y el rey Fernando había muerto ya. En lugar de la vieja tiranía, reinaba un terrible desorden. La unidad se había disuelto otra vez en luchas intestinas, y la gente no sabía qué dirección tomar. Brutalmente desilusionado, Larra **se sumió en** una "de aquellas melancolías de que sólo un liberal español en estas circunstancias puede formar una idea aproximada". El **Día de Difuntos** de 1836, **mojó** su pluma en la sangre de una nación **moribunda**, y escribió. . .

plunged into

All Souls' Day (Nov. 2) ←

he dipped ← *dying*

DÍA DE DIFUNTOS

"¡Día de difuntos!, exclamé. . . **Dirigíanse** las gentes por las calles en gran número y larga procesión, **serpenteando de unas en otras** como largas **culebras** de infinitos colores: ¡al **cementerio**, al cementerio![1] ¡Y para eso salían de las **puertas** de Madrid!"

were heading

winding their way from one (street) to another ← *serpents* ← *cemetery*

gates

"¡MADRID ES EL CEMENTERIO!"

"**Veamos claros**, dije yo **para mí**, ¿dónde está el cementerio? ¿fuera o dentro? Un **vértigo espantoso** se apoderó de mí, y comencé a ver claro. El cementerio está dentro de Madrid. Madrid es el cementerio. . ."

Let's get this straight

to myself

horrible dizziness

YA NO HAY LIBERTAD EN ESPAÑA

Larra ve caminando a la gente, y piensa: "**Necios** . . . ¿**os movéis** para ver muertos? ¿no tenéis espejos **por ventura**?" Vosotros sois los muertos. Los muertos que están en el cementerio viven más que vosotros. " . . . ellos tienen libertad . . . ; ellos no pagan **contribuciones** que no tienen; ellos no serán **alistados** ni movilizados; ellos no son

Fools

you're going off

perchance

taxes

drafted

[1]La gente solía—y todavía suele—visitar las tumbas de sus familiares difuntos en aquel día.

presos ni denunciados; ellos, en fin, no **gimen** bajo
la jurisdicción del **celador del cuartel**; ellos son los
únicos que gozan de la libertad de **imprenta**, porque
ellos hablan al mundo. . ."

arrested ~ moan
police warden
the press

AQUÍ YACE . . . Y se pasea por las calles de la ciudad.
"¿Qué monumento es éste? ", exclama.
"¡Palacio! . . . Aquí **yace** el trono. . .
¿Y este mausoleo a la izquierda? La **armería**. Leamos.
Aquí yace el valor castellano. . . ¡La cárcel! Aquí
reposa la libertad del pensamiento. . . La **Bolsa**. Aquí
yace el crédito español. . . La **Imprenta** Nacional. . .
Éste es el sepulcro de la verdad. . ."

lies
armory

Stock Exchange
Printing Office

NOCHE SIN ESPERANZA "Una **nube sombría lo envolvió todo**. Era la noche. El frío de la noche **helaba** mis venas. Quise salirme vio-
lentamente del horrible cementerio. Quise refugiarme
en mi propio corazón, lleno **no ha mucho** de vida,
de ilusiones, de deseos."

dark cloud enfolded every-
thing
was freezing

not long ago

DESESPERACIÓN "¡Santo cielo! También otro
cementerio. Mi corazón no es
más que otro sepulcro. ¿Qué
dice? Leamos. ¿Quién ha muerto en él? ¡Espantoso
letrero! ¡Aquí yace la esperanza! . . . ¡Silencio, silencio!"

sign (written there)

SILENCIO . . . Tres meses después, Larra estaba
muerto. Se había suicidado, dijeron.
Se había **pegado un tiro a** la cabeza
por consecuencia de un amor frustrado. Tal vez. Larra
había amado más de una vez, y siempre mal. Pero en
ese momento de su última desesperación, el joven
que había gritado: "¡Silencio, silencio!", se estaba
doliendo de algo más que de una sola mujer, de algo
más que de un solo amor. Se estaba doliendo de sí y de
España, y su voz se levantó aquella última vez contra
la tiranía y la inacción.

Aquí yace Mariano José de Larra. . .

shot himself in

grieving for

44
Independencia y Desintegración

◈

EL SEPARATISMO DEL ESPAÑOL

¡Cuántas veces hemos seña-lado el individualismo del hispano, las fuerzas sepa-ratistas que **obran** en él y que afectan toda su historia! *are at work*
La desunión le ha caracterizado más que la unión.
Recordamos como en tiempos primitivos la península
estaba dividida en más de dos mil tribus independientes.
Recordamos la tenaz resistencia que **opusieron** los *put up*
celtíberos, pueblo por pueblo, a la dominación
romana. Recordamos las guerras civiles y el constante
faccionalismo que **alborotaron** toda la época visi- *upset*
gótica. Y la casi total desintegración que ocurrío
durante el largo periodo de la ocupación árabe. Hasta
que por fin vinieron los Reyes Católicos, y después
Carlos el César y Felipe II, y **asentaron** la base de la *they set down*
unidad en el **afán** religioso e imperialista. Bajo este *zeal*
impulso se estableció el sistema colonial en América, y
mientras España ocupaba la cima, pudo suprimir los
gérmenes de la disensión. La **metrópoli** representaba *mother country*
una fuerza, y las colonias encontraban en ella un sentido
de seguridad, una identificación.

DESCONTENTO EN AMÉRICA

Pero con la caída de España, aumentaron las voces disidentes en América. El monopolio económico
sofocaba el comercio. Las distinciones sociales entre
peninsulares y criollos[1] causaban descontento en la
clase alta. Los **cabildos** habían perdido todo valor *local councils*
representativo, y la gente quedaba sin voz en sus

---

[1]Los "peninsulares" eran los nacidos en España. Los "criollos", que
integraban la clase alta colonial, eran americanos de raza blanca y de pura
ascendencia (*ancestry*) española.

propios asuntos. Pero más importante aun, Hispanoamérica tenía delante de ella el ejemplo de la independencia norteamericana y de la revolución francesa.
Sólo esperaba el momento de actuar.

PRIMEROS BROTES REVOLUCIONARIOS Ese momento vino en 1808 cuando Napoleón invadió la Península Ibérica, y el pueblo
español se levantó contra los invasores. Habiendo
rechazado varios ataques de los ingleses en Argentina y
Chile, los hispanoamericanos decidieron tomar en sus
manos las riendas del gobierno. En 1810 **se celebraron** *took place open council*
cabildos abiertos y pronto se formaron juntas *meetings*
gubernativas en Buenos Aires, Santiago de Chile, *governing*
Caracas, y Bogotá. Al mismo tiempo, el padre Miguel
Hidalgo, un cura mexicano, incitaba a los indios a
rebelarse. En nombre de la Virgen de Guadalupe, se
lanzaron a la guerra y saquearon varias ciudades y
pueblos. Pero la participación de los indios en aquella
revuelta **alejó de** la causa a la mayoría de los criollos, *chased away from*
y pronto el movimiento **flaqueaba**. Hidalgo fue pren- *grew weak*
dido y murió **fusilado** en julio de 1811. Pero la lucha *by the firing squad*
no había terminado. . .

MIRANDA, "CIUDADANO DEL MUNDO" Mientras tanto, se había alzado en Venezuela la figura de Francisco de
Miranda. "Ciudadano del mundo" más que venezo-
lano, Miranda había tomado parte en la revolución
norteamericana y era íntimo amigo de Hamilton y
Madison. Después, se había distinguido como general
en el ejército republicano francés. **Acabadas las** *The wars over*
guerras, recorrió toda Europa solicitando ayuda para
la independencia de Hispanoamérica. En 1806 volvió a
Venezuela para organizar el movimiento independen-
·tista en su propio país, y al principio tuvo ciertos
éxitos. Pero pronto **la suerte se le volvió en contra.** *his luck turned*
Varias ciudades importantes seguían fieles a la monar-
quía. En marzo de 1812 los patriotas sufrieron una
derrota a manos de un ejército español. Y tres días
después, las tierras venezolanas fueron sacudidas por un

fuerte terremoto que **arrastró** miles de vidas. "Es un castigo de Dios", gritaba la gente ignorante. "Dios no quiere que **reneguemos de** nuestro rey legítimo." Y se volvieron contra los revolucionarios. Miranda **se retiró** y quiso **embarcarse** en el puerto de La Guaira. Pero fue preso como "traidor a la causa de la independencia" por uno de sus propios oficiales, un joven **coronel** llamado Simón Bolívar. Miranda fue entregado a los españoles, y murió más tarde en una cárcel de Cádiz. Desde aquel momento Bolívar iba a ser la figura **máxima** de la revolución en la América del Sur.

took

we renege on

withdrew — board ship

colonel

chief

LUCHAS POR LA INDEPENDENCIA

El curso de la independencia hispanoamericana está **sumamente entrelazada** con la historia de España en aquellos tiempos. Como hemos visto, la revolución estalló primero durante la ocupación napoleónica de España. Cuando terminó la guerra contra los franceses, y el déspota Fernando VII volvió a ocupar el trono en 1814, muchos liberales españoles se refugiaron en América, prestando sus servicios a la causa de la libertad. Pero la monarquía recobraba ya su antiguo poder, y pronto pudo mandar nuevos ejércitos para suprimir las rebeliones en las colonias.

closely entwined

BOLÍVAR Y SAN MARTÍN

La guerra de la independencia continuó intermitentemente durante los próximos seis años. Bolívar, con sus tenientes Páez y Sucre, reorganizaba sus fuerzas en el norte. En el sur **alistaba** sus campañas el gran general argentino, José de San Martín, **secundado** por el chileno Bernardo O'Higgins. Pero el progreso era lento. Hasta que por fin vino el momento decisivo. El pueblo español, **harto** de la tiranía de Fernando, se rebeló contra el rey en 1820, y tres años duró la revolución. Finalmente, con la ayuda de tropas francesas, Fernando volvió a reinar. Pero ya era tarde para recuperar sus posesiones en América. México había declarado su independencia, y con él, toda la

was preparing
aided

sick and tired

Simón Bolívar y José de San Martín, libertadores
de Hispanoamérica.

América Central. Bolívar había libertado al norte de
Sudamérica, y estaba avanzando hacia el sur. San
Martín había **llevado a cabo** la liberación del sur, y se   *brought about*
dirigía al norte. En julio de 1822, Bolívar y San Martín
se reunieron en Guayaquil, Ecuador. Poco después, San
Martín renunció a su mando y se retiró definitivamente. Bolívar se hizo comandante en jefe, y llevó la
guerra a su fin. El 6 de agosto de 1824 ganó la batalla
de Junín; el 9 de diciembre, la de Ayacucho; y la
independencia de Hispanoamérica era una realidad. La
independencia, sí, pero no el sueño de la democracia.

¿DEMOCRACIA O ANARQUISMO? **De ahí deriva** la tragedia de un   *From there stems*
continente. Los hispanoameri-
canos habían amado el ideal
democrático. Los "Derechos del Hombre" coincidían perfectamente con su concepto de la dignidad
humana, y **se apasionaron por** las palabras "liber-   *they fell in love with*
tad", "igualdad", "justicia". Las repetían con una

profunda sinceridad, pero realmente, no comprendían su **significado**. **Confundían** el individualismo limitado y responsable de la sociedad democrática con el personalismo desenfrenado del estado anárquico. Y así es que en vez de **surgir** grandes programas, surgieron solamente grandes hombres.

CAUDILLISMO Y DESINTEGRACIÓN

Hidalgo, Miranda, Bolívar, San Martín, Páez, Sucre, O' Higgins . . . Caudillos[1] y dictadores por la mayor parte, cuando desaparecieron de la escena nacional, **sucedió** la desintegración. Bolívar, el más grande de todos, logró mantener unida durante un tiempo a la Gran Colombia (hoy Venezuela, Colombia, y el Ecuador). Quiso establecer una fuerte unión panamericana, y soñó con una federación de naciones hispanas. Pero Bolívar conocía bien a su gente. Se dio cuenta de la imposibilidad de unirla, y **cedió ante ella**. Irónicamente, el gran libertador murió **camino al exilio**, y en efecto, todos los jefes de la independencia acabaron o desterrados, asesinados, o **repudiados**. Aumentaron continuamente las luchas por el poder, y en poco tiempo se había roto en más de veinte pedazos el antiguo imperio español en América. El hermoso ideal de la independencia había traído consigo el caudillismo[2] y la desintegración.

meaning ← They confused

there arising

followed

he gave in
on the way into exile

repudiated (in disfavor)

[1]Un caudillo es un jefe político cuyo poder depende de su influencia personal, y no de una afiliación ideológica.
[2]"Caudillismo" es el sistema de gobierno por caudillos, por "hombres fuertes" en vez de partidos o ideologías.

45

El Maestro-Escritor-Presidente

◈

**HOMBRES
MÁS QUE IDEAS**

Se ha dicho que el mundo hispano ha producido pocas **grandes** cosas materiales y pocas *great* grandes ideas. Pero en cambio, sí ha producido muchos grandes hombres. ¿Cómo se explicará la paradoja? Tal vez, porque **el hacer** las grandes cosas requiere por *doing* lo general un **esfuerzo** colectivo. Las grandes ideas *effort* tienen que emanar de su creador y realizarse **en plena** *in the midst of* sociedad. Pero los grandes hombres nacen de una fuerte conciencia del "yo", y si es **preciso**, pueden *necessary* alcanzar la grandeza dentro de una órbita personal. En esto **sobresale** el hispano. *excels*

**EL JOVEN
SARMIENTO**

Volvamos a la Argentina del siglo XIX y encontraremos allí la figura de Domingo Faustino Sarmiento. Nació el 15 de febrero de 1811 en la ciudad capital de la provincia de San Juan. Su padre había sido uno de los héroes de la independencia, y sus tíos eran personajes **influyentes** en la iglesia. Pero a pesar de todo eso, la *influential* familia era pobre, y en realidad, fue la madre, una señora inteligente y enérgica, la que tuvo más influencia en la formación espiritual de los hijos. **Habiendo** pocas escuelas en la pampa, el joven Domingo *Since there were* leyó prodigiosamente para suplir la falta de educación formal. Se entusiasmó por los filósofos franceses del siglo XVIII—Rousseau, Voltaire, Montesquieu—y encima de todos, por la vida y obra de Benjamín Franklin. "Me sentí como si fuera Franklin", dijo una vez. "¿Y por qué no? Yo era pobrísimo como él, estudioso como él."

**MAESTRO Y LUCHADOR
CONTRA LA TIRANÍA**

Autodidacta, su ambición era enseñar a otros. La profesión del maestro era para él una labor **civilizadora**, quizás la más importante que el hombre pudiera realizar en esta tierra. Y **se consagró de todo corazón** a ella. A los quince años de edad, ya daba clases en una escuela rural de su provincia. El curso de su vida estaba claro. . . Pero le tocó vivir en una época **regida** por el dictador Rosas, encarnación de la **incultura** brutal de la pampa. Y Sarmiento, formado en el liberalismo, no podía tolerar las indignidades perpetradas por el tirano. A los diez y siete años, como resultado de un **choque** personal con el caudillo local, Juan Facundo Quiroga, Sarmiento fue **azotado** y encarcelado. Más tarde iba a escribir: "En el **décimoctavo** año de mi vida entré a una cárcel, y salí con un credo político." Desde aquel momento, su vida iba a seguir dos caminos: el de la lucha por la educación de las masas, y el de la guerra contra la dictadura.

Self-taught

civilizing

he consecrated himself wholeheartedly

ruled
lack of culture

clash

whipped
eighteenth

**DESTIERRO
A CHILE**

Siguió leyendo y enseñando. La sociedad tenía que funcionar según la ley, decía él, y no según el capricho del hombre fuerte. Por medio de la educación, el pueblo podría acabar con todos los déspotas. En 1839 estableció el **Colegio** de Santa Rosa en su provincia natal de San Juan. Dentro de dos años, esta escuela era conocida como una de las más avanzadas del país. En el mismo año, fundó un periódico en cuyas páginas empezaron a aparecer sus **denuncias** del régimen de Rosas. Como **era de esperar, de ahí** resultó un segundo encarcelamiento, y poco después, su destierro a Chile. Cuentan que antes de cruzar la frontera, Sarmiento **esculpió** en una piedra de los Andes estas palabras: "No se pueden matar las ideas." Y se fue al exilio resuelto a volver algún día a una Argentina libre. Así lo iba a hacer.

School

denunciations
was to be expected, from that

carved

**HACIA LA RENOVACIÓN
DE HISPANOAMÉRICA**

Sarmiento llegó a Chile en 1840. Vendió el único libro que le quedaba para comprar **víveres**, y buscó trabajo como maestro. *food* Ganó un puesto en un periódico de Valparaíso, y allí **se agruparon** alrededor de él un gran número de *there gathered* jóvenes intelectuales. Liberales, aun radicales en su pensamiento, lanzaban sus ataques no sólo contra el desorden superficial de Hispanoamérica, sino contra

Un gaucho en la pampa.

Gaucho y sus armas, Morel

sus **mismas raíces**. La turbulencia política que *very roots* desangraba al continente se debía a su carácter hispano, decían. El español, con su concepto personalista, anárquico, de la sociedad, era incapaz de actuar de una manera democrática. La democracia requería hasta cierto punto el sacrificio de ciertas prerrogativas individuales, y el español no estaba dispuesto a entregarlas. Así que, paradoja sobre paradoja, el excesivo individualismo del hispano le iba costando su libertad. Había que mirar hacia el norte, continuaron—hacia los Estados Unidos de América, y hacia Francia. Allí se estaba realizando el sueño de la democracia verdadera. Había que rechazar a la decadente España, y buscar la inspiración sobre todo en los grandes pensadores franceses, en su literatura, en su arte, aun en su lengua. La **polémica** entre Sarmiento y los defensores de la tradición hispánica siguió creciendo, y aunque no se resolvió definitivamente, la influencia del refugiado argentino se hizo sentir en todo el movimiento romántico del siglo XIX.

intellectual dispute

CIVILIZACIÓN Y BARBARIE Sarmiento era ya una de las figuras más destacadas del mundo intelectual chileno. En 1845 apareció el libro que iba a ser su obra maestra. Se titulaba *Juan Facundo Quiroga*, y llevaba el subtítulo *Civilización y Barbarie*. Aunque empieza como una biografía del cruel caudillo gaucho y **teniente** de Rosas, la obra de Sarmiento llega a ser un análisis de la esencia política y espiritual de la Argentina. Había en efecto dos Argentinas—la ciudad, mayormente Buenos Aires, donde había existido una cultura europea y una conciencia de las posibilidades humanas; y la pampa, donde el hombre obedecía sólo la ley de la selva, y era **por lo tanto menos hombre**. Bajo el régimen de Rosas, la pampa se había impuesto sobre la ciudad, la barbarie sobre la civilización. Y había que combatirla.

lieutenant

therefore less of a human being

VIAJES POR EUROPA Y ESTADOS UNIDOS Sus palabras **retumbaron** por toda América, y el dictador argentino hizo demanda formal a Chile **de devolver** a Sarmiento. Pero los chilenos no quisieron. Sarmiento había llegado a ocupar los puestos más altos en su ministerio de educación. Había fundado cientos de escuelas y fomentaba un renacimiento de las artes. El gobierno chileno decidió entonces mandarle a Europa y a los Estados Unidos. Sarmiento **recorrió** España, Francia, e Inglaterra, y finalmente, llegó a Nueva York y a Washington, donde empezó su gran aventura norteamericana. Conoció a Lincoln y a Horace Mann. Habló en universidades e **intimó con** el pueblo. En todas partes se escuchaba su voz.

resounded

to return

traveled about in

he got close to

**TRIUNFO, Y
FRACASO FINAL**

Rosas fue derrotado en 1852. En 1855 Sarmiento volvió a la Argentina para comenzar su múltiple carrera en los campos de la educación, del **periodismo**, y de la política. Fue elegido senador nacional, gobernador de la provincia de San Juan, y por último, en 1868, presidente de la república. Durante su administración hizo más que ningún otro presidente hispanoamericano para fomentar la democracia y extender la educación. Pero sus métodos eran criticados a veces, y los caudillos esperaban cualquier pretexto para derrocarlo. Ya viejo y gastado por los años de lucha, Sarmiento se retiró de la vida pública en 1874, y en poco tiempo vio desintegrarse gran parte de su labor. Pronto **volvieron a surgir** las varias facciones personalistas. Pronto se disiparon los pasos gigantescos que Sarmiento había dado hacia el ideal democrático. Pero su figura queda. Titán y pedagogo, anti-español en su pensamiento, y al mismo tiempo muy hispano en su manera de actuar y de sentir, Domingo Faustino Sarmiento es uno de los grandes productos humanos de la **hispanidad. Nada de** cosas, tal vez; nada de ideas monumentales. Pero hombres monumentales, eso sí. Herencia de España.

journalism

there arose again

Hispanic culture ➤ No

46

Juárez

◎

**EL INDIO ENTRE
LOS BLANCOS**

El indio ha aparecido muy poco hasta ahora en nuestros **anales** del carácter hispano. Lo conocimos en el momento de la conquista. Cantamos sus **elogios** en la epopeya de *La Araucana*. **Compadecimos sus penas** al verle explotado, y celebramos los esfuerzos de los misioneros por edu-

annals

praises
We grieved with him

carle y ayudarle. Y después, le vimos retirarse al **fondo de la escena**, como en realidad se retiró al fondo de la nueva sociedad colonial. Había perdido su puesto bajo el sol. Los dioses lo habían decidido. Se sentía extraño en un mundo blanco, y no había **más remedio que** resignarse. Aceptaba la religión cristiana que le habían traído sus amos, pero no la entendía

back of the stage

anything to do but

Benito Juárez, el indio que llegó a ocupar la presidencia de México.

mucho. Las palabras que murmuraba cuando asistía a **misa**, o al **entierro** de un pariente, o cuando se casaba, eran un **conjunto** de sílabas mágicas, y el indio estaba convencido de que sus dioses antiguos las oirían tan bien como Jesús y la Virgen. Pero no importaba realmente quiénes **oyeran sus oraciones, con tal que** el sol se levantara al día siguiente, con tal que **él viera el próximo atardecer**. Y así, el indio vio levantarse y **ponerse** muchas veces el sol, y cada día era igual al día anterior, excepto que el tiempo adelantaba, y él, no.

mass ⬩ funeral collection

heard his prayers, as long as

he saw the next nightfall set

MESTIZAJE DE LA RAZA En efecto, el indio de sangre pura era un fenómeno **decreciente** en la América hispana. Claro está, los exploradores no trajeron mujeres consigo, y durante

decreasing

los primeros años de la colonización, la corona prohibía la emigración de mujeres a las colonias. Además, el español estaba acostumbrado por toda su historia a la fusión de razas. Y así, a diferencia del proceso colonial en Norteamérica, la primera generación que nació en Hispanoamérica después de la conquista era una generación mestiza, hijos de españoles e indias. Algunos de estos mestizos alcanzaron posiciones de importancia en la iglesia y en el campo de las letras.[1] Pero por lo general, aunque el mestizo se iba incorporando poco en la corriente social, su suerte seguía un camino paralelo a la del indio.

LUCHAS Y DILEMA DEL INDIO   De vez en cuando **sí hubo brotes** del antiguo vigor de los indígenas. En la segunda mitad del siglo XVII, y más tarde, a fines del XVIII, se alzaron algunos descendientes de la familia real **incaica** y **juntaron** grandes ejércitos para desafiar el poder de los blancos. Se sacrificaron innumerables vidas, y los indios vencidos volvieron a su vida de **espera sin esperanza. Sobrevinieron** entonces las guerras de la independencia. En México se alzaron los indios bajo el padre Hidalgo, pero por lo general, se mostraron indiferentes a aquellas luchas entre los blancos. ¿Qué significaba para ellos la independencia, si los criollos los explotaban **tanto como** los españoles, si los criollos eran en efecto los amos, los terratenientes? El indio empezaba a sentir un nuevo despertar de su conciencia racial. Es este despertar **lo que haría surgir** poco después la figura de Benito Juárez.

there were outbursts

Incan — got together

waiting without hope. There ensued

as well as

that would give rise to

VIDA DE BENITO JUÁREZ   Juárez era un indio zapoteca, nacido en 1806 en la provincia mexicana de Oaxaca. **Huérfano** a los cuatro años, fue **criado** por un tío suyo, humilde pastor de **ovejas.** Pero en el joven Benito ardía una **llama** que no se podía apagar. Huyó de casa de sus parientes y llegó a la ciudad de Oaxaca, donde fue

Orphaned
raised
sheep
flame

[1]Recordemos por ejemplo al Inca Garcilaso de la Vega, que llegó a ser una de las figuras más altas de la literatura española del siglo XVI.

recibido como sirviente en la casa de una familia italiana. (Más tarde se iba a casar con la hija de su **patrón**.) *boss*
Bajo la protección de un eclesiástico, amigo de la familia italiana, Juárez **cursó las primeras y segundas** *got his primary and*
letras, y finalmente, se dedicó a la carrera del **derecho**. *secondary education ➤ law*
México estaba **ardiendo** en aquellos tiempos. Acababa *afire*
de conseguir su independencia, pero los gobiernos se alzaban y caían, y la mano del caudillo se imponía en lugar del proceso democrático. Juárez, afiliado con los liberales, conoció durante muchos años los **altibajos** *ups and downs*
de su **azarosa** profesión. Ocupó algunos de los puestos *hazardous*
más altos en el gobierno, pero otras veces, estuvo en el destierro, preparándose para derrotar al dictador Santa Anna. Por fin, en 1858, el indio que ni siquiera sabía hablar español cuando dejó su pueblo natal en Oaxaca, subió a la presidencia de México.

CONTRA LA IGLESIA Y LOS RICOS
Un hombre impasivo, en cuya cara no se veía nunca el **temblor** de una emoción, *flicker*
Juárez estaba **como poseído** por el deseo de **reivindi-** *as if possessed ➤ vindicate*
car a su raza. Suya sería la venganza de los siglos. Inició una serie de reformas radicales, siendo sus **blancos** principales la iglesia y los grandes terratenien- *targets*
tes. Confiscó las propiedades de la iglesia, **expulsó** a *expelled*
las órdenes monásticas, instituyó el matrimonio civil, cerró las escuelas eclesiásticas, y prohibió a los clérigos presentarse en la calle con hábito religioso. Proclamó el sufragio universal y la libertad de religión y de la prensa, pero a la vez **obró** fuertemente para suprimir *he acted*
toda oposición. No obstante, la oposición crecía dentro y fuera del país. Los conservadores se rebelaron, y Juárez tuvo que huir de la capital y establecer el asiento del gobierno en Vera Cruz.

INVASIÓN FRANCESA
Dos años después, en 1861, volvió triunfante a la capital. Pero México se hallaba en la **bancarrota**, y Juárez *bankruptcy*
suspendió los **pagos** de la deuda nacional a los países *payments*
extranjeros. España, Inglaterra, y Francia protestaron, y los franceses se aprovecharon de la oportunidad para

mandar un fuerte ejército a México. En 1864, mientras que Juárez continuaba la lucha en el norte, el príncipe austríaco Maximiliano, **títere** en manos del emperador francés, fue coronado rey de México.   *a puppet*

GUERRA CONTRA MAXIMILIANO
El pueblo mexicano se levantó entonces como había hecho antes el pueblo español contra el invasor francés. Aunque había ciertos elementos conservadores que favorecían el régimen del infortunado Maximiliano, los ejércitos de Juárez crecían todos los días. El 19 de junio de 1867, a los primeros **albores** del   *lights*
día Maximiliano y sus dos leales generales mexicanos fueron llevados al lugar de la ejecución. " ¡Escuadrón! ¡Preparen! ¡**Apunten**! ¡Fuego!"... Juárez había   *Aim!*
triunfado.

LA HUELLA DE JUÁREZ
Durante su segunda presidencia, Juárez quiso llevar a cabo todas las reformas económicas y sociales que había emprendido antes. Pero la disensión política impidió su realización, y a la muerte del héroe nacional mexicano, el país iba a caer otra vez en manos de otro dictador, Porfirio Díaz. Sin embargo, la vida de Juárez no había sido en vano. Aunque cometió ciertos excesos en su **celo reformador**, aunque su   *zeal for reform*
concepto "liberal" **rayaba** a veces en el caudillismo,   *bordered*
logró cambiar la **faz** de la sociedad mexicana. En una   *face*
nación mayormente india y mestiza, el indígena había recuperado a lo menos en parte su puesto bajo el sol. La sombra de Benito Juárez dominaría desde entonces la historia de México.

47

La Gloriosa

◌

**REINADO DE FERNANDO VII:
TIRANÍA Y REVOLUCIÓN**

Por un breve momento España **se había vuelto a unir**. Por un breve momento, durante la ocupación napoleónica, el pueblo se había alzado como un solo hombre, y había triunfado. Pero Fernando volvió e impuso su tiranía, y una vez más, la nación se dividió en facciones opuestas. Aunque muchos de los jefes liberales se habían refugiado en otros países, todavía quedaba en España un fuerte núcleo liberal que se oponía a la política absolutista del monarca. **Por otra parte**, había muchos españoles sumamente conservadores que seguían leales a la corona. El rey significaba para ellos la gloria de la España de otros tiempos y la fuerza de su tradición. Además, reinaba por derecho divino, y **el que se metiera** con él sufriría en su alma las consecuencias. Así que por un tiempo se pudo mantener la difícil balanza del poder. Pero en 1820 estalló otra vez la revolución contra el déspota. Los liberales tomaron prisionero a Fernando y le obligaron a aceptar una constitución. Parecía que los elementos **renovadores** iban a salir victoriosos. Hasta que el emperador de Francia, viendo amenazada su propia posición por la revuelta popular española, envió cien mil soldados—"los cien mil hijos de San Luis"—para sofocarla. Y España cayó de nuevo bajo el talón de Fernando.

had united again

On the other hand

anyone who started up

forward-looking

**EMPIEZAN LAS
GUERRAS CARLISTAS**

En 1833 el tirano murió. Y resultó que no dejó **hijo varón** para sucederle. Su hija, Isabel, era una **criatura** de dos años, y su viuda, María Cristina, fue nombrada regenta hasta que la

a male child

baby

niña **llegara a la mayoridad**. Pero Carlos, el her- *came of age*
mano de Fernando, tenía otras ambiciones. **Alegando** *Alleging*
que la corona no debía descansar en la cabeza de una
mujer, la declaró suya, y **reforzó sus pretensiones** *backed up his claims*
con las armas. Otra vez España se halló metida en
una guerra civil. Los carlistas, integrados por los
elementos más conservadores, encontraron apoyo
entre la alta nobleza, el clero, y la gente rural, sobre
todo en el País Vasco donde el tradicionalismo
estaba muy arraigado. Por lo tanto, la regenta tuvo que
acudir a los liberales, cuya mayor fuerza se concen- *turn to*
traba en las ciudades, en Castilla y las provincias del
centro. Les hizo ciertas concesiones, incluso la restauración del sistema parlamentario. Pero el liberalismo de
la corona era **poco sincero**, y el descontento crecía. *rather insincere*
Además, el mismo campo liberal estaba dividido.
Por un lado, había monarquistas constitucionales,
republicanos, y anti-clericales; por otro, defensores
inveterados de la autoridad real, y **reliquias** de la *confirmed ← relics*
corte de Fernando.

DESINTEGRACIÓN En fin, el cuadro político de la
MORAL primera mitad del siglo XIX
era un mosaico de piedras **in-** *irregular and uncemented*
formes y sin cimentar. Y lo que es peor, **a medida** *← as time went on*
que adelantaba el tiempo, los pedazos se iban a
astillar aun más. El mismo proceso de la desinte- *splinter*
gración que había fragmentado su imperio colonial, se
apoderaba ahora de la metrópoli. Porque las guerras
civiles eran más que luchas superficiales por el poder.
Reflejaban **más bien** la guerra que sentía por dentro *rather*
cada español—guerra entre tradición y modernidad,
entre fe y escepticismo, entre ideal y realidad. Guerra
provenida de la frustración, de la angustia y desespe- *arising*
ración que hace al hombre, o a la nación, **volverse** *turn against itself*
contra sí.

CAOS BAJO Los gobiernos subían y caían. Hubo
ISABEL II sublevaciones liberales en 1845 y en
1854. Se confiscaron ciertas propie-
dades de la iglesia. Y siempre continuaban las guerras

carlistas, **proseguidas** por los hijos, y después por *carried on*
los nietos de Carlos. Isabel reinaba ahora, y la situación
empeoraba. Una mujer de poca habilidad, y de menos *was getting worse*
carácter moral, escandalizó con su conducta aun a los
monarquistas más **consumados**. **Fingió** favorecer *tried and true ◆ She pretended*
a los liberales, pero al mismo tiempo, se dejaba **do-** *be dominated*
minar por las políticas carlistas. Y el resentimiento
aumentaba por todos lados. Fuera de España las cosas
tampoco iban bien. La intervención militar en el
Perú, en Santo Domingo, y en México acabó desas-
trosamente. Y aun las victorias **resonantes** que los *resounding*
españoles consiguieron contra los **marroquíes** en *Moroccans*
África se disiparon pronto en medio de la confusión y
corrupción política. España estaba **hirviendo**. No *at the boiling point*
podría **aguantar más**. *stand any more*

**1868:
"LA GLORIOSA"**
Y la revolución vino. "La Gloriosa" la llamaron. Como con
una sola voz, el pueblo se levantó
en julio de 1868, y puso fin al régimen de Isabel II.
Ya no cabía duda. España había perdido el último *There was no more room for*
vestigio de su dignidad, y juntos—el ejército, la
marina, los estudiantes, el pueblo entero—la iban *navy*
a recuperar. Pero, ¿cómo? De ahí nacía el dilema.
¿Monarquía democrática? ¿República federal? ¿Una
dinastía nueva, elegida por el voto popular? Se formó
un gobierno provisional, y después otro, y otro.
Se ofreció la corona a varios monarcas y príncipes
europeos, y todos la rechazaron. Por fin, la aceptó el
príncipe italiano **Amadeo de Saboya**, un hombre de *Amadeus of Savoy*
indisputado talento y dedicación, y resuelto a unir a las
facciones disidentes por medio de la democracia. La
revolución de 1868, "La Gloriosa" no sería en vano.

**FRACASA EL REINADO
LIBERAL DE AMADEO**
Pero Amadeo no contaba
con el carácter español.
En vez de la democracia,
sucedió más bien la anarquía. En vez de unirse las
facciones, se multiplicaban. La tercera guerra carlista
alborotaba la paz, y los **propios partidarios** de *own partisans*
Amadeo estaban desunidos. En febrero de 1873, dos

La reina regente María Cristina en el entierro de su esposo, Alfonso XII.

años después de su llegada a España, Amadeo abdicó, desilusionado y **amargado**. Sus palabras de **despedida** pintan con vivos colores la tragedia española: "Si fueran extranjeros los enemigos de la **dicha** de España, entonces... [yo] sería el primero en combatirlos; pero todos los que con la espada, con la pluma, con la palabra, **agravan y perpetúan los males** de la nación son españoles... He buscado la solución dentro de la ley y no la he hallado."

embittered ← farewell

welfare

aggravate and perpetuate the ills

REPÚBLICA Y RESTAURACIÓN

Amadeo volvió a Italia, y en España se proclamó la República. Menos de un año iba a durar, y durante aquellos pocos meses, cayeron doce gobiernos. Las tendencias anárquicas y separatistas del español predominaron sobre la razón. Cataluña declaró su autonomía y quiso separarse definitivamente. Andalucía se rompió en pequeños **cantones**, y en las

cantons (self-governing units)

Provincias **Vascongadas cundía** un movimiento independentista. Cuba se rebelaba, los carlistas continuaban sus ataques, y la República se hundió. Como último recurso, las Cortes votaron por la restauración de la monarquía borbónica. Alfonso XII, hijo de Isabel, volvió a España en 1874 para empezar su corto reinado constitucional. El siglo XIX se iba acabando, pero no las disensiones internas, no la inestabilidad y corrupción política. "La Gloriosa" había fracasado, y España se acercaba otra vez al abismo.

Basque ➤ there spread

48
Otra Vez la Catástrofe

◇

1898: ¡A LA GUERRA! Los periódicos excitaban hacia el furor al **populacho** norteamericano. Había que "libertar" a Cuba. Había que acabar de una vez con el bárbaro imperio español en tierras americanas. "Recuerden el Maine", **clamaban**, y la **fiebre aumentaba**. Mientras tanto, los periódicos españoles decían iguales **necedades**. "Los yanquis no están preparados para la guerra." "No tienen siquiera uniformes para sus soldados." "Los yanquis son todos vendedores de **tocino**. Al ver a los primeros españoles, dejarán las armas y **echarán a correr**."

populace

they clamored ➤ fever
increased ➤ stupidities

bacon
they'll break into a run

DESASTRE Y APATÍA Pío Baroja describe en su novela *El Árbol de la Ciencia* aquel trágico año del 1898. España iba a declarar la guerra a los Estados Unidos. "Había **alborotos**, manifestaciones en las calles, música patriótica **a todo pasto**." El español, **metido** todavía en su sueño de glorias pasadas, no podía aceptar las realidades del siglo XX. Existía aún para él la España del Cid y del César. Y así vino el desastre. En unos pocos días,

commotions
to beat the band ➤ set

España perdió sus últimas posesiones coloniales—Cuba, Puerto Rico, las Filipinas—y con ellas, los últimos restos de su prestigio imperial. Baroja continúa: "El desastre había sido como... una **cacería**, una cosa ridícula." Pero aun peor, "Después del desastre, todo

hunting chase

Pío Baroja y Nessi, novelista distinguido de la Generación del '98.

Pío Baroja y Nessi, Sorolla y Bastida

el mundo iba al teatro y a los toros **tan tranquilos**; aquellas manifestaciones y gritos habían sido **espuma, humo de paja**, nada." Y los jóvenes intelectuales se indignaban al ver tanta indiferencia... Baroja hace comentar a dos protagonistas de su libro:

as if nothing had happened

foam, straw smoke

—Es triste todo eso. Siempre en este Madrid la misma **interinidad**, la misma **angustia hecha crónica**, la misma vida sin vida, todo igual.

—Sí, esto es un **pantano**.

—Más que un pantano, es un campo de **ceniza**.

instability ☛ anguish become daily fare

swamp

ashes

**CAMPO DE CENIZA:
¿POR QUÉ?**

Precisamente en un campo de ceniza se había convertido España. Ceniza porque antes hubo fuego, el fuego de la conquista y del impulso creador. Y poco a poco se fue extinguiendo hasta que no quedaron más que cenizas... Pero, a lo menos una vez hubo fuego, pensaron los jóvenes intelectuales. ¿De dónde vino la **llama** que **alumbró** en un tiempo sus horizontes? ¿Por qué se apagó? ¿Cómo se podrá **encender** de nuevo? Algunos decían que la catástrofe vino porque España había **dejado de ser** ella misma. Había tratado en vano de incorporarse en las corrientes europeas, y no debía. España no pertenecía realmente a Europa, afirmaban. África terminaba con los Pirineos. Allí al sur, debía encontrar España sus verdaderas **raíces**... Pero no, decían otros. España **fracasó** porque no supo ser como el resto de Europa. No adelantó porque siempre tuvo la cabeza **vuelta hacia atrás**. Había que progresar; había que **tapar** para siempre la tumba del Cid; había que despertar.

flame ⬅ lighted

be lit

stopped being

roots

failed

*turned toward the
past ⬅ seal*

**ORGULLOSOS
EN EL DESVÁN**

Julio Camba, un humorista de nuestro siglo, nos **recuerda** aquellos tiempos. Comparando a toda Europa con una **casa de vecindad**, dice: "Los españoles estamos en el **desván**. Vivimos entre **telarañas y trastos viejos**. Todos los días decimos que vamos a renovar el **piso**; pero no lo hacemos nunca... Los otros pueblos europeos están mucho mejor **instalados** que nosotros, y comen más y tienen muchísima más fuerza; pero yo no los **envidio. Los inquilinos** del desván somos unos hidalgos **que no envidiamos** a nadie."

recalls

tenement house

attic

cobwebs and junk

apartment

set up

*envy ⬅ We tenants
⬅ who don't envy*

**EL DESPERTAR: LA
"GENERACIÓN DEL '98"**

Hasta cierto punto, Camba tenía razón. Hasta cierto punto sí, los españoles vivían **complacientes** en su **callada** decadencia. Pero el silencio se iba a romper. Pronto se iba a alzar la voz de una nueva generación de escritores y pensadores. "La Generación del '98"

complacently ⬅ quiet

los llamamos, porque la fuente de su inspiración fue precisamente aquel año trágico. No eran hombres de política, sino de arte, de filosofía. No deseaban cambiar sólo la superficie de España con unas reformas inmediatas, sino renovar los **cimientos** de la conciencia española. Si era necesario destruir **antes** todas sus concepciones fundamentales, pues bien, "destruir es crear", como dijo Baroja. Destruir la complacencia, el orgullo **vacío**, la fe ciega, y actuar, empezar de nuevo, buscar la posibilidad de un futuro fuego. Los renovadores son muchos, y sus obras sacuden el intelecto, aun más, el alma de sus compatriotas. En primera **fila** está por ejemplo el filósofo-novelista-dramaturgo y profesor Miguel de Unamuno, tal vez el **valor** más imponente de la generación. Y con él, el **estrafalario** y sensual Ramón del Valle Inclán; el delicado y pensativo José Martínez Ruiz ("Azorín"), el violento y cínico y genial Pío Baroja, y tantos otros. Traen un renacimiento artístico que pronto tendrá consecuencias en la educación, en la política, en la sociedad misma. Del campo de ceniza está naciendo otra vez el **Fénix**.

very foundations

first

empty

row

creative figure
eccentric

Phoenix (mythological bird reborn of its own ashes)

49
Revolución en México

◈

CANCIONES DE LA REVOLUCIÓN "Una cosa me da risa, Pancho Villa sin camisa; Ya se van los **carrancistas** Porque vienen los **villistas**."

"La cucaracha, la cucaracha, ya no puede caminar. . ."

followers of Carranza
Villa's men

La Revolución Mexicana **vertida en** canciones.[1]   *poured into*

"Pancho Villa se rindió
en la ciudad de Torreón,
ya se cansó de pelear,
se va a **sembrar** algodón.   *plant*

Todo el mundo está contento
con la **rendición** de Villa   *surrender*
y espera que no haya guerra
por la cuestión de la **silla**.   *the (Presidential) seat*

Carranza ya se murió,
que Dios lo haya perdonado,
nada más por su capricho,
muy caro le ha costado.

Todo fue por un momento,
no más un **trueno** se oyó,   *burst of fire*
el Partido Obregonista
a Carranza derrotó.

El pueblo y la fuerza armada
son de la misma opinión,
quieren que suba a la silla
el general Obregón.

Todo es un mismo partido,
ya no hay con quien pelear,
compañeros, ya no hay guerra,
vámonos a trabajar."

Vámonos a trabajar. Para la paz. Para gozar los frutos
de los árboles y de la tierra. Para vivir libres. Para
comer. Para...

1910:
¡VIVA...! El año, 1910. Los protagonistas, Carranza, Villa, Zapata, Obregón, jefes
de la revolución contra la dictadura de
Porfirio Díaz. Contra la dictadura de Díaz, hemos
dicho, pero ¿en favor de qué?... ¿en favor de
quién...? Ahí está la tragedia. Volvamos al principio.

[1]Estos trozos vienen de "corridos" mexicanos. Los corridos son canciones
narrativas de tipo folklórico y hay muchos que tratan de la revolución.

RÉGIMEN DE PORFIRIO DÍAZ A la muerte de Benito Juárez en 1872, el caudillo Porfirio Díaz subió al poder, y durante las próximas tres décadas México iba a gozar de una "paz y prosperidad" desconocidas en su historia como nación independiente. Sí, reinaba la paz, porque Díaz había suprimido con mano de hierro toda oposición a su "política liberal". Sí, había prosperidad, pero era una prosperidad de la clase alta, **a fuerza de vender** *by dint of selling* a compañías extranjeras los recursos naturales de México. Y los pobres se quedaban tan pobres como siempre.

EL IDEALISTA MADERO Para 1909, bandos de guerrilleros se habían formado en el norte, y en 1910 estalló definitivamente la Revolución. Francisco Madero, intelectual, idealista, e **ingenuo**, la encabezó en sus primeros momentos, y *naïve* Díaz **renunció**. En 1911, Madero fue elegido presi- *resigned* dente, y parecía que el **traslado del poder** se había *transfer of power* realizado con poca dificultad. Madero soñaba con un programa liberal, pero no sabía cómo implementarlo. Soñaba con una nación unida en la democracia, pero no contaba con las fuerzas que **obraban en el seno de** *were at work in the breast of* su pueblo. El idealista fue asesinado en 1913; el reaccionario general Victoriano Huerta asumió la presidencia; los campos disidentes se juntaron para combatirle, y la Revolución había comenzado de nuevo.

GENERALES Y CAMPESINOS Desde el sur vino Emiliano Zapata con sus hordas **hambrientas de** *hungry for* tierra. Desde el norte bajaron Venustiano Carranza, Pancho Villa, y Álvaro Obregón. La Revolución había tomado un carácter popular, y casi todos sus jefes eran hombres del pueblo, faltos de educación, pero llenos de la furia de los siglos. Durante el régimen de Porfirio Díaz habían desaparecido los verdaderos partidos políticos, y ahora no quedaban más que individuos, caudillos personales. Huerta renunció en 1914, y los victoriosos generales de la

Pancho Villa entrando en un pueblo. Fotografía
auténtica de la Revolución Mexicana.

Revolución empezaron a luchar entre sí. Pancho
Villa, un campesino rudo, conocido tanto por su
valentía como por su crueldad, triunfó primero. Pero
al año siguiente, fue derrotado y la estrella de Carranza
comenzó a subir.

**NUEVA
CONSTITUCIÓN**
En 1917 se promulgó una nueva
constitución, y México **pensaba
dar** sus primeros pasos hacia el fu- *expected to take*
turo. **Se repartirían** las grandes haciendas. Se acabaría *would be divided up*
con el **caciquismo** y la corrupción. Se mejorarían las *bossism*
condiciones del trabajo. Se recuperarían los recursos
naturales que Díaz había entregado a los extranjeros.
Carranza realizaría un amplio programa de reforma
social, y la sangre **derramada** en la guerra no sería *spilled*
en vano.

SUCESIÓN DE PRESIDENTES Pero la presidencia de Carranza fracasó totalmente. Viendo **desechadas** sus demandas de reforma agraria, Zapata volvió a incitar a las masas del sur. Poco después, murió víctima de una conspiración de los carrancistas. Mientras tanto, Obregón **proyectaba** su propia revolución de "**reivindicación**". Carranza fue asesinado, y Obregón se hizo presidente. Villa se lanzó a la rebelión, y él también murió asesinado en 1923. Siguieron otros presidentes y otros asesinatos y otras revueltas, a veces liberales, o radicales, otras veces, conservadoras, o católicas. Por fin, en 1934, el presidente Lázaro Cárdenas se encargó de la evolución dinámica de un nuevo México. La revolución sangrienta había terminado, pero la verdadera, la fundamental, sigue sacudiendo hasta hoy la estructura social de la nación.

ignored

was planning
vindication

PSICOLOGÍA DE LA REVOLUCIÓN Mariano Azuela pinta en su novela *Los de Abajo* la psicología del pueblo mexicano en aquellos años **frenéticos** de la Revolución. Para muchas personas, la guerra era como un narcótico que las apartaba de la triste realidad **cotidiana**. Como el autor hace decir a un poeta en su novela, "Amo la Revolución como amo al volcán que **irrumpe**. ¡Al volcán porque es volcán; a la Revolución porque es Revolución!" Uno **deja de ser uno**; **se hace masa**, y se deja llevar por la **oleada**. "Porque si uno trae un fusil en las manos y las **cartucheras** llenas de **tiros**, seguramente es para pelear. ¿Contra quién? ¿En favor de quiénes? ¡Eso nunca le ha importado a nadie!"

The Underdogs

frenzied

everyday

erupts

stops being himself; he becomes part of a mass ► wave
cartridge holders
shots

"¿PUES CUÁL CAUSA...?" *Los de Abajo* es la historia de un campesino, Demetrio Macías, que a consecuencia de una **rencilla** personal con el cacique de su pueblo, se junta con la Revolución. Con el tiempo llega a ser uno de los jefes revolucionarios. Pero no sabe realmente por qué ni **para qué** está luchando. En una ocasión un

dispute

what for

prisionero le ruega que le perdone la vida. "No me maten", dice. "Yo soy un verdadero **correligionario.**" *believer in the same cause*

—¿Corre. . .qué?—inquirió Demetrio, **tendiendo una oreja.** *lending an ear*

—Correligionario, mi jefe . . . , **es decir**, que persigo los mismos ideales y defiendo la misma causa que ustedes defienden. *I mean*

Demetrio sonrió:—¿*Pos* cuál causa defendemos nosotros? **(Pues)**

Así, como la piedra que sigue rodando hasta que llega al fondo del abismo, siguió la vida de Demetrio Macías. Y así siguió la Revolución. Hasta que acabó. Pero detrás de la **nube de polvo** que levantó en su loca **carrera**, se iba a ver una luz más clara, un nuevo día. *cloud of dust* / *flight*

50

Hoy y Mañana

LETARGO EN AMÉRICA

Siglo XX. Hoy. **Amaneció el día** en América con la Revolución mexicana, **chorro** de sangre que **enrojeció el alba**. Pero el rojo se fue **destiñendo** a medida que se alzaba el sol, y para el mediodía, tomaba un **ligero matiz dorado, vislumbre del más allá**. México emprendía un camino nuevo, **escabroso** todavía, pero a lo menos un poco **más seguro** que el viejo. Mientras tanto, el resto de la América latina dormía **aún el sueño del letargo**. Con raras excepciones (el Uruguay y Costa Rica tal vez), las repúblicas del sur eran regidas por caudillos y dictadores, y las constituciones, modeladas según la de los Estados Unidos, eran **como fantasmas** de un futuro que

The day broke / *a spurt* / *reddened the dawn* — *fading* / *slight golden hue, glimpse of something beyond* — *rocky* / *safer* / *still the sleep of lethargy* / *like ghosts*

Caracas, ciudad moderna y cosmopolita.

no había de llegar. Como **solía** decir uno de los notorios dictadores venezolanos, "¿La constitución? Sí, la amo mucho. Aquí la tengo siempre en **el bolsillo**." Y sonriendo, sacaba del bolsillo un papel **arrugado**.

wasn't going to ← used to

my pocket

wrinkled

POBREZA, IGNORANCIA, Y GOLPES DE ESTADO

Así como el gobierno estaba por la mayor parte en manos de caudillos, la economía estaba en manos de la clase alta. Los ricos eran riquísimos, y los pobres yacían en la miseria. Las actividades principales eran agrícolas y **mineras**. Faltaban escuelas y buenos caminos y medios de transportación. Había poca **fabricación**, y en aquellos países donde **escaseaban las** grandes ciudades, casi no existía una clase media. Pero los políticos seguían **pronunciando discursos altisonantes**, los

mining
manufacture
there were few

making high-sounding

Indios peruanos.
El mundo hispano: tierra de contrastes.

militares hacían sus **periódicos golpes de estado**, y el gobierno pasaba de mano en mano **sin que hubiera** un verdadero cambio fundamental.

speeches ⬅ periodic coups d'état (power takeovers) without there being

CONSECUENCIAS DE LA DEPRESIÓN MUNDIAL

Sobrevino el año 1929. Y la depresión económica que hundió aun a las naciones más potentes, sacudió hasta las raíces a los débiles países hispanomericanos. El pueblo sufría un hambre mortal, y los fusiles de los soldados ya no bastaban para sofocar sus gritos. Además, ahora **se les juntaba** una voz nueva, la de la joven generación de artistas y escritores. Izquierdistas en su mayoría, unían a su denuncia de las condiciones **prevalecientes** la promesa de un **porvenir más claro** bajo el... ¿socialismo? ¿comunismo? ¿sindicalismo?[1] ¿apris-

they were joined by

prevailing

brighter future

[1]Gobierno por los sindicatos de trabajadores.

mo?[2] ¿peronismo?[3] ¿democracia cristiana?[4] ...?
Hubo **motines** y sublevaciones, pero los cambios no *riots*
eran inmediatos. Se adelantaban las uniones de los
obreros, pero poco progresaba la educación, poco se *workers*
mejoraban las condiciones de los labradores de la
tierra. La ignorancia ofrecía fértil campo a todos los
"ismos", pero al mismo tiempo hacía imposible la
acción unida. La **muchedumbre** rugía: "¡**Fuera** los *crowd ▬ Out with*
extranjeros! ¡Váyanse, yanquis!", sin darse cuenta
de que el verdadero tirano estaba en casa.

PROBLEMAS ACTUALES
DE HISPANOAMÉRICA
En los últimos años, His-
panoamérica ha empren-
dido por fin un cambio
de camino. Han caído casi todos los dictadores más
aferrados—Perón en Argentina, Trujillo en la *entrenched*
República Dominicana, Batista en Cuba, Rojas Pinilla
en Colombia, Jiménez en Venezuela. Favorecido por
una política más liberal—y más realista—de parte
de los Estados Unidos, se está desarrollando el potencial
económico de algunos de los países del sur. Pero los
problemas existen todavía. La falta de educación en
muchas partes; los **escasos** medios de transporte y de *scant*
comunicación; los gigantescos obstáculos geográficos;
la tendencia al régimen personalista; la abierta corrupción política; la amenaza del comunismo; y el
continuo faccionalismo que cede sólo ante la mano
fuerte. Hispanoamérica es una, y es múltiple. Cada
país tiene sus propios problemas y conflictos y solu-
ciones. Pero a todos les une un fuerte sentido de su
hispanidad y de su fondo católico, herencia de *Hispanic background*
España transplantada al suelo de América.

ESPAÑA: HASTA
LA GUERRA CIVIL
Siglo XX. Hoy. Amaneció el
día en España con el despertar
después del desastre. **Se re-** *are stirred up*
mueven las cenizas, pero los **chispazos** que salen de *▬ sparks*

---
[2]Programa político de un partido izquierdista peruano llamado A.P.R.A.
(Alianza Popular Revolucionaria Americana).
[3]Doctrina obrerista-militar del dictador argentino Perón.
[4]Partido popularísimo hoy en Chile y otros países latinos. Ocupa más bien
el centro, aunque tiene ciertas tendencias hacia la izquierda.

ellas **se desparraman**, y el caos continúa. **Levanta-** *scatter — Uprisings —*
mientos. Corrupción política. **Atraso** económico.   *backwardness*
Separatismo. Anarquismo. En 1923 un golpe de estado
suspende los derechos constitucionales, y establece la
dictadura de Miguel Primo de Rivera. En 1930 Rivera
tiene que renunciar, y al año siguiente se proclama otra
vez la república. Orientada hacia la reforma social y la
separación de la iglesia y del estado, el gobierno republicano encuentra fuerte resistencia entre los elementos
conservadores. La situación empeora mientras las
facciones se acercan a los extremos. En 1936 los
izquierdistas triunfan en las elecciones, y estalla casi
en seguida la guerra civil. Tres años después el ultra-
conservador general Francisco Franco, ayudado por
Hitler y Mussolini, finaliza su victoria, e instituye un
régimen dictatorial que ha mantenido el poder hasta
hoy.

DICTADURA   La dictadura de Franco ha seguido el
curso de todo gobierno totalitario,
suprimiendo la libertad de la prensa
y de la libre expresión. Pero ha tenido que **llevar en**   *keep in mind*
cuenta siempre ciertos aspectos del carácter español.
Aprovechándose del profundo sentimiento católico
del pueblo, Franco justifica su régimen autoritario
como única defensa contra el comunismo **ateo**. Justi-   *atheistic*
fica su sistema militarista en nombre de la unidad, y
señala con orgullo los largos años de "paz" que
España ha gozado en medio de un mundo entregado
a la guerra. Pero no ha podido apagar totalmente el
deseo de libertad que vive dentro del español. Y así ha
tenido que **aflojar** en años recientes su **agarro de**   *loosen — iron grip*
hierro, y ha hecho concesiones a las uniones de obre-
ros, a los periódicos, y en ciertos respectos, a las
universidades. El español puede caminar más libre-
mente ahora por las calles de sus ciudades y pueblos.
Y el **chófer de taxi** puede contar chistes acerca del   *taxi driver*
viejo dictador y su **séquito**. Pero los cambios han sido   *hangers-on*
superficiales, y la dictadura persiste siempre por
debajo.

**ESPAÑA MODERNA,
ESPAÑA VIEJA**

Ha sido superficial también la aparente prosperidad que adorna las grandes ciudades con nuevos **barrios** de apartamentos modernos. España *neighborhoods* está disfrutando del dinero traído por el turismo y por las bases militares norteamericanas. En algunas regiones se ven nuevos sistemas de irrigación y algún desarrollo industrial. Pero por lo general, España sigue siendo una nación agrícola, de infinitos pueblos pequeños donde todavía falta **el agua corriente**, y *running water* frecuentemente la electricidad. Tierra de contrastes, **abriga** una población urbana consciente del mundo de *it shelters* fuera, del arte moderno y de la televisión, y una población rural metida todavía en el pasado.

**PERSPECTIVAS
DEL FUTURO**

¿Mañana? Se han puesto en marcha ya varias fuerzas nuevas que empujan a España e Hispanoamérica hacia la corriente de las demás naciones occidentales. El mundo se ha hecho demasiado pequeño para poder permitir el **aislamiento**. El cambio *isolation* tiene que realizarse. Pero primero, conociendo el carácter hispano, hay ciertas preguntas **que contestar**. *to be answered* ¿Están preparadas España e Hispanoamérica para la democracia? ¿Será capaz el hispano de sacrificar hasta cierto punto su individualismo orgulloso para hacer un esfuerzo unido? ¿Bastará su profunda religiosidad para acabar con la amenaza comunista? ¿**Aportará** al *Will he bring* gesto heroico el **contrapeso** de la razón, a la palabra *counterbalance* **emocionante**, un impulso **sostenido** hacia la ac- *stirring ➤ sustained* ción? . . .

¿Mañana . . . ?

EPÍLOGO: VISTA
DESDE ADENTRO

EL HISPANO A TRAVÉS DE SU LENGUA

Hemos visto ya al hispano a través de su historia, por las cosas que hace, por los actos que llegan a la superficie de los tiempos. Ahora, antes de dejarlo, **echémosle una mirada desde adentro. Internémonos** un poco en su subconciencia, en los aspectos sutiles de su ser que se revelan sólo por su lengua, por su manera de pensar. . .

let's cast a glance at him from within ➤ Let's get inside

EL GESTO DRAMÁTICO

El hispano, como hemos dicho, es un hombre apasionado, dado a la exageración y al gesto dramático. Y así lo demuestra su lenguaje. Comparémosle con el norteamericano o con el inglés, por ejemplo. Les ha cogido una fuerte lluvia. El inglés queda "**mojado hasta la piel**". El hispano queda "mojado hasta los **huesos**". Déles un **montón** de trabajo. El inglés está "**hasta el pescuezo**". El hispano está "hasta la **coronilla**". Véalos enamorados. El inglés ama hasta el **fondo** de su corazón. El español, ¡**hasta los hígados**! Obsérvelos **equivocados o arrepentidos**. El inglés lo **siente** profundamente. El hispano lo lamenta en el alma. El inglés da la **bienvenida** a sus **huéspedes**. ¡El hispano le da su casa! "Mi casa es de Ud", dice. "Mi casa es su casa." El inglés da muchas gracias. El hispano da mil.

drenched to the skin

bones ➤ pile
up to his neck
tip top of his head
bottom ➤ right down to his liver ➤ mistaken or sorry
regrets
welcome ➤ guests

SU CARÁCTER INDIVIDUALISTA

Hemos dicho que el hispano es individualista, que conserva a todo momento una conciencia aguda de su propia dignidad, de su "yo". ¿Qué dicen sus **refranes**? "Cada uno es hijo de sus obras." "No es un hombre más que otro si no hace más que otro." "Tienes tu alma en tu cuerpo y tu libre **albedrío** como el **más pintado**." "**Ruin sea quien por ruin se tiene**." "**Debajo de mi manto**, **al rey mato**." "**Ándeme yo caliente**, y ríase la gente." "**Allá se lo hayan**. Con su pan **se lo coman**."

popular sayings

will ➤ biggest VIP. "Anyone who thinks nothing of himself, is nothing."
"Under my cloak, I can kill the king." (I'm as good as he.) "Let me be nice and warm ➤ "That's their affair. Let them eat it."

ESTOICISMO Estoico, hace frente a la vida con una firme resignación **matizada** de optimismo. "Lo que hoy se pierde, se gana mañana", dice. "Donde una puerta se cierra, otra se abre." "El que hoy cae puede levantarse mañana." "Desnudo nací, desnudo me hallo; ni pierdo ni gano." Y hace frente al desastre diciendo: "No hay mal que cien años **dure**." "Buen corazón **quebranta mala ventura**." "No hay mal que **por bien no venga**." "Para todo hay remedio, si no para la muerte."

tinged with

lasts ➤ breaks bad luck ➤ that doesn't lead to some good

RELIGIOSIDAD Preocupado con la muerte, el hispano halla su único **consuelo** en una profunda religiosidad. "Cada uno es como Dios le hizo", dice. "Bien **predica quien** bien vive." "Quien **yerra y se enmienda**, a Dios **se encomienda**." "El hombre propone, y Dios dispone." "Dios, que da la **llaga**, da la medicina." Pero hay que cuidarse mucho de las influencias malas, **advierte**. Porque, "El diablo nunca duerme." Y a veces, aun "**Tras** la cruz está el diablo."

consolation

preaches he who ➤ errs and makes amends
delivers himself
wound

he warns
Behind

REALISMO PRÁCTICO Pero la resignación y la **piedad** religiosa no bastan por sí solas. Fe y obras, dice Dios. Hay que actuar. Hay que aprovecharse de las oportunidades cuando se presentan. "**Al que madruga**, Dios le ayuda." "A Dios **rogando, pero con el mazo dando**." "Cuando viene el bien, métalo en tu casa." "**Cuando te dieren la vaquilla, corre con la soguilla**." "**Más vale un toma que dos te daré**." Uno puede subir mucho en la escala social. No importa cómo haya nacido, sino cómo haya vivido. "No con quien naces, sino con quien **paces**." "Dime con quién andas, **decirte he** quién eres." Pero uno no debe ser demasiado ambicioso. "Cada **oveja** con su **pareja**." "Muchos van por **lana** y vuelven **trasquilados**." "**Nadie tienda más la pierna de cuanto fuere larga la sábana**." Porque "La **codicia** rompe el saco." Y "**Por su mal le nacieron alas a la hormiga**."

piety

The one who gets up early (The early bird....) ➤ praying, but hitting with the hammer at the same time ➤ "When they give you the calf, hurry over with the rope." ➤ "One 'here, take it' is worth more than two promises."

you pasture (whom you live with) ➤ and I'll tell you

sheep ➤ mate
wool ➤ clipped ➤ "No one should stretch out his leg more than the length of the bedsheet." ➤ greed ➤ "For his own harm did the ant grow wings."

ENLACE CON LA TIERRA Encontrando ardua su lucha por la vida, se muestra a veces muy práctico, muy hombre de la tierra. "Los **duelos**, con pan son menos", dice "**Tripas llevan pies, que no pies trapas.**" O cambia el refrán para decir: "Tripas llevan corazón, que no corazón tripas." "**Muera Marta, y muera harta.**" "De **paja** o de **heno, mi vientre** lleno." Y en un momento de desilusión, añade: "**Tanto vales cuanto tienes**, y tanto tienes cuanto vales."

pains ► "The stomach (guts) carries the feet, not vice versa."

"If Marta has to die, let her die full." ► straw ► hay, my stomach
You're worth as much as you have

ACTITUD HACIA LAS MUJERES En cuanto a las mujeres, el hispano tiene unas teorías interesantísimas. Por ejemplo, la actitud tradicional: "La mujer honrada, la pierna **quebrada**, y en casa." O en otras palabras: "La mujer y la **gallina, por andar se pierden aína.**" Pensando en términos más gentiles, dice: "La **doncella** honesta, **el hacer algo es su fiesta.**" Y concluye generalmente: "Mejor parece la hija mal casada que bien **abarraganada.**" Respecto a la educación, los refranes populares indican un cambio bastante radical en su punto de vista. Antes, el hispano decía siempre: "**La letra**, con sangre entra." Pero en tiempos modernos, agrega: "Pero con dulzura y amor, se aprende mejor."

broken
hen, when they run around, get lost easily
maiden ► doing things is her pleasure
"kept"

Learning

HOMBRE DE LUCHA Y CONTRADICCIÓN Su lenguaje nos abre su corazón. Sangre, amor, tierra, Dios. Individualista, contradictorio, apasionado, orgulloso, católico, dramático, heroico, estoico. Un hombre de lucha y de contradicción. El hispano, **por dentro y por fuera**.

inside and out

Vocabulario

◈

This vocabulary contains all words used in the text, other than exact or obvious cognates, the articles, and a few very common words that should be familiar to every student of elementary Spanish. The gender of nouns (except for masculine nouns ending in **o** and feminine nouns ending in **a**) is indicated by *m.* or *f.* Other abbreviations used are: *n.* noun; *v.* verb; *adj.* adjective; *adv.* adverb; *prep.* preposition; *conj.* conjunction; *demonst.* demonstrative; *pron.* pronoun. Verbs that undergo changes in their stem vowel show that change in brackets after the infinitive: **sentir [ie], dormir [ue]**. Irregular verbs are shown by a star: **hacer★, decir★**. Verbs that are based on other irregular verbs are indicated by a star with the affected part in italics: **con*venir*★, dis*poner*★**. (Notice that verbs ending in **-ducir** are conjugated like **conducir**; those ending in **-eer**, like **creer**; and those ending in **-olver**, like **volver**.) Verbs ending in a vowel + **cer** have the change **[zco]**. Verbs of the type of **enviar** and **continuar** show the change **[ío]** or **[úo]**. And verbs that undergo spelling changes have the affected consonant indicated in italics. Thus: **co*g*er, ven*c*er**. (Recall that **g** becomes **j**, **c** becomes **z**, and **gu** becomes **g** before **o** or **a**. Also, that **g** becomes **gu**, **c** becomes **qu**, and **gu** becomes **gü** before **e**.) In addition, those English translations that may possibly involve unfamiliar words are amplified with synonyms. In this way, the vocabulary listings may be a source of further study and word-building.

a to; at; **— veces** at times
abandonar to abandon
abar*c*ar to include, encompass
abdi*c*ar to abdicate, give up (a throne)
abierto open
abismo abyss
abofeteado buffeted
abogado advocate; lawyer
abra*z*ar to embrace
abri*g*ar to shelter
abro*g*ar to abrogate, nullify
absuelto absolved, acquitted
acabar to finish; **— de** to have just
acariciar to caress

acceso access
aceituna olive
acento accent
acequia irrigation ditch
acerca de *prep.* about, concerning
acer*c*arse to approach
aco*g*er to take in; **— se a** to take refuge in, turn to
acompañar to accompany
aconsejar to advise
acordarse de [ue] to remember
acosado beset
acostumbrar to accustom; **— se a** to become accustomed to

213

actitud *f.* attitude

actual current, present

actuación *f.* action, steps

actuar [úo] to act

acudir to hasten, rush forth; to turn (to)

acuerdo agreement; de — con in accordance with; estar de — to agree, be in agreement

acuñar to coin (money)

acurrucado huddled

acusar to accuse

adaptar to adapt

adelantar (se) to move forward, progress

adelante forward; ahead camino — onward; de allí en — from then on

además *adv.* besides; — de *prep.* beside(s)

adentro inside; desde — from within; hacia — inward

adivinar to guess, foretell, divine

admirador *n.* admirer; *adj.* admiring

adondequiera wherever

adornar to adorn, decorate

adquirir [ie] to acquire

adversario adversary, opponent

advertir [ie] to warn; advise

afán *m.* desire, zeal

afectuoso affectionate, fond

aferrado entrenched

aferrarse to take hold

afición *f.* fondness

aficionado a fond of

aficionarse a to take a liking to

afirmar to affirm; — se to get set, take hold

aflojar to loosen

aforismo aphorism, common saying

afuera outside; desde — from the outside, from without

agobiar to exhaust, wear out

agolparse to crowd against

agotar to exhaust, use up

agradecer [zco] to thank; be grateful for

agrario agrarian, agricultural

agravar to aggravate, worsen

agravio harm

agregar to add

agrupación *f.* grouping

agrupar(se) to group together

agua water

aguador water seller

aguantar to endure, stand for

aguardar to await

agudo sharp

agüero omen

ahí there (near you, not remote)

ahora now; — bien well now

ahorcar to hang

ahuyentar to drive away

aire *m.* air; al — libre in the open air

aislamiento isolation

ajado faded

ajedrez *m.* chess

ajeno someone else's; alien (to), removed (from)

ajusticiar to execute (a person)

al + *infinitive* upon (doing something)

ala wing

alabar to praise

alabastro alabaster

alano Alan (member of a certain Gothic people)

alba dawn

albaricoque *m.* apricot

albedrío free will

albores *m.pl.* first light of dawn

alborotar to upset, disturb

alboroto commotion, upset

alcahueta go-between

alcalde mayor

alcance   reach;   **al —**   within reach
alcanzar   to reach; attain, achieve
alegar   to allege
alegoría   allegory (literary device portraying abstract qualities through characters or symbols)
alegrar   to make happy, gladden; **— se de**   to be happy (that)
alegría   joy, gladness
alejado   removed from, distant
alejar(se)   to move away, withdraw
alemán   German
alinear   to line up
alfombra   rug
alfombrado   carpeted
algo   something; *adv.* somewhat, rather
algodón *m.*   cotton
alguacil   constable
alguien   someone
algún (alguno, a, os, as)   some
aliado   ally
alianza   alliance
aliarse [ío]   to ally oneself
aligerar   to lighten, ease
alistar   to make ready; **— se**   to enlist; get ready
allá   there (yonder); **el más —**   the beyond
alma   soul
almacén *m.*   store; warehouse
almirante   admiral
almirez *m.*   pharmacist's mortar
almohada   pillow
almoneda   auction
alojamiento   lodging
alquimia   alchemy
alrededor *adv.*   all around; **— de** *prep.*   around
alteza   highness
altibajos *m.pl.*   ups and downs
altisonante   highsounding
alto   high; tall

altura   height
alumbrar   to light up
alzar   to raise;   **— se**   to rise up, rebel
allí   there;   **de — en adelante**   from then on
amalgama   amalgam, mixture
amanecer [zco] *v.*   to dawn; *m.*   dawn
amaneramiento   affectation
amante *n.*   lover; *adj.*   loving
amar   to love
amargado   embittered
amargo   bitter
amarillo   yellow
ambicionar   to have an ambition to
ambiente *m.*   atmosphere
ambos   both
amenaza   threat, menace
amenazar   to threaten, menace
amistad *f.*   friendship; *pl.* friends
amnistía   amnesty, pardon
amo   master
amonestación *f.*   warning
amor *m.*   love
amorío   love affair
amoroso   loving; **poción amorosa** love potion
ampliar [ío]   to broaden, amplify
amplio   full, broad, ample
amurallado   walled
análogo   analogous
anales *m.pl.*   annals
analfabeto   illiterate
anárquico   anarchistic
andaluz   Andalusian
andante: caballero —   knight errant
andar*   to walk
andino   Andean
anegarse   to wallow; drown
anestésico   anesthetic
anexar   to annex
angustia   anguish
ánimo   spirit, courage

aniquilar to annihilate

antagonista *m.* antagonist, opponent

ante before, in front of, in the presence of, faced with

antecesor (a) ancestor

anterior previous

antes *adv.* before(hand); first; __ **de** *prep.* before; __ **de que** *conj.* before; __ **que** rather than

anticuado antiquated

antigüedad *f.* antiquity, ancient times

antiguo ancient; former

anular to annul

añadir to add; __ **se** to be added

año year

apaciguar to pacify

apagar to put out, extinguish

aparecer [zco] to appear, put in an appearance

aparición *f.* apparition

apartar to move away; to separate

apasionado passionate

apasionarse (por) to take a great liking to, go wild over

apelar to appeal

apenas hardly; scarcely

apertura opening

aplanar(se) to level off

aplastarse to get crushed

aplicar to apply

apoderarse to take possession

apodo nickname

apogeo apogee, high point

aportar to bring to; to contribute

apoyar to support

apoyo support

aprender to learn

apresurarse to hurry

apretar [ie] to squeeze; to press tightly

aprovechar(se de) to take advantage of

apuesto handsome

apuñalar to stab

apuntar to aim (a gun)

aquel (aquella, aquellos, aquellas) *demonst. adj.* those (remote)

aquello that (*neuter*)

árabe *n.* Arab; *adj.* Arabic

arábigo Arabic (language)

arabizado influenced by Arabic culture

árbitro arbiter, standard maker

árbol *m.* tree

arcipreste archpriest

arco arch

arder to burn

ardiente burning, flaming; ardent

arduo hard, difficult

arena sand

Argel Algiers

argelino Algerian

arma arm (weapon)

armadillo armadillo (tropical animal)

armar to arm; to put together; to cause

arpa harp

arqueólogo archeologist

arraigado strongly rooted

arraigarse to take root

arrasar to demolish

arrastrar to drag; take (lives)

arreglar to arrange

arrepentido repentant

arrepentirse de [ie] to repent; feel sorry, regret

arriano Arian, member of an early Christian sect

arriesgar to risk

arrodillarse to kneel

arrojar to throw

arroz *m.* rice

arrugado wrinkled

arte *m.* art; **las artes** the fine arts

artículo article

arzobispo archbishop

asaltar to assault, attack

asalto assault

asamblea   assembly
ascendencia   ancestry
ascender   to amount to (a sum); to promote
asceta   ascetic, one who denies himself physical pleasure
ascético   ascetic
ascetismo   asceticism, self-denial
asentar [ie]   to set down, establish; — se   to establish oneself
asesinar   to assassinate
asesino   assassin
así   thus; so; — como   just as; — que   *conj.* and so; as soon as;   Así es que ...   And so ..., So it is that ...
asiduamente   assiduously, diligently
asiento   seat
asimilar   to assimilate
asombrar   to surprise; to shock
aspereza   harshness
áspero   harsh, rough
astillar   to shatter
astuto   shrewd, astute
asumir   to assume
asunto   matter
asustado   frightened
asustar   to frighten
atacar   to attack
ataque *m.*   attack
atar   to tie
atardecer *m.*   nightfall
atender [ie]   to attend (to)
ateo   atheist(ic)
atlético   athletic
atónito   astonished; shocked
atormentar   to torment
atractivos *m.pl.*   attractiveness, charms
atraer★   to attract
atrás   behind
atrasado   backward
atraso   backwardness
atravesar [ie]   to cross

atreverse   to dare
atrevido   daring, bold
atribuir [uyo]   to attribute
aumentar   to increase, augment
aun   even
aún   still
aunque   although
ausencia   absence
austero   austere
austríaco   Austrian
auto (sacramental)   a one-act religious play
autodidacta   self-taught
autonomía   autonomy, self-government
autoridad *f.*   authority
avance *m.*   advance
avanzar   to advance
avaricia   avarice, greed
aventurero *n.*   adventurer; *adj.* adventurous
avergonzado   ashamed
avergonzarse   to be ashamed
ávido   avid
ayer   yesterday
ayudar   to help
azadón *m.*   hoe
azaroso   hazardous; full of ups and downs
azor *m.*   falcon
azotar   to whip
azúcar *m.*   sugar
azul   blue

bailar   to dance
bailarín *m.*   dancer
baile *m.*   dance
bajar   to lower
bajo *adj.*   short; low; *prep.* under
bala   bullet
balanza   balance; scale
baldosín *m.*   tile

bancarrota bankruptcy
banco bank; shore
banda band, strip
bandido bandit
bando band, group
bandolero bandit, highwayman
baño bath
barba beard
barbarie *f.* barbarity
bárbaro barbarian
barco ship
barrio neighborhood
barroco Baroque (referring to an ornate style of the latter 16th and 17th centuries)
base *f.* base; basis
bastante enough; rather, quite
bastardo illegitimate
batel *m.* small scooped-out boat
bautizar to baptize
beber to drink
bebida drink
bendito blessed
benedictino Benedictine (monk)
benévolo benevolent, kindly
berberisco Berber (North African tribesman)
bereber Berber
berenjena eggplant
besar to kiss
Biblia Bible
bien *m.* good; welfare; *pl.* goods, possessions; *adv.* well; **más —** rather
bienvenida welcome
bisonte *m.* bison
blanco *n.* target; *adj.* white
blancura whiteness
blando soft
bloquear to blockade
boca mouth
bocado mouthful, bite

boda wedding
boga vogue
bolsa purse; **Bolsa** Stock Exchange
bolsillo pocket
bondadoso kind
bonete *m.* sailor's cap
borbón Bourbon (member of the royal family)
borbónico *adj.* Bourbon
borde *m.* edge; **al —** at the edge of
bordo: a — on board
borracho drunk
bosque *m.* forest
boticario druggist
botín *m.* booty
brazo arm
brillar to shine
brisa breeze
broma joke
bronce *m.* bronze
brotar to spring forth
bruja witch
brujo wizard
brutalidad *f.* brutality
bucanero buccaneer
buey *m.* ox
buque *m.* ship
burgalés inhabitant of Burgos
burgués *n.* and *adj.* bourgeois, middle class (person)
burguesía bourgeoisie; middle class
burla joke; ridicule; **— pesada** practical joke
busca search
buscar to look for
boleto ticket

caballeresco chivalric, of chivalry
caballero gentleman; knight
caballería (andante) knight errantry
caballo horse; **a —** on horseback
cabellera hair (poetic)

caber* to fit; **No cabe duda.** There is no room for doubt.

cabeza head

cabildo town council (colonial Latin America)

cabo end; **llevar a —** to fulfill, realize

cabra goat

cacería hunt

cacique chieftain; political boss

caciquismo bossism

cada each

cadalso gallows

cadáver *m.* corpse

cadencia cadence, musical progression or rhythm

caer* to fall; **— se** to fall down

caída fall

cálculo *gen. pl.* calculation(s)

calentar [ie] to heat

caliente warm, hot

califa caliph (Moslem ruler)

califato caliphate

calificado qualified

calmar to calm down

calor *m.* heat; warmth

calumnia slander

caluroso hot

callado silent; quiet

calle *f.* street

callejón *m.* alley

cama bed

cambiar to change; to exchange

cambio change; **a — de** in exchange for; **en —** on the other hand

caminar to walk

caminata walk

camino road

camisa shirt

campamento camp

campana bell

campanilla little bell

campaña campaign

campeón champion

campesino farmer; rural dweller

campestre (referring to the) country

campo country (opposite of city)

canción *f.* song

cansancio fatigue; boredom

cantar to sing; *m.* **— de gesta** epic poem

canto song; stone

cantor *m.* singer

cañón *m.* cannon

caos chaos

capaz capable

capellán chaplain

capilla chapel

capital *f.* capital city; *m.* capital (money)

capitanear to head, take command of

capitular to capitulate, surrender

capricho caprice, whim

cara face

carabela caravelle (type of sailing ship)

caravana caravan

cardenal cardinal (of the church)

carga load

cargar to load; to charge, impose (taxes, etc.)

cargo post, position

Caribe *m.* Caribbean

cariñosamente affectionately

Carlomagno Charlemagne

carrera career; flight; race

carruaje *m.* carriage

carta letter

cartaginés Carthaginian

Cartago Carthage

cartuchera cartridge belt

casamiento marriage

casarse (con) to marry

casco   helmet

casi   almost

caso   case

castañuelas *f.pl.*   castanets

castellano   Castilian

castigar   to punish

castigo   punishment

castillo   castle

casto   chaste, pure

casualidad *f.*   chance, coincidence

catalán   Catalonian

catedrático   prefessor

caudal *m.*   supply; treasure

caudillo   political " strong man "

cautiverio   captivity

cautivo   captive

caza   hunt, chase

cazar   to hunt

ceder   to yield, give in

celebrar   to celebrate; — **se**   to take place

celo   zeal; *pl.* jealousy

celoso   zealous; jealous

celosía   shutter

celta   Celt

celtíbero   Celtiberian

cementerio   cemetery

ceniza *gen. pl.*   ashes

censura   censorship; censure

centenares *m. pl.*   hundreds

centro   center

cerca *adv.*   near(by); — **de** *prep.* near; nearly

cercanías *f.pl.*   outskirts

cerco   siege

ceremonia   ceremony

cerrar [ie]   to close

certero   accurate; true

César   Caesar

cesta   basket

ciego *n.*   blind man; *adj.* blind

cielo   sky; Heaven

ciencia   science

científico *n.*   scientist; *adj.* scientific

cierto (a)   certain; sure; accurate

ciervo   deer

cifra   sum

cimientos *m.pl.*   foundation

cimentar   to cement (together); **sin** —   uncemented

cínico   cynical

cinismo   cynicism

cima   top, summit

circular(se)   to circulate

cirujano   surgeon

ciudad *f.*   city

ciudadano   citizen

civilizador *adj.*   civilizing

clamar   to cry out

clamor *m.*   outcry, knell

claro   clear; light (in color); — **está** of course

clérigo   clergyman

clero   clergy

cobarde *n.*   coward; *adj.* cowardly

cobrador *m.*   collector

cobrar   to charge; to collect

coche *m.*   car; coach

codicia   greed

cofradía   religious group or guild

cofre *m.*   coffer

coger   to catch; to seize

cohibir   to inhibit

coincidir   to coincide

cojo   lame

colaborar   to collaborate

colegiata   a church of the Romanesque period (early Middle Ages)

colegio   school (not college)

colgar [ue]   to hang

colina   hill

colocar   to place, put

colono   colonist

colorado   red

coloso Colossus, colossal figure
comadre midwife
comandante commander
comer to eat; — **se** to eat up
comerciante businessman; trader
comerciar to trade
comercio commerce, trade
cometer to commit
comida food; meal
comienzo beginning
como like; as; **tanto** — as much as; **cómo** how (indirect question)
¿Cómo? How?
cómodamente comfortably
compás *m.* beat (rhythm)
compadecer [zco] to sympathize with, feel for
compañía company
compartir to share
compasivo compassionate; **poco** — unsympathetic
compenetración *f.* mutual interchange
compenetrado [de] suffused with
competición *f.* contest
complaciente complacent
cómplice accomplice
complot *m.* plot
com*poner*★ to compose
comportamiento behavior
comportarse to behave
comprar to buy
comprender to understand
comprensivo understanding
comprobación *f.* proof
compuesto composed
común common
comunero participant in the revolt of the **comunidades**
con with
concebir [i] to conceive
conceder to concede
concejo town council

conciencia conscience; consciousness
Concilio church council
concha shell
condado county
conde count
condenar to condemn
Condestable Lord High Constable
condimentado seasoned, spiced
con*ducir*★ to lead, conduct
confiado confident
confianza confidence
confiar [ío] en to trust; confide in; have confidence in, entrust
confiscar to confiscate
conforme in accordance (with); in agreement
confundir to confuse
confuso confused, mixed up
congregar(se) to congregate
conjunto collection
conjuro conjuration, magic spell
conmigo with me
conmover [ue] to move (with pity, etc.)
conocer [zco] to know, be familiar with
conocido *n.* acquaintance; *adj.* well-known
conocimiento *often pl.* knowledge
conquista conquest
conquistar to conquer
consagrar to consecrate, dedicate
consciente conscious
consecuencia consequence; **a** — **de** as a result of
conseguir [i] to obtain; achieve
consejero adviser
consentir [ie] to consent; permit
conservar to preserve; conserve
considerar to consider
consigo with him(self), her(self), etc.
consistir [en] to consist (of *or* in)

construir [uyo] to build, construct
consuelo consolation
consumado inveterate, dyed-in-the-wool
consumidor: todo- ___ all-consuming
contar [ue] to tell, relate; count; ___ **con** to count on, rely on
contemporáneo contemporary
continuar [úo] to continue
contra against
contrabandista smuggler
contrabando contraband; smuggling
contra*decir*★ to contradict
contrapeso counterbalance
contrario contrary; **al** ___ on the contrary
contribuir [uyo] to contribute
contrición *f.* contrition, repentance
con*venir*★ to be fitting, suitable, or advantageous; ___ **en** to agree to
convertir(se) [ie] to convert; ___ **se en** to become
coraza breastplate (armor)
corazón *m.* heart
cordillera mountain range
cordobés Cordoban
corona crown
coronel colonel
coronilla top of the head, pate
correligionario believer in the same cause
correr to run
correría foray, attack; escapade
corresponder to correspond
corriente *f.* current; *adj.* commonplace; running (water); current
corsario corsair, pirate
cortar to cut; cut off
corte *f.* court; Cortes *f.pl.* SpanishParliament

cortesano *n.* courtier; *adj.* of the court; courtly
cortesía courtesy
corto short
cosa thing
cosmopolita cosmopolitan, worldly
costa coast; cost
costar [ue] to cost; ___ **trabajo** to be difficult
costero coastal
costumbre *f.* custom
cotidiano everyday
cráneo skull
creador *m.* creator; *adj.* creative
crear to create
crecer [zco] to grow
crecido grown
creciente increasing
credo credo, strong belief
crédulo credulous, gullible
creencia belief
creer★ to think; believe
criar [ío] to raise; educate
criatura baby; creature
crimen *m.* crime
criollo white colonial of pure Spanish origin
crisol *m.* melting pot
cristiandad *f.* Christian world, Christianity
cristianismo Christianity
crónica chronicle
criti*c*ar criticize
cruce *m.* ___ **de camino** crossroad
crueldad *f.* cruelty
cruz *f.* cross
cruzada crusade
cru*z*ar to cross
cuadro picture
cualidad *f.* quality, trait
cualquier(a) any
cuando when

cuanto *relative pron.* all that, as much as; *pl.* all those who, as many as; *adv.* — **más. . . tanto más. . .** the more. . . the more; *prep.* **en — a** as for

¿Cuánto? How much? *pl.* How many?

cuartel *m.* barracks; **celador de —** police warden

cubierta deck; **bajo —** below deck

cubierto (de) covered (with)

cubo bucket

cubrir to cover

cuchillo knife

cuenta account; **darse — de** to realize; **llevar en —** to take into account

cuento story

cuerda cord; chord

cuerdo sane

cuero leather

cuerpo body

cuesta slope; hill

cuestión *f.* matter, issue, question (not interrogation)

cueva cave

cuidar to take care of; **— se de** to watch out for

culebra snake

culpa blame; fault, guilt; **echar la —** to blame

culpar to blame

culterano loftily cultured (refers especially to a literary group headed by the Baroque poet Góngora)

culto *n.* cult; *adj.* cultured; educated

cumbre *f.* top; **obra —** masterpiece

cumplir to fulfill (an obligation, etc.); **— con** to comply with

cuna cradle; (*figurative*) birthplace

cundir to spread about

cuñado brother-in-law

curación *f.* cure

curar to cure

cursar to take a course; go through; **— primeras letras** to complete one's primary schooling

curso course

curtido tanned

cutis *m.* skin

cuyo *relative poss. adj.* whose

chicharrón *m.* barbecued meat

chileno Chilean

chispazo spark

chiste *m.* joke

chocar to crash into, collide; to shock

chófer *m.* driver

choque *m.* collision; shock

chorro spurt, outpouring

dádiva gift

daño harm; **hacer —** to hurt

dar★ to give; **— a luz** to give birth; **— pasos** to take steps **— se cuenta de** to realize

dato fact; *pl.* data, information

de of; from (also used for possessive); **— niño** as a boy; **— noche** at night

deber to owe; be obliged or obligated

debido a due to, because of

débil weak

debilidad *f.* weakness

década decade

decaer★ to decline

decimar to decimate, destroy in great part

décimoctavo eighteenth

decir★ to say; tell; **es —** that is to say, in other words

decorado *n.* decor; *adj.* decorated, ornamented

decreciente decreasing

dedicar to dedicate

dedo finger

defender [ie] to defend

definitivamente definitely; completely

defensor *m.* defender

defraudado cheated

degollar to cut the throat of; behead

dejar to leave (behind); allow, permit, let; — de to stop (doing something)

delante *adv.* in front; — de *prep.* in front of

delgado slim

delimitado limited

delirar (de) to go wild (with)

delito crime

demás others; **lo** — the rest

demasiado too much; *pl.* too many

demente demented

demonio devil

demostrar [ue] to show

denominar to name; call

dentro *adv.* inside; **por** — inside, within; *prep.* — de within

denuncia denunciation

denunciar to denounce

depender (de) to depend (on)

derecho *n.* right; privilege; law; *adj.* right; **a la derecha** on the right

derramar to spill

derribar to overthrow

derrocar to overthrow, unseat

derrota defeat

derrotar to defeat

derrumbar to knock down; — se to fall down or apart

desacuerdo disagreement

desafiar [ío] to defy; challenge

desafío challenge

desafortunado unfortunate

desalojar to dislodge, unseat

desangrar to bleed dry

desaparecer [zco] to disappear

desapostura (*old Span.*) vulgarity

desarmar to take apart (a mechanism, weapon, etc.)

desarrollar (se) to develop

desarrollo development

desastrado disastrous

desastre *m.* disaster

desastroso disastrous

desatino foolishness

descansar to rest

descendiente *m.* descendant

descolgar to unhang

desconocer [zco] to ignore; not to know; — se to be unknown

desconocido unknown

descubrimiento discovery

desde from; since; — hacía for (a period of time)

desear to desire; wish

desechar to ignore, cast aside

deseo desire

desembarco landing

desenfrenado uncontrolled

desenfreno lack of control

desequilibrado unbalanced; off balance; upset

desequilibrio imbalance

desesperado desperate

desestimar to scorn

desfavorecido in disfavor; not favored

desgracia misfortune

desgraciadamente unfortunately

des*hacer*★ to undo

desheredar to disinherit

deshonra dishonor

deshonroso dishonorable

desigual unequal

deslealtad *f.* disloyalty

desmán *m.* excess (in actions or words)

desnudo naked

desobedecer [zco] to disobey

despachar to send, dispatch

desparramar (se) to scatter

despedida farewell

despedirse [i] to take leave

despejado clear, bright

despertar *m.* awakening; *v.* [ie] to awaken; — se to awaken

desplegar(se) [ie] to unfold

despojar to despoil, ravage

despreciar to scorn

después *adv.* after(wards); then, later, next; — de *prep.* after; — de que *conj.* after

destacado outstanding

destacar(se) to stand out

desteñir(se) [i] to fade; discolor

desterrar [ie] to exile

destierro exile

destinatario recipient

destituir [uyo] to deprive of

destronar [ue] to dethrone

destrozar to ruin

destruir [uyo] to destroy

desunido disunited

desván *m.* attic

desviar(se) [ío] to turn away

detrás de *prep.* behind

deuda debt

devolver [ue] to return (something), bring back

devoto devout

diablo devil

dialogado in dialogue form

diario *adj.* daily; a — *adv.* daily, each day

dibujar to draw

dicha happiness

dicho *adj.* aforesaid; (*past participle of* **decir**)

dictadura dictatorship

dictar to dictate

diente *m.* tooth

diestro skilled

diferencia difference; a — de *prep.* unlike

difunto dead; **Día de Difuntos** All Souls' Day

dignamente with dignity

digno worthy

dios *m.* god; **Dios** God

dique *m.* dike

dirigir to direct, lead; — se a to approach; address; turn to

discípulo disciple; pupil

disculparse to apologize

diseminar(se) to disseminate, spread

diseño design

disfraz *m.* disguise

disfrazar to disguise

disfrutar [de] to enjoy

disgusto displeasure

disidencia dissidence, discontent

disidente dissident, dissatisfied

disipar to dissipate, waste

disminuir [uyo] to diminish

disolver [ue] to dissolve

disparar to shoot (a gun)

dispensar to dispense, excuse

dispersar(se) to disperse, scatter

disponer★ to dispose, make ready; — se to be disposed, get ready

dispuesto ready; disposed, inclined

distar to be distant; — de to be far from

distinguir to distinguish

distinto (a) different (from)

disturbio disturbance

disuelto dissolved

dividir(se) to divide

divertido amusing; funny, enjoyable

divisa sign; — **de peluquería** barbershop sign

doblar to double; turn (a corner); — **se ante** to bow before

doler [ue] to hurt; — **se de** to grieve for

dolor *m.* pain; grief

doloroso grieving; painful

dominar to dominate; rule

dominio rule; domination

doncella maiden

donde where

dondequiera (que) wherever

dorado golden

dormido asleep

dormir [ue] to sleep; — **se** to fall asleep

dosis *f.* dose

dotado (de) endowed (with)

dote *f.* dowry

dualidad *f.* duality

ducado ducat (form of old currency)

duelo duel; suffering

dueña matron; chaperone; lady

dueño owner

dulzor *m.* (*archaic*) sweetness

dulzura sweetness

duque duke

duradero long-lasting

durante during

durar to last

e and (*before* **i** *or* **hi**)

ecuación *f.* equation

echar to throw; — **a correr** to break into a run; — **la culpa** to blame; — **una mirada** to cast a glance; **La suerte está echada.** The die is cast.

edad *f.* age; **Edad Media** Middle Ages

eficaz efficient

efecto effect; **en** — in fact

efigie *f.* effigy

egoísta selfish

ejecución *f.* execution

ejecutar to execute

ejemplar *m.* copy (of a book)

ejemplo example

ejercer to exercise; wield (influence)

ejército army

el cual, la cual, los cuales, las cuales who, which

elegir [i] to elect, choose

elogio praise

ello it (*neuter*)

emanar to emanate

embajada mission, errand, embassy

embajador ambassador

embalsamar to embalm

embarcarse to board ship, embark

emigrado emigré

emocionante exciting

empaparse(de) to become saturated (with)

empeorar to worsen

emperador emperor

empezar [ie] to begin

emplear to employ; to use

empleo use; job

emprender to undertake

empresa enterprise, undertaking

empresario entrepreneur

empujar to push

empuñar to wield (arms, etc.)

en in; on; at; — **seguida** at once, immediately

enajenado far-away, removed from the world

enamorado in love

enamorarse (de) to fall in love (with)

enano dwarf

encabezar to head

encadenado chained
encajar to fit in
encaminado headed
encanto charm; spell
encarcelamiento imprisonment
encarcelar to jail
encargar to put in charge; — se de
to take charge of
encender [ie] to set on fire, light
encendido lit; heated
encerrar [ie] to lock up, enclose
encima *adv.* on top; (por) — de
prep. above, on top of
encomendarse [ie] to entrust oneself
encomendero person in charge of an
encomienda in colonial Latin
America
encomienda territory given to the
charge of one person in the Spanish
colonies
encontrar [ue] to find, meet;
— se to find, oneself, be
encrucijada crossroad
enderezar to straighten out, set
right
enemigo enemy
enemistad *f.* enmity
enérgico energetic
enfermedad *f.* illness; disease
enfermizo sickly
enfrentar (se con) to face
enfrente *adv.* in front; — de *prep.*
in front of, facing
enfriar [ío] to chill
enfrontar to face
enfurecido furious
engañar to deceive
enloquecer [zco] to go crazy
enojar to make angry; — se to
get angry
enorme enormous
enredar to entangle, involve

enriquecerse [zco] to get rich
enriquecimiento enriching
enrojecer [zco] to turn red
enseñanza teaching; education
enseñar to teach
entender [ie] to understand
enterado informed
enterar to inform; — se de to
find out about
entereza honesty, good character
enterrador undertaker
enterrar [ie] to bury
entierro burial; funeral
entonación *f.* intonation
entonces then
entrada entrance
entrañas *f.pl.* insides (of a person,
an animal, etc.)
entrar (en) to enter; — a (Spanish
America) to enter
entre between; among, amid
entregar to hand over, deliver, give;
— se to surrender
entrelazar to intertwine
entremezclado interwoven, mixed
entre*tener*★ to entertain
entre*ver*★ to glimpse
entrevista interview
entristecer [zco] to sadden
entusiasmarse (por) to become
enthusiastic
envejecer [zco] to get old
envenenar to poison
enviar [ío] to send
envidiar to envy
enviudar to become widowed
envuelto involved; wrapped up
épica epic literature
epopeya epic poem
equivocado mistaken
equívoco doubtful, equivocal
ermita hermitage

errar (yerro) to err, miss; make a
  mistake
erudito *n.* and *adj.* scholar(ly);
  learned (person)
escabroso rocky
escala scale; ladder
escalar to scale (a mountain, etc.),
  climb
escasear to be scarce
escaso scarce; scant
escena scene; stage
escenario stage
escepticismo skepticism
esclavización *f.* enslavement
esclavizar to enslave
esclavitud *f.* slavery
esclavo slave
escocés *n.* Scot; *adj.* Scottish
escoger to choose
esconder to hide
escopeta shotgun
escribir (*past part.* **escrito**) to write
escrito written
escritor *m.* writer
escritorio desk, study
escudo shield
esculpir to sculpt
escultura sculpture
esfera sphere
esforzado vigorous, manly
esfuerzo effort
eslabón *m.* link, bond
eso (*neuter demonstrative*) that;
  a __ de around (a certain time)
espada sword; swordsman
espalda shoulder; back
espantoso frightful, horrible
especia spice
especie *f.* species
espectáculo spectacle
espejo mirror
espera wait

esperanza hope
esperar to wait; hope; expect
espeso thick
espía *m.* and *f.* spy
espíritu *m.* spirit
esposa wife
esposo husband; *pl.* husband and wife,
  husbands
espuma foam
esquelético skeleton-like
establecer [zco] to establish
estado state; **golpe de __** coup
  d'etat, political takeover
estallar to break out, erupt;
  explode
estampa stamp
estandarte *m.* standard, banner
estocada sword or dagger thrust
estrafalario "far out"; eccentric
estar* to be (in a certain place,
  condition, or position); **__ de
  acuerdo** to agree
estático static, unmoving
estereotipado stereotyped
estimar to esteem; estimate
estirar to stretch
estoicismo stoicism (unflinching
  acceptance of life's blows)
estoico stoic
estornudo sneeze
estrado platform
estrecho *n.* strait; *adj.* narrow;
  close, intimate
estrella star
estridente strident, loud and raucous
estructura structure
etapa stage, period, epoch
eternizar to make eternal, eternalize
eterno eternal
eunuco eunuch (harem guard)
evitar to avoid
evocar to evoke

evolucionar to evolve
exagerado exaggerated
exceptuar [úo] to except, make an
exception of
exclamar to exclaim
excluir [uyo] to exclude
exención *f.* exemption
exento exempt
exigir to demand, exact
exilar to exile
exilio exile
éxito success; **tener __** to be
successful
éxodo exodus
expiar [ío] to expiate, atone for
explicación *f.* explanation
explicar to explain
explotación *f.* exploitation; working
(of mines, etc.)
explotar to exploit; explode
expresar to express
expulsar to expel
extender(se) [ie] to extend
extinguir to extinguish
extraer★ to extract
extranjero *n.* foreigner; *adj.* foreign
extraño strange
extremado extreme

fábrica factory
fabricación *f.* manufacture
fabricar to manufacture
fábula fable
faceta facet; aspect
fácil easy
facilitar to facilitate, make easy
fachada facade
falda skirt
falta lack; fault
faltar to be lacking or missing;
__ a to fail in
falto de lacking in

familiares *m.pl.* relatives
fantasma *m.* ghost
farol *m.* lantern
farsa farce
favorecer [zco] to favor
faz *f.* face, surface
fe *f.* faith
fecundo fertile
feligrés *m.* parishioner
felicidad *f.* happiness
feliz happy
fementido scoundrelly, scurrilous
fenicio Phoenician
fenómeno phenomenon
feo ugly
féretro coffin
feroz fierce
fervoroso ardent, fervent
festejar to wine and dine; celebrate
festivo festive, gay
fibra fiber
fiebre *f.* fever
fiel faithful
fiereza fierceness
fiero fierce, rough
figurarse to imagine
fijar to fix, set; **__ se en** to notice
fijo fixed, set
fila row
filósofo philosopher
fin *m.* end; **al __** finally; **en __**
at any rate; **a fines de** toward
the end of
fingir to pretend, feign
fino fine; refined
firmar to sign
firmeza firmness; loyalty;
perseverance
flaquear to grow weak
flauta flute
florecer [zco] to flourish
flota fleet

flujo flow
fomentar to foment, stir up
fondo bottom, depth; background
fortaleza fortress
fortísimo very strong
fracasar to fail
fracaso failure
fragmentar(se) to break into pieces
fraile monk, friar
francés French(man)
franco Frank (early people of France)
fray Friar (title)
frecuencia frequency; **con —** often, frequently
frenéticamente in a frenzy
frenético frenzied
fresco fresh; cool
frío cold
frívolo frivolous
frontera frontier
fronterizo *adj.* (of the) frontier
frutal *adj.* fruit (bearing)
fuente *f.* fountain
fuera *adv.* outside; *prep.* outside of; aside from; **¡Fuera . . .!** Out with . . .!
fuero privilege
fuerte *m.* fort; *adj.* strong
fuerza strength; force; **a — de** by dint of
fuga escape; flight
fulminante blistering, scathing
funcionario public official
fundador *m.* founder
fundamento basis, fundamental
fundar *m.* to found
fundir(se) to fuse together
funesto dismal, awful
furia fury
furor *m.* furor
fusil *m.* rifle
fusilar to shoot to death

gaita bagpipe
galán suitor
galeón galleon, type of ship used for transporting gold from America
galera galley ship, often used in naval combat
galvanizar to activate, galvanize
gallardo gallant
gallego Galician
gallina hen
ganar to win; earn; gain; **— se la vida** to earn a living
garra grip
gastar to spend
gasto expense
gaucho inhabitant of the Argentine pampas
gemelo twin
gemido moan, groan
gemir [i] to moan, groan
género genre, literary type; classification, kind
genial brilliant
genio genius
genovés Genoese
gente *f.* people
gentil refined
germen *m.* germ; seed
gesto gesture
gigante giant
gigantesco gigantic
gobernador governor
gobernante *n.* ruler; *adj.* ruling
gobernar [ie] to govern, rule
gobierno government
goce *m.* joy
golpe *m.* blow; **— de estado** coup d'etat, political takeover
golpear to beat, hit hard
goma rubber; gum
gota drop

gozar (de) to enjoy
gracia grace; graciousness; humor
gracioso funny
grado degree; grade
gran (*before a singular noun*) great
grano grain
grande *n.* grandee, noble; *adj.* big;
  great
grandeza greatness
gravedad *f.* gravity
grecorromano Greco-Roman
gremio guild
griego Greek
gritar to shout
grito shout, outcry
guante *m.* glove
guardar to keep; guard; **__ se de**
  to protect oneself from
guardia *m.* guard; *f.* guard corps
guarnición *f.* garrison
gubernativo *adj.* governing
guerra war
guerrero warrior
guerrilla guerrilla warfare; minor war
guía *m.* guide
gustado enjoyed
gustar to be pleasing; **__ le**
  (algo a alguien) to like
gusto pleasure; taste

haber* (*auxiliary verb*) to have;
  __ de to be supposed or expected
  to; **hay** there is, there are; **había**
  there was, there were; **hay que**
  it is necessary
habilidad *f.* ability
habitante *m.* inhabitant
habitar to live in, inhabit
habla speech, way of speaking
hablador *m.* speaker
hablar to speak, talk
hablilla gossip

hacer* to make; do; **__ frente a**
  to face; **__ se** to become; **__ se a la**
  vela to set sail
hacia toward; around
hacienda estate
hallar to find; **__ se** to be
hambre *f.* hunger; **tener __** to
  be hungry
hambriento (de) hungry (for)
harén *m.* harem
harto sated, over-filled; tired (of)
hasta *prep.* until; **__ que** *conj.* until
hastiado (de) thoroughly tired (of),
  surfeited, disgusted (with)
hastío loathing, disgust
hay there is, there are; **había**
  there was, there were; **__ que** it
  is necessary
hazaña deed (of valor)
hechizo (magic) spell
hecho *n.* deed; fact; *adj. past*
  part. made; done; become
helar [ie] to freeze
helénico Hellenic, ancient Greek
hender [ie] to split
heno hay
herbolero herb seller
heredad *f.* inherited property
heredar to inherit
heredero heir
hereje heretic (one who defies
  accepted religious beliefs)
herejía heresy (defiance of the
  accepted religion)
herencia inheritance
herido (de) wounded (in)
herir [ie] to wound
hermanado joined in brotherhood
hermoso beautiful; handsome
hermosura beauty
héroe hero
hervir [ie] to boil

hidalgo   member of the lesser nobility

hidalguía   rank of lesser nobility; gentility

hierro   iron

hígado   liver

himno   hymn

hinchazón *m.*   swelling; conceit

hispanidad *f.*   Spanish culture and essence

historia   history; story

historiador *m.*   historian

hogar *m.*   home; hearth

hoguera   bonfire

holandés *m.*   Hollander; *adj.* Dutch

holocausto   holocaust, terrible destruction (usually by fire)

hollar   to trample

hombro   shoulder

honrado   honest; honorable

honrar   to honor

horda   horde, swarm

horizonte *m.*   horizon

hormiga   ant

horrendo   horrible, horrendous

hospedaje *m.*   shelter, lodging

hospitalario   hospitable

hoy   today;   __ (en) día   nowadays

hueco   hole

huella   trace; footprint

huérfano   orphan

huerta   (vegetable or fruit) garden

hueso   bone

huésped *m.*   guest

huir [uyo]   to flee, run away; escape

húmedo   humid

humildad *f.*   humility

humilde   humble

humillación *f.*   humiliation

humillar   to humiliate, humble

humo   smoke

hundir (se)   to sink

hurtar   to steal

ibérico *adj.*   Iberian;   **la Península Ibérica**   the Iberian Peninsula (Spain and Portugal)

ibero *n.* and *adj.*   Iberian

idílico   idyllic, lovely

idilio   idyll, paradise–like adventure

idioma *m.*   language

idolatrar   to idolize

ídolo   idol, god

iglesia   church

ignorado   unknown

igual   equal; same; similar

igualar   to equalize; put on the same level

ilustrado   enlightened; educated

imagen *f.*   image

impasivo   impassive, unmoved

impedir [i]   to prevent; impede

imperio   empire

ímpetu *m.*   impulse, impetus

implacable   implacable, relentless

implementar   to implement, help bring about

imponente   imposing, impressive

imponer*   to impose;   __ se   to win out; rule

importar   to be important; matter; import

imposibilitado   incapable

imprenta   printing

impresionante   impressive

impresionar   to impress

impuesto   tax

incaico   Incan

incendio   fire

inclinar   to bend; bow;   __ **el peso de la balanza**   to tip the scales

incluso   including

inconsciente   unconscious; unaware

increíble incredible
incrédulo incredulous, unbelieving
incultura lack of culture
incursión *f.* foray, hit-and-run attack
indígena *n.* and *adj.* native; indigenous
indisciplinado undisciplined
indiscutible unquestionable
indolente indolent, lazy
indómito unbowed, unbeaten
inerme inert, unmoving
infame infamous; dastardly; villainous
infamia infamy; infamous act
infanta royal princess
infante royal prince
infatigable indefatigable
infecundo sterile
infiel *n.* infidel; *adj.* unfaithful
infierno hell
infiltrarse to infiltrate
influir en [uyo] to influence
influyente influential
informe *adj.* shapeless, irregular; *m.pl.* information
infortunado unfortunate
infundado unfounded
ingeniero engineer
ingenio wit; ingenuity
ingenuo ingenuous, naive, simple
ingreso *gen. pl.* income
iniciar to begin, initiate
inímico inimical, opposed (to), enemy (of)
inmenso immense
innato innate, inborn
inquilino tenant
Inquisidor Inquisitor (official of the Inquisition)
insostenible untenable, unable to be upheld
instinto instinct

instituir [uyo] to institute
integrar to make up, compose
íntegro whole
intemperie *f.* bad weather condition
intentar to attempt (to)
intercalar to intercalate, insert
interceder to intercede
interinidad *f.* instability, temporariness
internarse to go inside of, penetrate
intermitente intermittent, sporadic
intérprete *m.* interpreter
inter*venir*★ to intervene
intestino internal
intimar (con) to get close to
intrépido intrepid, bold
intro*ducir*★ to introduce, bring in (an idea, etc.)
inundar to inundate, flood
invasor *m.* invader
inveterado inveterate, hard and fast
inyectar to inject
ir★ to go; —se to go away; — + *pres. part.* to gradually do something, be in the process of doing something
iracundo angry
irlandés Irish(man)
irremediablemente utterly, totally, hopelessly
irrumpir to erupt
isabelino Elizabethan
isla island
islámico Islamic, Moslem
istmo isthmus
itinerante itinerant, wandering
izquierda *n.* (the) left; **a la —** on the left
izquierdista leftist
izquierdo *adj.* left

jaqueca severe headache

jardín m. garden

jazmín m. jasmine

jefe chief; leader; boss

jorobado hunchbacked

joven young; **de —** as a young man

joya jewel

judío Jew(ish)

juez judge

juglar minstrel

juicio judgment; **J— Final** Judgment Day

junta governing committee

juntar (se) to join together

junto adj. close; pl. together; **— a** prep. close to, next to; along with

jura oath; swearing-in

jurar to swear

jurídico judicial, pertaining to law

justa joust, medieval tourney

justiciero righteous; justice-dispensing

justificar to justify

justo just, fair

juventud f. youth

laberinto labyrinth, maze

labrado wrought, worked

labrador m. worker (generally rural); farmer; creator

labrar to work (metals, on wood, etc.); to work, till (the land)

lado side; **al —** aside; **al — de** along with; **por un —** on one side

ladrón m. thief

lágrima tear (crying)

lamer to lick; **— se las manos (de)tras (de)** to "eat up," relish; to lick one's chops

lana wool

lanzar to throw, hurl; launch (an attack, etc.)

largo adj. long; prep. **a lo — de** along (a coast, etc.)

latifundio large landholding

latir to beat, throb

laúd m. lute

leal loyal

lealtad f. loyalty

leer★ to read

legumbre f. vegetable

lejano distant, far-away

lejos (de) far (from); **a lo —** in the distance

lengua language; tongue

lenguaje m. language (usage)

lema m. motto

lentamente slowly

letargo lethargy, inactivity

letra letter (of the alphabet); gen. pl. letters, education

letrado lettered, educated

letrero sign

levantamiento uprising

levantar to lift, raise; **— se** rise; get up; rise up

leve slight

ley f. law

leyenda legend

librar to free; **— se** to free oneself; save one's soul; take place (a battle)

libre free

libertar to set free

licencia license, permission; freedom, liberty

lícito legal, licit

lidiar to fight

ligereza swiftness; lightness

ligero light; slight

limeño resident of Lima

límite m. limit; boundary

limosna alms, contribution to a beggar

lira lyre
lisiado handicapped
listo ready; bright, intelligent
listón *m.* ribbon
liturgia liturgy, church ritual
litúrgico liturgical, referring to
church ritual
loco crazy
locuaz loquacious, talkative
locura madness
locutor speaker
lograr to achieve; to succeed in,
manage to
los que, las que those who
lucha fight; battle
luchador *m.* fighter
luchar to fight
lugar *m.* place; **tener —** to take
place
lujo luxury
lujoso luxurious
luto mourning
luz *f.* light; **dar a —** to give birth

llaga wound; sore
llama flame
llamado *n.* call; calling; *adj.* so-called
llamar to call; to name
llanura meadow; plain
llave *f.* key
llegada arrival
llegar (a) to arrive (at); **— a ser** to
become; **— a tener** to get to have
llenar to fill; **— se de** to fill up with
llevar to carry; wear; **— a cabo**
to carry out, realize; **— en cuenta**
to keep in mind, take into account
llorar to cry
lluvia rain

madera wood
madrugada dawn

maestro teacher; master; **obra
maestra** masterpiece
magia magic
mago magician, wizard
Mahoma Mohammed
mal *m.* evil; illness; *adj.* bad; *adv.* badly
maldad *f.* wickedness
maldición *f.* curse
malestar *m.* uneasiness
maltratar to mistreat
manco (de) crippled (in one's hand);
one-armed
manchar to stain, soil
mandar to send; order
mando command
manera way, manner; **de — que**
so that, in such a way that
maniatado handcuffed, manacled
manicomio insane asylum
mano *f.* hand; **de primera —**
first hand
manquera disability (generally of
the hand or arm)
manso mild, meek; tame
man*tener* to maintain
manto cloak
mañana tomorrow; *f.* morning
mar *m.* sea (*f., archaic*); **en alta —**
on the high seas
maravilla marvel
maravilloso wonderful, marvelous
marcar to mark
marco frame
marcharse to go away
marfil *m.* ivory
marido husband
marina navy
marinero sailor
mariscal marshal
mármol *m.* marble
marroquí Moroccan
Marruecos Morocco

Marsella Marseilles
mártir martyr
martirio martyrdom
mas but (*literary*)
más more; most; **— bien** rather;
los — most, the majority
matanza massacre
matar to kill
materia matter; material; material
things; subject
matiz *m.* hue, shade
matizado (de) shaded (with)
matrimonio marriage
mausóleo mausoleum
máximo maximum; top
mayor greater; larger; older;
greatest; largest; oldest; *m.pl.* adults
mayoridad *f.* majority (coming
of age)
mayormente especially; mostly
mazo mallet
mediados: a — de toward the
middle of
medicamento medicine
medida measure; **a — que** as
medinense resident of Medina
medio *n.* middle; means; **por — de**
by means of; *adj.* half
medir [i] to measure
mejor better; best
mejorar to improve
mencionar to mention
mendicidad *f.* begging
mendigo beggar
menor lesser; minor; younger;
youngest
menos less; least; **al —, a lo —**
at least; **ni mucho —** not at all;
a — que *conj.* unless
mensaje *m.* message
mensajero messenger
mentir [ie] to lie

mentira lie
menudo: a — often
mercado market
merced *f.* mercy, grace; **a — de**
at the mercy of
merecer [zco] to deserve
mero more
mes *m.* month
mesar to tweak, pull
mestizaje *m.* mixing of races
mestizo person of Indian and
white blood
meta goal
meter to put; place; **— se a** to
set oneself to (doing something);
— se con to "start up with"
(someone)
metido set; involved
métrica poetic meter
metrópoli *f.* mother country
mezcla mixture
mezclar (se) to mix
mezquita mosque, Moslem temple
miembro member
mientras while; **— que** while;
— tanto in the meantime
mil thousand
milagro miracle; **M —** Miracle
play, dealing with miracles of the
saints, etc.
milagroso miraculous
miliciano militiaman
militar *m.* soldier; *adj.* military
minero *n.* miner; *adj.* mining
ministro minister (government)
minué *m.* minuet
mirada look; glass
mirar to look at
miseria poverty
mismo same; very; himself, herself,
etc. (for emphasis); **hoy —** this
very day; **ahora —** right now

misterio mystery; **M—** Mystery play (referring to Christian doctrine)

mitad *f.* half

mitigar to mitigate, lessen

moda fashion

modalidad *f.* way, manner

mojado drenched

mojar to drench

molestar to bother, annoy; **— se** to take the trouble

mollera (*slang*) noggin

monástico monastic (referring to monks and nuns)

mondar to pick (teeth, etc.)

moneda coin; currency

monja nun

monje monk

monstruo monster

montaña mountain

montañoso mountainous

montar to mount; amount to, be worth; **— a caballo** to go on horseback

monte *m.* woods; hill; mountain

montón *m.* pile, heap

morada dwelling

moralidad *f.* morality; **M—** Morality play, allegorical play dealing with virtue, vice, etc.

mordaza gag

moreno dark-complexioned

moribundo dying

morir [ue] to die (*past part.* **muerto**)

morisco Moslem convert to Christianity; *adj.* Moorish or referring to **moriscos**

moro Moor

mortificar to embarrass, mortify

mosaico mosaic

mostrar [ue] to show

motín *m.* riot

motivo motive; motif; subject

mover(se) [ue] to move

movimiento movement

mozárabe *n.* and *adj.* (referring to) Christians living in Arab territory during the Middle Ages

mozo *n.* young man; *adj.* young

muchedumbre *f.* crowd

mudéjar *n.* and *adj.* (referring to) Moslems living in Christian territory during the Middle Ages

mueca grimace, strange facial expression

muela tooth

muerte *f.* death

muerto *n.* dead person; casualty; *adj.* dead

multiplicar(se) to multiply

mundanal worldly

mundano worldly; international

mundo world

muralla wall

murmuración *f.* gossip

murmurador gossip(er)

muro wall

músico *n.* musician; *adj.* musical

musulmán Moslem

mutuo mutual

nacer [zco] to be born

naciente nascent, in the process of birth

nacimiento birth

nada nothing; **— de** no . . .

nadar to swim

naranja orange

natal *adj.* of one's birth; **pueblo —** birthplace

naturaleza nature

naufragar to be shipwrecked

náufrago shipwrecked person
náutica nautical science
navaja razor
nave *f.* ship
navegante navigator
neblina fog; haze
nebuloso nebuloso, hazy
necedad *f.* stupidity
necesitado needy
necio foolish, stupid
negar [ie] to deny; **— se a** to refuse
negocio business
negro black
nexo bond
nido nest
nieto grandson
niñez *f.* childhood
niño boy; child; **de —** as a child
nobleza nobility
noche *f.* night; **de —** at night
nómada nomadic; wandering
nombrar to name; appoint; nominate
nombre *m.* name
nordeste Northeast
noria irrigation water-wheel
normando Norman
norte *m.* north
notar to note; notice
noticia piece of news
novelístico fictional
nube *f.* cloud
núcleo nucleus
nuevo new; **de —** again
nuez *f.* nut
nulo null and void
numantino inhabitant of ancient Numantia
numeración *f.* number system
número number
nunca never

o or
obedecer [zco] to obey
obispo bishop
objeto object
obligar to oblige, force
obrar to work, be at work
obrero worker
obsesionado obsessed
obstante: no — nevertheless; however
occidental Western
ocre ochre, red-colored
oculto hidden
ocupar to occupy
oda ode (type of poem)
odiar to hate
odio hatred
oeste West
oficio occupation
ofrecer [zco] to offer
oído ear; hearing
ojo eye
ola wave
oleada wave
olivo olive tree
ondulante wavy, undulating
operar to operate (on); take effect or place
oponer★ to put up (resistance, etc.); **— se a** to oppose
optar (por) to choose
opuesto opposite; opposed, opposing; **lo —** the opposite
oración *f.* prayer; sentence
orador *m.* speaker, orator
orden *f.* order, command; *m.* order, orderliness; order (succession)
ordenado orderly
ordenanza ordinance
oreja ear (outer)
orgullo pride
orgulloso proud

oriental Eastern
origen *m.* origin
oro gold
oscurecer [zco] to darken
oscuridad *f.* darkness; obscurity
oscuro dark
otro other; another
oveja sheep

pacer [zco] to graze, pasture
pacificar to pacify
pacífico peaceful
pactar to make a pact
pagar to pay (for)
pago payment
país *m.* country
paisaje *m.* countryside
paja straw
pájaro bird
paje page (boy)
pala shovel
palabra word
palaciego *n.* courtier; *adj.*
  (referring to the) palace
palo stick
palpitante urgent
pampa *often pl.* large stretches of
  flatlands in Argentina
pantano swamp
papa Pope
papado papacy
papel *m.* paper; role;
  hacer un __ to play a role
par *m.* equal; peer; pair; *adj.*
  equal
para for; in order to; **__ siempre**
  forever
paradero stopping-off place
paradoja paradox, apparent contradiction
paraíso paradise
parar (se) to stop

parecer [zco] to seem, appear;
  __ se a to resemble
pared *f.* wall
pareja couple; mate
parentesco relationship
pariente *m.* relative
parte *f.* part; **por otra __** on the
  other hand; **por todas partes**
  everywhere
particular private
partida departure; **punto de __**
  point of departure
partidario partisan
partir to leave; (*archaic*) to share;
  a __ de from (a certain point) on
parto childbirth
pasacalle *m.* a rapid dance step
pasado *n.* past; *adj.* past; last
pasar to pass; **__ de** to exceed;
  __ por alto to ignore; let go by
pasmar to shock
paso step; pass; place; **dar un __**
  to take a step
pasto: a todo __ to beat the band
pastor *m.* shepherd
pastoril pastoral, referring to an
  idealized shepherd's life
patente patent, obvious
patria country, fatherland;
  __ chica the locality of one's birth
patriarca patriarch
patrón patron; boss
paz *f.* peace
pecado sin
pecador *m.* sinner
pecar to sin
pecho chest; (*archaic*) tax
pedazo piece; bit
pedir [i] to ask for, request; beg for
pegar to beat; **__ un tiro** fire a shot
pelea fight
pelear to fight

peligro danger
peligroso dangerous
pelirrojo *n.* redhead; *adj.* redheaded
pelo hair
peluca wig
peluquería barbershop; **divisa de __** barbershop sign
pena pain; grief; sorrow; trouble; **valer la __** to be worth while
pendencia fight; quarrel
pensamiento thought
pensar [ie] to think; **__ + *infinitive*** to intend to, plan to, expect to; **__ en** to think of or about
peor worse; worst
pequeño small; little (in size)
perder [ie] to lose
pérdida loss
perdonador forgiving
perdonar to forgive
perecer [zco] to perish
peregrinación *f.* pilgrimage
peregrino pilgrim
perenne perennial, constant
perfeccionar to perfect
perfidia perfidy, treachery
periódico *n.* newspaper; *adj.* periodic
periodismo journalism
permiso permission
perpetuar [úo] to perpetuate
perseguir [i] to pursue; persecute
personaje *m.* personage; character (of a literary work)
perspectiva perspective; prospect
pertenecer [zco] to belong; pertain
perturbar to disturb, upset; perturb
peruano Peruvian
pesadilla nightmare
pesar *m.* grief; woe; **a __ de** in spite of
pescuezo neck
peso weight

picardía mischief; rogue's way of life
pícaro rogue; mischief maker
pico peak; pickax
pie *m.* foot; **a __** on foot; **en __** standing
piedad *f.* piety
piedra stone
piel *f.* fur; skin
pierna leg
pieza piece; room; **__ de teatro** theatrical piece
pífaro fife
pimienta pepper
pintar to paint
pintor *m.* painter
pintura painting
pirata *m.* pirate
piratería piracy
Pirineos Pyrenees
pisar to step on, trample
piso floor
placer *m.* pleasure
plaga plague
plano *adj.* flat
plantear to pose (a question); set, implant
playa beach
plaza town square
plazo period of time
plebeyo plebeian, pertaining to the common people
plegaria plea
plenitud *f.* fullness, fulfillment
pleno ample, full; in the midst of; **en plena sociedad** in the midst of society; **en pleno verano** in mid summer
pluma pen; feather
población *f.* population; town
poblar [ue] to populate, people **__ de** to people with
pobre poor

pobreza poverty

poco little (in amount); **— a poco** little by little, gradually; **por —** almost; *pl.* few

poder *m.* power; *v.* to be able, can; **no — más** not to be able to endure any more; **no — menos** not to be able to help (doing something)

poderoso powerful

poesía poetry; poem

polémica polemic, intellectual argument or debate

política policy; politics

político *n.* politician; *adj.* political

polvo dust

pompa pomp

poner★ to put; place; **— a prueba** to put to the test; **— se** to become; to set (the sun); **— se a** to begin to; set oneself to

populacho populace

popularizarse to become popular

por for; by; by means of; through; along; around; per; **— ejemplo** for example; **— eso** therefore; **— lo general** in general; **— lo tanto** therefore

porque because

¿Por qué? Why?

porvenir *m.* future

posada inn

poseer★ to possess

posesionado possessed

posterior later, subsequent

postrarse to bow before, prostrate oneself

potencia power

potente powerful, potent

pozo well

práctica practice

prado meadow, field

precario precarious, dangerous

precio price

preciso precise; necessary

predicar to preach

predominio domination

pregonero town crier

preguntar to ask, inquire

premiar to reward

premio reward

prender to take prisoner; **— se de** to take a liking to

prensa press

prerrogativa prerogative, privilege

preocupar to preoccupy; worry **— se de** to worry about

preparativos *m.pl.* preparations

presenciar to witness

presentar to present; introduce

presentir [ie] to have a foreboding or presentiment

presidido (de) presided over (by)

preso *m.* prisoner; *adj.* captured

prestar to lend

pretor praetor (Roman official)

prevaleciente prevailing; current

prima cousin

primer(o) first

primo cousin

príncipe *m.* prince

principio beginning; **al —** at the beginning; at first

prisionero prisoner

privado private; favorite

proceso criminal trial

proclamar to proclaim

poderío power

pródigo prodigal, spendthrift

pro*ducir*★ to produce

profano profane; unholy

profecía prophecy

profeta prophet

profundo profound; deep

prójimo fellow man

promesa promise

prometer to promise

promulgar to promulgate, enact

pronominal referring to pronouns

pronto soon; **de —** suddenly

pronunciar to pronounce; give (a speech, etc.)

propiedad *f.* property

propio one's own

pro*poner*★ to propose

proporcionado well-built

propósito purpose

pro*seguir* [i] to continue on, go forth, pursue (an objective)

protagonista protagonist, central figure

protectorado protectorate, territory under another nation's control

proteger to protect

protegido favorite, protegé

provecho profit; benefit

provechoso profitable

pro*venir*★ to come forth from, emanate from

providencia provision (of the law)

provinciano provincial

provo*car* to provoke

próximo next

proyectar to plan

proyecto project; plan

prueba proof; test; **poner a —** to put to the test

publi*car* to publish

pueblecito small town

pueblo town; people (nation or race); (the) people

puente *m.* bridge

puerta door; gate

puerto port; **— de mar** seaport

pujante upthrusting; powerful

pulsar to pulsate, throb

puñado fistful

puñal *m.* dagger

punto point; **a — de** about to; **— de vista** point of view

que *relative pron.* and *conj.* that; who; which; for; **el —** he who, the one who; **los —** those who; **lo que** what; **siempre —** whenever

quebrantar to break

quebrar to break

quedar to be left or remaining; **— se** to remain, stay

queja complaint

quejarse (de) to complain

quemar to burn

querer★ to want; like; love; **— decir** to mean

quien (*pl.* **quienes**) who; whom

químico *n.* chemist; chemical; *adj.* chemical; pertaining to chemistry

quinto fifth

quitar to take away

radi*carse* to take root

raíz *f.* root

rato little while

raya dash; line; stripe; **tener a —** to hold at bay

rayar (en) to border (on)

rayo ray

raza race (of people)

razón *f.* reason; right; **tener —** to be right

razonar to reason

reaccionar to react; to come back into one's own

reacio reluctant; unwilling

real royal; real

realidad *f.* reality; **en —** actually, really

realista *n.* realist; royalist; *adj.* realistic; royalist

realizar to realize, bring about, put into effect
reanudar to renew
rebelarse to rebel
rebelde *m.* rebel; *adj.* rebellious
recaudador collector (of supplies)
recibidor *m.* receiver
recibir to receive
recien(te) recent; recently
reclamar to reclaim
recobrar to recover
recogerse to seek refuge
reconcentrar to concentrate, gather together
reconocer [zco] to recognize
reconquista reconquest
reconquistar to reconquer
recordar [ue] to remember; remind of
recorrer to cover (territory); travel about in
recostarse [ue] to lie down
recuerdo memory
recuperar to recoup, get back
recurso resource; resort, recourse
rechazar to reject; set back, repel
red *f.* net; network
redoma flask
redondeado rounded
redondo round
reducir* to reduce
reemplazar to replace
referir [ie] to tell, relate; — **se a** to refer to
refinamiento refinement
reflejar to reflect
reformador *m.* reformer; *adj.* reform(ing)
reforzar [ue] to reinforce
refrán *m.* proverb; refrain
refugiado refugee
refugiarse to take refuge
regalar to give as a gift

regalo gift
regente, a regent, temporary ruler
régimen *m.* regime
regimiento regiment; running (of a house, etc.)
regir [i] to rule
registrar to register; examine; make (an appeal, etc.)
regla rule
regresar to return
regreso return
rehusar to refuse
reinado reign
reinar to reign
reino kingdom
reír* to laugh; — **se de** to laugh at
reivindicar to vindicate
relámpago lightning bolt
relevado outstanding, massive
reliquia relic
reluciente shining
remediar to remedy
remedio remedy; alternative
remendar [ie] to mend
remordimiento remorse
remover [ue] to stir
renacentista (of the) Renaissance
renacer [zco] to be born again
renacimiento rebirth; renaissance
rencilla feud; grudge
rencor *m.* grudge
rendición *f.* surrender
rendido exhausted
rendirse [i] to surrender
renegar [ie] to renege; — **de** to renege on
renovador *m.* renovator; *adj.* renovating, renewing
renunciar to renounce, give up
reparar to repair
repartir to divide, share
repente: de — suddenly

repertorio   repertoire
repetir [i]   to repeat
repicar   to ring out (of a bell)
represalia   reprisal
representación *f.*   performance (of a play)
representar   to represent; perform
requerir [ie]   to require
resaltar   to stand out
rescatar   to ransom; rescue
rescate *m.*   ransom
resentimiento   resentment
resentirse (de) [ie]   to resent
residir   to reside
resolver [ue]   to resolve; solve
resonante   resounding
resonar [ue]   to resound
respaldar   to back up, support
respecto   respect, aspect, regard; **— a**   with regard to
respetar   to respect
respeto   respect, deference
respirar   to breathe
resplandor *m.*   glow
responder   to answer, respond
restablecer [zco]   to reestablish
restante   remaining
restauración *f.*   restoration
resto   rest, remainder; *pl.* remains
resucitar   to revive, resuscitate
resuelto   resolved
resultado   result
resultar   to turn out; result
resumen *m.*   résumé, synopsis
resumir   to sum up
retador *m.*   challenger
retar   to challenge
retirada   retreat; withdrawal
retirarse   to withdraw; retreat
reto   challenge
retraído   withdrawn
retrato   portrait

retroceder   to retreat, fall back
retroceso   retrogression
retumbar   to resound, reverberate
reunir [úno]   to gather together; (re)unite; **— se**   to join together; meet
revelar   to reveal
reverenciar   to revere
revista   magazine
revocar   to revoke
revuelta   revolt
rezar   to pray
rienda   rein
rincón *m.*   corner
río   river
riqueza   riches, wealth
risa (*also pl.*)   laugh; laughter
rítmico   rhythmic
ritmo   rhythm
rito   rite, ritual
rivalizar   to rival
robar   to steal
rociar [ío]   to sprinkle
rodar [ue]   to roll
rodear   to surround; **— se de**   to surround oneself with
rogar [ue]   to beg; pray
rojo   red
romance *m.*   ballad; *adj.* romance (language), of Roman origin
romancero   collection of ballads
romper (*past part.* **roto**)   to break
rostro   face (poetic)
roto   broken
rubio   blond
rudeza   roughness, lack of refinement, crudeness
rudo   rough, crude
rugido   roar
rugir   to roar
ruido   noise
ruin   worthless, of no account

rumano Rumanian

rumbo direction; **— a** on the
way to

ruta route

sábana sheet

saber* to know; know how

sabiduría wisdom; knowledge

sabio *n.* scholar; wise man; *adj.* wise

saborear to savor, taste

sabroso tasty

sacar to take out; stick out **— un
retrato** to make a portrait

sacerdocio priesthood

sacerdote priest

saco sack; ravaging

sacudir to shake

sagaz wise

sagrado holy

sal *f.* salt

salida exit; leaving

salir* to go out; to leave

salmo psalm

salón *m.* large room, hall

salpicar to sprinkle

saltar to jump

salterio psalter (ancient instrument)

salto jump

salud *f.* health

salvaje savage

salvar to save

salvo safe; **a —** safe, out of danger

sanctificar to sanctify

sangrar to bleed

sangre *f.* blood

sangría bloodletting

sangriento bloody

sanguijuela leech

santidad *f.* holiness

santo *n.* saint; *adj.* holy, sacred; saintly

santuario sanctuary

saña rage

saquear to sack, plunder

saqueo sacking

sarraceno Saracen

satánico Satanic, diabolical

sazón *f.* season; **a la —** at the time

seco dry

secuestrar to kidnap

secular secular, lay, nonreligious

secundar to second, support

sed *f.* thirst

seda silk

sediento (de) thirsty (for)

se*ducir** to seduce

seguida: en — at once,
immediately

se*gu*ir [i] to follow; continue;
keep on

según according to

seguridad *f.* security; safety

seguro sure; safe

sellar to seal

selva forest; jungle

semblanza semblance, appearance

sembrar [ie] to sow

semejante similar

semilla seed

sencillo simple

seno breast

sentencia sentence; wise saying

sentenciar to sentence

sentido sense

sentimiento sentiment; feeling

sentir [ie] to feel; feel sorry, regret

señal *f.* sign; signal

señalar to point out; indicate

señorial belonging to an aristocratic family or personage; **anti- —**
anti-noble

sepulcro tomb

sepultura grave

séquito retinue, entourage;
followers

ser★ to be (refers to identity, characteristics, and qualities);
 llegar a ▬ to become
serpentear to wind about
servil servile, cringing
servir [i] to serve; **▬ de** serve as
setenta seventy
seudónimo pseudonym, assumed name
siempre always; **▬ que** whenever; **para ▬** forever
siglo century; **S ▬ de Oro** Golden Age
silbido whistle
significado meaning
significar to mean
significativo significant, meaningful
sílaba syllable
silla chair
sin without; **▬ embargo** nevertheless
singularísimo most unusual
sino but (contradicts, after a negative); **▬ que** but (before a verb)
siquiera even; **ni ▬** not even
sistema *m.* system
sitiar to lay siege
sitio place; siege
soberanía sovereignty
soberano sovereign
soberbia arrogance
sobra : de ▬ all too well; excess(ive)
sobrar to be in excess
sobre about, concerning; on; above
sobrehumano superhuman
sobrenatural supernatural
sobrenombre surname
sobresalir★ to excel
sobrevenir★ to happen; be forthcoming
sobreviviente survivor

sobrevivir to survive
sobrino nephew
sobrio sober, serious
socarronamente slyly, sarcastically
sofocar to suppress, quell; suffocate
soguilla rope, tether
sol *m.* sun; **bajo el ▬** in or under the sun
soldado soldier
soledad *f.* solitude; loneliness
soler [ue] to be accustomed to
solicitar to request, solicit
solo alone
sólo only
soltar [ue] to let loose; to free, let out
sollozo sigh
sombra shadow
sombrío somber
someter to submit; subject; conquer
sonido sound
sonoridad resonance
sonreír [ío] to smile
sonrisa smile
soñar con [ue] to dream of
soportable bearable
sospecha suspicion
sospechar to suspect
sostener★ to support; sustain
suave soft; smooth
súbdito subject
subida rise
subir to rise; go up; climb
sublevación *f.* uprising
subrayar to underline; emphasize
subvencionar to subsidize
suceder to happen; succeed (in order), follow
suceso event
sucesor, a successor
sudor *m.* sweat
suegra mother-in-law
suelo ground, earth; floor

suelto loose; free

sueño dream; **tener —** to be sleepy

suerte *f.* luck; **tener —** to be lucky; **La — está echada.** The die is cast.

sufrimiento suffering

sugerir [ie] to suggest

suma sum

sumamente extremely

sumar to sum up

sumergir to submerge

sumir to plunge; **— se** to plunge, wallow, drown oneself (in misery, etc.)

sumo extreme

superarse to outdo oneself

superficie *f.* surface

suplicar to beg

suplir to make up for, supplement; supply

supuesto supposed; **por —** of course

sur *m.* south

surgir to arise, surge forth

suspirar to sigh

suspiro sigh

sustituir [uyo] to substitute

tablado platform; stage

tabletear to tap

tal such a; *pl.* such; **— vez** perhaps; **con — que** provided that

talón *m.* heel

talle *m.* figure; physique

también also

tan as; so

tanto as much, so much; *pl.* as many, so many; **— como** as much (many) as; **mientras —** in the meantime

tañer to play (a guitar, etc.)

tapar to close up; hide

tapiz *m.* tapestry

tardar (en) to delay (in), take long (to); take (a certain length of time) to

tarde *f.* afternoon; *adv.* late

tarea task

teatro theater; drama

técnica technique

techo roof

tejer to weave

tejido fabric

tela cloth

telaraña cobweb

temblar [ie] to tremble

temblor *m.* tremor; earthquake; flicker (of emotion, etc.)

temer to fear

temible fearsome, frightening

tempestad *f.* storm, tempest

templar to temper; **— se** to become more refined

temporal worldly; temporary

tenaz tenacious, stubborn

tender [ie] to hold out; **— una oreja** to bend an ear

tendero storekeeper

tenancia tenancy

tener* to have, possess; **— a bien** to see fit to; **— la culpa** to be at fault; **— que** to have to; **— que ver con** to deal with, have to do with; **— razón** to be right

teniente lieutenant

tentación *f.* temptation

tercer(o) third

terciopelo velvet

terminantemente definitely; in no uncertain terms

terminar to finish

término term; end

terrateniente landholder

terremoto earthquake

terrenal earthly

tesoro treasure

tiempo time

turno turn

tierra land; earth; country

tijeras *f.pl.* scissors

tiniebla shadow

tío uncle

tirano tyrant

tirar to throw; fire (a gun)

tiro shot

titán Titan (gigantic mythological figure)

títere *m.* puppet

titular (se) to entitle

tocar to touch; play (an instrument); **— le a uno** to be one's turn or fate

tocino bacon

todavía still; yet

todo all; every; each; **del —** at all, everywhere; **por todas partes** everywhere

tomar to take; eat; drink

tonto *n.* fool; *adj.* foolish

toro bull

torre *f.* tower

tortuga turtle

tortuoso winding, tortuous

tosco crude, coarse

trabado twisted up, tangled

trabajador *m.* worker; *adj.* hard-working

trabajar to work

trabajo work; **costar —** to be difficult

tra*ducir** to translate

traer* to bring

traición *f.* treason

traicionar to betray

traidor traitor

trama plot (of a play, etc.)

tramitar to negotiate **about**

trampa trick; trap

tranquilo peaceful, tranquil

transporte *m.* transportation

tras after (following)

trasladar (se) to move from one place to another; transfer

traslado transfer

trasquilar to shear (sheep)

trastos *m.pl.* junk; useless knickknacks

tratado treaty; **— de paz** peace

tratamiento treatment

tratar to treat; **— de** to try; **— se de** to be a matter or question of

trato treatment, way of dealing with people

través: a — de across; through, by means of

travesura mischief

trazar to trace; draw

trecho distance; space

tribu *f.* tribe

trino bird's warble; trill

trepar to climb

tripas *f.pl.* (*slang*) stomach, "guts"

tripular to man (a ship, etc.)

triste sad

tristeza sadness

triunfal triumphal

triunfante triumphant

triunfar to triumph

triunfo triumph

trono throne

trovador troubadour, court singer

trozo piece; bit; excerpt

trueno thunderclap

tumba tomb

u or (*before* **o** *or* **ho**)

ufanarse (de) to take pride (in); boast (about)

último last; **por —** finally

unánime unanimous

único only; unique
unificar to unify
unir (se) to unite; gather together
unos some, a few, several
utilizar to utilize
Utopía Utopia (name given to depict an ideal land)

vacilar (en) to hesitate (to)
vacío *n.* vacuum; *adj.* empty
vagabundo vagabond
valentía bravery
valer★ to be worth; **— la pena** to be worth while
valeroso brave
valiente brave
valioso valuable
valor *m.* bravery, valor; worth; (*fig.*) outstanding figure
valla enclosed area
valle *m.* valley
vano vain; **en —** in vain
vaquilla young cow
variante *f.* variant (in language usage)
varón man
varonil manly, virile
vasallo vassal
vasco Basque
vascongado Basque
vascüence *m.* Basque language
vecindad *f.* neighborhood; vicinity; **casa de —** tenement house
vecino *n.* neighbor; *adj.* neighboring; **muy — de** very close to
veinte twenty
vejez *f.* old age
vela candle; sail (of a ship)
velero sailing ship
vena vein
vencedor *m.* conqueror; winner
vencer to conquer; defeat
vendedor *m.* seller

vender to sell
venezolano Venezuelan
venganza vengeance
vengar to avenge; **— se de** to take revenge on
vengativo vengeful
venir★ to come
venta inn
ventaja advantage
ventajoso advantageous
ventero innkeeper
ventura venture; adventure; fate; fortune
ver★ to see; **tener que — con** to have to do with
verano summer
veras: de — really
verdad *f.* truth
verdadero true; real
verde green
verdugo executioner
vergonzoso shameful
verter en [ie] to pour into
vértigo dizziness, vertigo
vestido *n.* dress; outfit; *pl.* clothes; *adj.* dressed
vestigio vestige, trace
vestir (se) [i] to dress; **el vestir** way of dressing
vez *f.* time, instance, occasion; **a la —** at the same time; **cada — más** more and more; increasingly; **de una —** once and for all; **en — de** instead of
viajar to travel
viaje *m.* trip; **hacer un —** to take a trip
viajero traveler
vicio vice
vida life
vidrio glass
viejo old

viento wind
vientre *m.* stomach
vigilar to watch
vihuela old guitar; lute
villa (*archaic*) township
villancico Christmas carol
villanía crude behavior or act; scoundrelly deed
vino wine
virreinato viceroyalty (large area of colonial America under the jurisdiction of a viceroy)
virrey Spanish governor of the various American colonies
virtud *f.* virtue
vislumbre *f.* glimpse
vista view
vistoso showy
viuda widow
vivaracho boisterous, lively
vivir to live
víveres *m.pl.* food supplies
volar [ue] to fly

volátil volatile; temperamental; ebullient
volcán *m.* volcano
volver [ue] (*past part.* **vuelto**) to return, go back; — **a** + *infinitive* to (do something) again; — **se** to turn around
vuelo flight
vuelta return
vuelto returned; having returned
vulgo the hoi-polloi, low class

ya already; by then; — **no** no longer
yacer [zco] to lie (as dead)
yelmo helmet
yerra (3rd *person sing. pres. indic.* **errar**) he errs, misses

zaga rear, **ir en** — to lag behind
zapato shoe
zarpar to set sail
zarzuela Spanish operetta

Índice

◈